创业家书

低风险高胜率的8条创业家规

Lessons From an Entrepreneur Father

蔡聪 著

机械工业出版社
CHINA MACHINE PRESS

蓬勃发展的中国处处充满了创业机会。然而，在创业的道路上荆棘满布，创业者要想成功，不仅需要冒险精神、满腔热情和推陈出新的能力，更需要理念、认知、技能和方法论。本书作者是一位具有丰富创业和投资经验的实战派人士，提炼总结了十几年的创业和投资经验教训，通过大量真实的案例深度剖析了企业家精神，讲解了如何从0到1创立一家企业，具体包括选择赛道、理解创业企业的发展规律、执行精益创业、设计创业项目的商业模式、通过对公司规则的理解控制创业风险、让企业走上资本之路等。

无论创业还是投资创业企业，要想少走弯路，提高胜率，这是开干之前必读的一本书。

图书在版编目（CIP）数据

创业家书：低风险高胜率的8条创业家规 / 蔡聪著. —北京：机械工业出版社，2023.9

ISBN 978-7-111-73840-4

Ⅰ. ①创⋯ Ⅱ. ①蔡⋯ Ⅲ. ①创业-经验 Ⅳ. ①F241.4

中国国家版本馆 CIP 数据核字（2023）第 171699 号

机械工业出版社（北京市百万庄大街22号　邮政编码100037）
策划编辑：解文涛　　　　　　　　　责任编辑：解文涛
责任校对：薄萌钰　牟丽英　韩雪清　责任印制：张　博
北京联兴盛业印刷股份有限公司印刷
2024年1月第1版第1次印刷
145mm×210mm・10.625 印张・3 插页・263 千字
标准书号：ISBN 978-7-111-73840-4
定价：88.00 元

电话服务　　　　　　　　　　　　网络服务
客服电话：010-88361066　　　　　机　工　官　网：www.cmpbook.com
　　　　　010-88379833　　　　　机　工　官　博：weibo.com/cmp1952
　　　　　010-68326294　　　　　金　书　网：www.golden-book.com
封底无防伪标均为盗版　　　　　机工教育服务网：www.cmpedu.com

本书作者承诺：

将本书稿酬的
50%捐赠给中华少年儿童慈善救助基金会，
另外50%捐赠给中欧教育发展基金会。

自序　你们适合创业吗

——写给大康和小康的家书

亲爱的大康、小康：

你们好。

当你们对爸爸写的这本书感兴趣的时候，你们一定已经长大成人了，可能你们在思考如何做一些人生的突破，或者准备寻求和你们周围的小伙伴不一样的人生。

我们家有爱折腾的创业基因，你们对这本书感兴趣可能证明了你们继承了这个基因。当我还在读小学的时候，你们的爷爷是一个过着安稳日子的公务员，那时这是一份让人羡慕的工作。20世纪90年代，深圳进入改革开放后的高速发展期，"遍地是黄金"。你们的爷爷毅然决定放弃铁饭碗，下海经商。但讽刺的是，当我大学毕业时，他希望我能继续走回他放弃的路：当一名公务员。而我毕业后却选择了他最不情愿看到的选项：进入一家经常要加班加点、工作压力大的国际会计师事务所。之后我开始从商，走上了创业和投资创业的路。创业和投资创业都是不甘安稳、不甘平庸、爱折腾的人的选择。

像许多家长一样，我也希望自己的孩子能够读一所好大学，学习自己感兴趣的专业，攀登知识和技能的高峰，享有成功的人生。美国的统计数据显示，拥有学士学位的人的薪水比高中毕业生高出80%。㊀我相信如果中国有类似的数据也应该差不多。与许多"虎

㊀ 资料来源：*Understanding Business*，William Nickels，James HcHugh，Susan McHugh。

爸""虎妈"相比，作为一个父亲，我更倾向于"躺平"，或者崇尚"无为而治"的育儿方式，对于孩子们要学什么、怎么学、读什么学校等方面，我并不过多干涉。我也没有为你们提前规划人生。你们兄弟俩从小是"自由放养"的，就像我小时候一样。我似乎一点都不焦虑。这并不是因为我太懒，或者不舍得为你们的教育投资，而是因为我认为这些或许并不是特别重要。

我深知并不是每个人都适合读书，有些人可能无法在学业中脱颖而出。现在，我还不能确定你们俩是否适合读书。即使适合，重视学业并在其中脱颖而出，也并不能保证你们就会拥有成功的事业和人生。优秀的学历只是提高了你们在这方面成功的概率而已。拥有高学历越来越像是一种基本要求，无法给你们带来额外的竞争优势。所以，实际上我又很焦虑。于是，我决定动笔写这本书，并将它分享给你们。它是我对自己创业和投资创业的经验及教训的总结。也许求职时，学历是必不可少的条件；但在创业中，你们无须过多在意学历。你们需要自我评估，通过创业证明自己。我希望这本书能够帮助你们找到一条康庄大道，而不是只盯着求职那一座独木桥。

一、创业的意义

人类的历史基本上可以分为工业革命之前和工业革命之后两个时期。根据国际货币基金组织的统计，公元 1 年到 2008 年世界人均 GDP 呈上升趋势，如图 0-1 所示。我们从图中可以看出，在工业革命之前，由于生产效率低下，人均 GDP 增长缓慢，即在唐朝和元朝时期，人们的生活水平并不存在特别大的差距。

物质匮乏曾经导致战争和掠夺的频发。工业革命以来，科技与商业相结合，科学家和企业家的合作使得人类的生产力得到指数级增长。人们在前人的肩膀上不断升级迭代生产力。从蒸汽时代、电

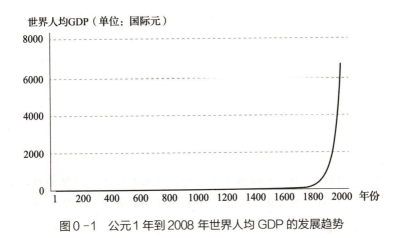

图 0-1　公元 1 年到 2008 年世界人均 GDP 的发展趋势

力时代、石油时代、钢铁时代,到信息时代、生命科学时代……不断升级,人类进入了物质丰盛甚至过剩的时代。瓦特、爱迪生、洛克菲勒、卡内基、比尔·盖茨、乔布斯等人缔造了伟大的商业组织,改变了世界。他们不仅为自己创造了巨额财富,也为无数人创造了发展机会。得益于一代代成功的创业者们应用层出不穷的科技组织生产、创造财富,人类各族群之间不再需要依靠打打杀杀、相互征服和掠夺来做财富的零和博弈。如果没有科学工作者的探索精神和创业者们的创业精神,那么和平和发展就不可能成为现代人类社会的主旋律!站在人类历史的高度来看,成为一名成功的创业者是一件多么让人感到自豪的事情!

你们有没有想过,为什么有些国家富裕,而有些国家贫穷?创造财富有五个基本的生产要素:自然资源、劳动力、资本、企业家精神和知识。中东地区的阿拉伯国家、非洲的国家都拥有丰富的自然资源,拉美、东南亚地区的国家都拥有年轻且充满活力的劳动力,但这些国家都没能成为富裕的国家。相反,我到访过三次的以色列以及邻近的岛国日本,它们虽然自然资源匮乏却经济发达。这是因为在创造财富的五个生产要素中,起决定性作用的是企业家精神和知识。只有优秀的企业家发挥企业家精神，运用自己的知识和技能去创新创业，才能为劳动力和资源转化成价值和财富提供条件。另外一个要素——资本，追逐的也是优秀企业家主导的企业。

创业就是爱国：为社会创造就业，让人们的生活更美好；为国家贡献税收，使国家兴旺发达。创业可以让你们变得富有，而物质上的富有不仅能改善你们和家人的生活质量，还能让你们有能力帮助更多的人，实现精神上的富有，实现更高的人生价值。看看那些超级创业明星：创业成功后，他们把自己的大部分财富都投入公益事业中，从而回馈社会，这是一件多么酷的事情！

如果你们有创业的想法，请不要忘记创业的意义和初心：让自己的人生更美好、更有意义，让自己在物质和精神上都获得同样丰富的回报。

二、成功创业者应该具备的品质

过去十年间，我几乎每天都在与创业者打交道，我发现成功创业者的成功方式不尽相同，但是他们身上具有一些共同特征。创业并非适合所有人，在决定创业之前，你们可以问问自己是否具备成功创业者的特征，并评估一下自己是否适合创业。

1. 自我约束和自我驱动

我一直很忙，确实没有太多的时间陪伴你们，无法对你们进行无微不至的照顾。我是一个"向死而生"的人，自我驱动力极强。我清楚地知道，每一天、每一小时、每一分钟、每一秒都在倒计时，每个人最终都会走向死亡。因此，我非常珍惜这一天、这一小时、这一分钟、这一秒。我努力提高生命中每分每秒的质量和长度，以增加生命的效度和目标的密度。我会做自己想做的事情，做那些我认为有意义的事情。我相信，只有这样才能让自己的人生更加充实和有意义。

父母是孩子最早也是最重要的老师，以身作则是教育孩子最好的方式。我希望我成为你们的榜样，展现自我驱动、勤奋自律的父亲形象，潜移默化地影响你们，让你们也具备这些优秀品质。人天生就有惰性和爱享乐的倾向，只有不断地约束和修炼自己，才能克服懒惰和松懈，不让自己沉沦于纵欲和浪费时间。成功的人之所以能取得更大的成就，是因为他们懂得更好地分配和运用自己的时间。每天进步一点点，一年、十年、几十年积累下来，差距就会越来越大。无论经营自己的事业还是经营家庭，都需要具备自我约束、自我驱动、勤奋自律等重要品质。"业精于勤，荒于嬉"是一句古训，激励着我们不断追求进步，创造出更多的价值。

对于创业者来说，要想创业成功，更需要具备这些品质，因为创业者的成败完全由自己负责。创业是一条很寂寞的路，当你们想创业时，一定会有无数人给你们泼冷水。即使所有人都不认同你们的想法，你们也要相信自己，坚定信念，并重新点燃热情，付诸行动。

2. 保持好奇心与商业敏锐度：玩也能玩出名堂

最近有一些年轻人抱怨他们这一代人缺乏机会。"70后"享受了房地产蓬勃发展的红利，"80后"则受益于互联网的发展，但"90后"和"00后"却似乎没有什么机会可言，所以他们选择"躺平"。但事实上，每一代人都有每一代人的生存方式和机遇。未来将会涌现很多新的职业和机会，而现在存在的职业和机会，在你们长大后，可能也会面临变化或消失。因此，只有保持好奇心、开放的心态以及商业敏锐度，你们才有可能找到属于自己的机会，开创属于自己的未来。

很多人认为腾讯和阿里巴巴垄断了互联网领域的流量，导致互联网领域寸草不生，再也没有任何机会。然而，近年来出现了像字节跳动、拼多多这样的平台级巨头，它们能够挑战腾讯和阿里巴巴的地位。这些巨头在十年前还不存在。

再看看近年来有多少人抓住了网络视频兴起的机会进行创业。李子柒因展现其田园生活的视频而成为世界知名网红，年收入不菲。此外，还有数不清的海内外自媒体，通过流媒体技术进行内容直播，分享自己丰富的生活经历，包括自己玩游戏、游玩各地等。这些年轻人通过他们的创作获得了可观的收入，令人感叹。网络视频的兴起离不开底层高速通信网络的发展，这是这一代年轻人独有的红利。

我身边有一个让我非常钦佩的朋友，他的经历很好地诠释了这一点：带着商业嗅觉去玩，玩也能玩出名堂。他曾在医院工作，工作之外却喜欢上打网络游戏。这在外人看来是典型的"不务正业"。后来，他发现在聚集海量玩家的网络游戏中蕴藏着大量的商业机会。这其实是一个被证实的商业规律：人气旺，生意旺。只要人气集中的场所，自然就会聚集需求，聚集了需求自然也就有了商机。从自己的爱好和相关人群的需求出发，他开始从事买卖游戏道具、账号托管升级业务并最终开展游戏直播的生意。从兼职到全职，从个人经营到公司化运营，一路"升级打怪"，他终于赚到了人生的第一桶金。在虎牙、斗鱼等游戏娱乐视频直播平台兴起后，他一举签下了七八万个娱乐主播，成为中国最大的娱乐游戏直播"公会"公司之一，非常成功。在实现了财务自由后，他便有了更多的时间去追求自己的兴趣，如钓鱼。他发现高品质的鱼饵是钓鱼的关键，于是便谈下了日本某一世界级鱼饵品牌的中国代理权，并设立了一家公司，通过电商销售鱼饵，该公司的月收入也有几十万元。

近年来，AR/VR和元宇宙概念的兴起打开了另一个广袤的世界，吸引了许多受众。玩乐永远是人类不变的需求。然而，对于玩乐这件事，有些人会为之沉迷，浪费时间，甚至失去自我；而有些商业敏锐的人则慧眼识珠，开创了属于自己的天地。诚然，玩是每个孩子的天性，不容否认；但我希望你们也能玩出点名堂，能够在玩的过程中绽放自己的风采。

3. 持续学习的能力

创业机遇时时有、处处有，但创业机遇也有大小之分。人类对科技的探索是无穷无尽的，因此在未来科技领域会有更多的大机遇。只要观察周围的生活，我们就会发现还有很多问题没有得到妥善解决。例如，许多疾病尚未被治愈，每一个生物科技的突破都可能打开一个巨大的市场；清洁机器人已经走进了千家万户，解决了地板的保洁问题，但桌子上、柜子上的尘土仍然需要人工擦拭，玻璃幕墙的清洁也需要人冒着生命危险高空作业……生物科技、人工智能、机器人、云计算等技术可以为每个问题的解决提供巨大的机会。

大的创业机遇通常来自于人类有巨大需求但尚未被满足的领域，这种需求的满足一般是通过前沿科技实现的。这种科技创业的机遇是准备充分、具有高度认知和持续学习能力的人的机会。在科技领域创业之前，创业者不仅需要具备扎实的专业知识体系和产业经验，更需要具备持续学习的能力。持续学习使得创业者能够更好地适应瞬息万变的科技发展和创业环境，站得更高，看得更远、更广，更有可能发现一些未被人关注的领域，从而占据先发优势。

我所运营的群蜂社一直关注的都是一些非常有前瞻性的行业机会，这些机会目前可能还不为大众所知，但其巨大的潜力已经引起了我们的高度关注。在此，我随便列举几个我们正在关注或者已经参与部署的领域，希望可以为你们开拓思路。

（1）新材料和新能源

我们支持的氢田公司发明和产业化了一种利用天然气无排放地产出石墨烯和氢气的量产技术。石墨烯被誉为"21世纪最具有前景的新材料"，因为它具有卓越的导电性、导热性、柔韧性和强度，在多种环境下都表现出稳定的性能。到目前为止，石墨烯在一些领域已经得到成规模的应用。一旦实现低成本量产,这些领域将获得巨大的发展机遇。氢气被认为是人类的终极能源之一,但目前由于二氧化碳的排放问题,制造氢气的成本过高。一旦能够解决无排放制备"绿色"氢气的技术,将为氢气产业未来的发展提供强劲的推动力。在未来你们生活的时代,通过天然气管道供应氢气的可能性也将大大增加。

(2) 人造肉:细胞农业

根据联合国预测,到 2050 年全球人口将达 96 亿。相应地,人类对肉类的需求将进一步增长。但是,目前生产肉类的传统方式存在很多问题。养殖产业是温室气体排放的主要来源之一,其排放量占全球总排放的 19%[一]。此外,养殖过程需要大量的粮食、水资源和土地资源。大规模集中养殖场存在环境恶劣和拥挤问题,为了避免动物疾病的传播,养殖商可能过度使用抗生素,这些抗生素最终被人体摄入。同时,屠宰过程中也常常会有肠道细菌的污染,如大肠杆菌和沙门氏菌。为了解决这些问题,人造肉食品应运而生。它是通过动物肌肉干细胞培养出来的肌肉组织,具有更高的安全性和卫生性。同时,以这种方式生产肉类的方法也更为健康。你们现在可能还难以想象,未来肉类的生产可能不再是在传统的养殖场,而是在类似啤酒酿造厂的厂房内,通过大量的、巨型的"培养器"来培育猪、牛、羊的肌肉细胞。这表示,大量的商机也将随之而来。

(3) 精准医疗

精准医疗主要包括对疾病的精准诊断和个性化治疗。目前,我们的医疗体系建立在一种统计学的思维基础上。举个例子,针对某一疾病的患者,如果某种药在临床试验中被证明对 40% 的人有效,则就有可能被列入用药清单,供患有该疾病的所有患者服用。这种

[一] 资料来源:《气候经济与人类未来》,比尔·盖茨。

做法既耽误了患者的治疗机会，还可能让患者承受不必要的痛苦和损失。越来越多的研究告诉我们，人体机制非常复杂，每一个个体都不一样。即使是同种疾病，从分子层面来看，也可以存在各自不同的形态和成因。因此，基因组学、转录组学、蛋白质组学、微生物组学等生物信息学应用于个性化的精准医疗是必然趋势。而对于这些新技术的应用和推广，仍有许多问题有待解决。我们支持泛生子基因、承启生物、兆瑞外泌体诊断、澄实生物 mRNA 疫苗、赛傲免疫细胞等多个精准医疗领域的开发者，共同推进精准医疗的发展。

(4) 半导体

半导体位于电子产业链的最上游，其主要产品是集成电路芯片和各类分立器件，应用于电脑、移动终端、消费电子、汽车、工业控制等各种领域的终端市场。中国是全球最大的半导体销售市场，2021 年的销售额占全球市场份额的 32%，但中国的半导体集成电路产值仅占市场规模的 16.7%。[一]相较于国外，中国芯片的发展水平存在较大差距，存在核心技术缺失等问题，高度依赖进口芯片。2021 年，芯片成为中国第一大进口商品，其进口总额是石油进口额的两倍多[二]。因此，芯片的国产替代任重道远。值得一提的是，工研高光公司是我们所支持的公司，其专注于光通信领域电芯片，其国产化程度不足 5%。

(5) 机器人

机器人一般是指能够半自主或全自主执行工作的机械装置。人们一直致力于研发具有类人特征的机器人，这些机器人除了具有运动和自适应调整功能，还具有感知交互和思维能力，能够自主地处

[一] 资料来源：《半导体产业链深度梳理及 Chiplet 应用价值》，汇博智能投研，2022 年 8 月 11 日。

[二] 资料来源：《芯片再度成为 2021 年中国第一大进口商品，是石油的两倍多》，运营商财经（康钊），2022 年 1 月 16 日。

理问题,并根据不同环境和条件作出相应的调整。目前的机器人虽然已经具备部分智能化功能,但真正的智能机器人仍处于研发之中。目前,世界上还没有一款人形机器人实现了大规模商业化,而我们支持的乐森机器人则专注于人形机器人的研发。

(6) 自动和辅助驾驶

按照自主驾驶程度,自动驾驶技术被划分为 L0~L5 五个级别。其中,L0 级表示车辆完全由驾驶员控制,L5 级代表完全自动驾驶。L3 级则是一个重要的分水岭,它代表了自动驾驶等级的一个关键转折点。在这一级别中,驾驶责任的界定变得更为复杂。当自动驾驶功能开启后,环境监控的主体会由驾驶员变成传感器系统,而驾驶决策的责任方也会从驾驶员转变为汽车系统。在 2021 年,我国乘用车新车市场上 L2 级辅助驾驶技术渗透率达到 23.5%。而到 2022 年上半年,这一数字更是提升至 30%㊀。我们支持的 Xsilight 公司研发的全固态激光雷达是实现自动驾驶的核心器件,相当于"机器人的眼睛"。

(7) 硅光集成

全球数据中心流量从 2016 年的 6.8 ZB 增长到 2021 年的 20.6 ZB。网络流量每 9~12 个月翻一番,光通信设备每 2~3 年就需要升级一次。然而,随着摩尔定律的失效,传统集成电路、器件提升带宽模式逼近极限,无法应对信息的爆炸式增长。硅光技术有机结合了成熟的微电子和光电子技术,既能减小芯片尺寸、降低成本和功耗,又能提高可靠性。因此,硅光技术成为"超越摩尔"的新技术路径,并且是确定性技术的发展趋势。光通信,光传感,光计算……未来就是光的世界。我们支持的安迅光 MEMS、工研高光光通信芯片、Xsilight 全固态激光雷达就属于硅光应用领域的产品。

㊀ 资料来源:《智能汽车千里眼,激光雷达未来可期》,浙江证券,2022 年 8 月 10 日。

(8) 3D 打印

随着 3D 打印技术的不断更迭,现阶段 3D 打印已经渗透到航空航天、汽车工业、船舶制造、轨道交通、电子工业及生物医疗等多个领域。由于其高精度、个性化制造和可打印复杂结构等优势,3D 打印逐渐成为这些领域的主流技术之一。目前,在生物医疗领域,3D 打印主要应用于骨科和牙科材料制造。虽然已经有一些研究成功打印出某些人体器官,如肾脏和心脏,但是这些成品的主要用途是辅助药物筛选,距离再生医学领域中实现有效的组织器官移植还需要更长时间的研究和发展。

…………

类似的机会我可以信手拈来,举不胜举。从我上面所列举的行业中,你们就可以感觉到巨大的机会往往与高科技、前沿学科的应用有关。在这些领域中,连大学都没有读过的人是不可能创业成功的,因为学识、学习能力和人脉圈都会限制他们在技术密集型领域的创业发展。特斯拉创始人马斯克和微软创始人比尔·盖茨这两位科技巨头不仅绝顶聪明,而且都曾在世界知名大学求学,长期坚持海量广泛阅读和学习的习惯。他们拥有超强的跨领域学习能力,这些能力促使他们能够在没那么拥挤的科技领域里脱颖而出。如果你们能认真完成学业、多读书、多思考、涉猎广泛,那么你们的创业之路必定更加宽广。

4. 企业家精神

创业机遇是给有准备的人的,如果说认知和持续学习的能力是创业的"硬条件",那么企业家精神就是创业的"软条件"。"企业家精神"(Entrepreneurship)一词源自法语,最早出现在法国经济学家萨伊的著作中。萨伊认为企业家(Entrepreneur)是能把资源从生产效率较低的地方转移到生产效率较高的地方,并且敢于为此承担风险和责任的人。管理学大师德鲁克在他的《创新与企业家精神》

一书中指出：企业家精神就是"颠覆现状，推陈出新"的创新精神。

创新就是要冒风险，而企业家精神就是要为具有不确定性的创新而勇于冒险的精神。那些心理脆弱或执着安全的人是不适合做企业家的。企业家有"赌性"但不是"赌徒"，他们只是乐观主义者，胆大心细，既高瞻远瞩又脚踏实地，只承担精心考量过的风险。

企业家精神还是敢想敢做，为了成功百折不挠地克服困难的精神。当想出一个创新的点子时，企业家会为之兴奋到失眠。对于这个新点子，如果成功的概率是50%，普通人会前怕狼后怕虎，会认为有太多的风险和"坑"，会犹豫不决，最终远离这个机会。而企业家则倾向于相信"有志者事竟成"，看到的都是机会，会马上采取行动。

企业家精神是不惧怕失败的精神。许多赫赫有名的企业家都经历过数次失败才取得了成功。失败并不是成功的对立面，而是成功的垫脚石。大多数成功的企业家都会告诉你，他们在人生的某个阶段都失败过，但是他们并没有把失败看作自己无能的表现，相反地，他们会客观地看待失败，并将它视为一种宝贵的学习经验。

三、创业前必看此书

这本书并不能让你们成为成功的创业者。毕竟，大部分人并不适合创业，创业者是社会的稀缺资源，而企业家精神也不是一朝一夕就能养成的。这本书只是在你们发现自己具备成功创业者的品质而又着手创业的时候，给你们提供一些最基本的对创业的认知。创业涉及风险和收益，结果可能相差很大，有人因为创业而过上了落魄的生活，也有人因为创业而名利双收，富甲一方。因此，在开始创业前，你们务必熟读这本爸爸花了一整年的时间为你们写的书。爸爸随时准备着做你们的天使投资人。

永远爱你们的爸爸　蔡聪

2023年9月20日

前言　写给创业者的"家书"

一、我为什么要写这本书

对于一些人来说，创业是为了谋生和改善生活；而对另外一些人来说，创业是为了理想和抱负。

对于很多人来说：

> 创业是一种激情
>
> 创业是一种实践
>
> 创业是一种态度
>
> 创业是一种挑战

创业是一个专业吗？需要专门进行系统的学习吗？似乎创业并不是一个专业，也并不需要进行系统的学习。在我们耳熟能详的企业家中，似乎没有多少人是"创业学"或"工商管理学"的科班出身。在中国，大多数创业者都不是科班出身，而是靠着自己的商业直觉和创业精神获得成功。他们边干边学，摸爬滚打。毫无疑问，作为企业家，敢想敢干是必不可少的品质。创业和企业管理都是实践的科学。

然而，要想打造一家成功的企业，仅仅有企业家精神是不够的，还需要方法论和预判能力。管理一家企业需要深厚的商业管理知识和技能。有的人会说："专业的事找专业的人做，聘请一个称职的 CEO 不就解决了？"话虽这么说，但在中国，专业管理企业的职业经理人群还不像以色列和美国那样成规模。就算有，初创企业也未必雇得起他们，他们有这个能力也未必愿意加入一家还在高死亡率阶段的初创企业。要知道，腾讯也不是一开始就能吸引刘炽平加入,也雇不起刘炽平这样的人。

因此,实际情况是许多创业者本身就是公司的总经理,他们边干边学怎么管理企业和团队。这也是为什么近些年来出现了大量面向创业者的"商学院",而且收费不菲。但是,我发现许多"商学院"都在讲高深玄妙的理论和虚有其表的明星案例,而不是教授基本技能和基本游戏规则。有时候,把特殊案例看作常规情况,反而使得创业者忘记了商业常识。我在投资过程中也发现非常多参加过这样或那样的创业培训的创业者,他们聊起战略和方向时都能夸夸其谈,但当我深入其公司内部查看时,却发现其内部管理得一团糟,甚至有些创业者最终倾家荡产,和合伙人反目成仇,深受创业的煎熬。我认为,对于大多数初创企业的创业者来说,他们需要的不是玄妙理论或管理大师的思想,而是实用的知识和管理技能——拿来就可以用,避免踩坑。于是我决定写这本书,我认为这是创业者决定创业后应该读的第一本书。

二、我为什么能写这本书

我于1998年在中山大学管理学院主修会计学,是正儿八经的管理专业科班出身。2002年毕业后,我加入了四大国际会计师事务所之一的安永会计师事务所,做了四年的审计师。作为一名审计师,我需要对客户的财务数据发表意见,而这些意见可能会被股票市场的投资者用作买卖股票的决策依据,可能会被银行用作是否批准放贷的依据,也可能会被评级机构用于征信评级的依据……审计意见的公允和客观性关乎使用者的直接经济利益,所以审计师的责任非常重大。为了控制错误发表审计意见的风险,四大会计师事务所对客户的选择非常苛刻。客户的筛选是其控制审计风险的首要手段。作为审计师,进场审计的第一件事就是了解客户的业务流程,并对客户的内部管理流程和风险控制系统进行评估。四年的审计师生涯使得我能够深入众多像沃尔玛这样的世界级跨国企业内部观摩和学习。

2007年，我前往中欧国际工商学院攻读MBA学位，随后于2008年入职分享投资，进入风险投资行业。2009年，MBA毕业后我就开始了创业以及投资创业的生涯，直到今日。2016年，我创办了群蜂社，一个对标美国Angel List以及以色列Our Crowd的对接创业企业和投资人的平台。截至我动笔写这本书的时候，我们已经走过了完整的六年，并服务了数百名投资人和超过70家初创企业。我们提供的服务并不是简单的信息对接，而是为投融双方提供投前的评估、尽职调查、路演讲解、投资谈判、法律安排以及投后的跟踪复盘等全方位服务。这样的工作经历使得我们能够深入了解众多初创企业的内部情况，评估其创业项目，并在其获得投资后，持续陪伴跟踪其发展，帮助投资人进行复盘。这种经历很少人有。

进入风险投资行业后的十几年来，我接触了无数怀揣创业梦想的创业者，也接触了大量愿意冒险而投资创业的投资人。他们中的大多数人都是凭借自己的感觉在创业和做创业投资，缺乏相应的知识。但我很清楚创业者和投资创业的投资人需要的知识结构、需要了解的内容以及哪些是基础、哪些只是成功人士自身的不具备普适性的个人经验。我写这本书，是真的希望能够与创业者和投资人分享我的经验和教训。这些经验和教训是我花了大量时间研究学习并通过实战得到的，如果只停留在我的脑海里，那将是一种巨大的浪费。

三、除了创业者，还为谁写这本书

很显然，本书主要是为广大创业者而写的。他们是推动社会发展进步的精英，希望我的分享能够帮助他们少走弯路。

同时，本书还为愿意冒险而投资创业的投资人而写，比如我创办的群蜂社的数百名蜜圈投资人会员。投资创业之前需要先深刻理解创业。在过去的六年中，我们孵化了 70 多家初创企业，并陪伴和见证了它们的发展。本书中的大部分例子都来源于这 70 多家企业。其中，有些给我们带来了丰厚的回报，有些让我们折腾了一番空手而归，有些让我们损失惨重，还有一些让我们哭笑不得。这些经历让我们尝尽了投资创业的酸甜苦辣，每投资一个项目就像参与了一次创业，我们获得的经验和教训都是真金白银砸出来的。如果我们不好好思考、总结和复盘，形成我们的经验积累，那么我们昨天踩过的坑明天就可能重复踩，而昨天的成功也无法频繁上演。在这个节点上，我觉得有必要代表我们服务过的投资人做一次全面而充分的总结与复盘，提炼我们对创业和投资创业的看法。他们读这本书一定会非常有感触，这是他们的集体智慧和经验总结，我只是一个代笔者。

本书还为从事初创企业投融资工作的朋友而写，特别是群蜂社的团队成员以及未来要加入我们团队的成员。我在从业期间也发现，不少在投资一线工作的投资管理人对于游戏规则还不够精通。若不精通游戏规则，又如何能够保护出资人的利益呢？如何平衡好投资人和创业者之间的利益呢？

四、为什么叫"创业家书"

2017 年，我出版了人生中的第一本书——《创业公司的动态股权分配机制》。那是我第一次写书，我做梦也没有想到那本书竟成了管理类畅销书，它给我的人生带来了很大的影响。2021 年，我应出版社的邀请写了该书的第 2 版，同样获得了良好的反响。虽然我自认为文字功底并不是很好，但我成功地写出了一本畅销书，究其原因有三：一是写书的目的非常纯粹，只是为了分享，没有打算留一手日后可以承接咨询服务或者做培训。书中内容不是"蜻蜓点水，点到为止"，而是我毫无保留的分享。二是用大白话来写，确保通俗易懂。三是选题和内容符合"实用主义"。

本书之所以起名为"家书"，是因为我想为它代入一个真实的角色，设定一个真实的写作场景——**一个一直从事投融资服务的爸爸为自己的两个要走向创业之路的孩子写一本关于创业的书**。所以，这本书是名副其实的"家书"，是专门为我的两个正在读小学的孩子——大康和小康而写的。假设未来他们要创业，作为父亲，我希望能够将自己积累的知识传授给他们，提醒他们评估风险，让他们吸取我的教训，少走弯路。

这个写作场景的设定或许可以使得这本书具备成为畅销书的三个条件：

第一，给自己儿子写的，当然是倾囊相授，谁还会对教育自己的孩子有所保留呢？

第二，我的儿子现在还在读小学，将来选择何种专业还无从知晓。假如他们也像我一样有着创业基因并走上创业之路，就需要我把自己的经验教给他们，将他们视作"商业小白"，并以通俗易懂的语言写一本"创业指南"。

第三，我们家奉行"实用主义"，因此，我保留并提炼了最实用的理念和知识，以便传授给他们。

五、创业的入门读物

我不是一个有高涨人气的投资人，也算不上"投资大咖"。我真正开始自己主导做风险投资的时间还不长，只有六年，让我一战成名的百倍回报的投资案例还没有出现。因此，我不能像脸书的投资人彼得·蒂尔（Peter Thiel）写《从0到1：开启商业与未来的秘密》或者优步的投资人贾森·卡拉卡尼斯（Jason Calacanis）写《富人思维》那样高调地提出自己的理念。以他们的名气只需在封面写上"×××公司的天使投资人",便可能让其他投资人和创业者把他们的书奉为经典。虽然我相信我也会有这么一天,但现在高谈阔论可能会让我显得不自量力。那么,我就给孩子讲创业的基本游戏规则和技能,让我的孩子能够在创业之路上有所依靠。当然,我并不敢保证只要读者阅读完本书就可以成功地创立一家伟大的公司,因为创业成功受太多因素的影响。但是,我可以教大家的是如何低成本、低风险但高胜率地创业,这会让创业者避免犯许多低级错误和走不必要的弯路。人生宝贵,我们没有太多的机会重新开始。

在本书中,我将最实用的"创业学"浓缩成易于理解的内容。我将自身的创业以及投融资项目作为案例,通过故事性的讲解,深入浅出地阐述了创业者从 0 到 1 创立一家企业所需要掌握的知识、方法论和技能:

(1)什么是创业?什么是生意?它们之间有何区别?

(2)认识一家创业企业的发展规律。

(3)何谓精益创业?如何实施精益创业?

(4)如何设计一个创业项目的商业模式?

(5)精通有限公司的游戏规则,降低创业风险。

(6)如何让自己的企业走上资本之路?

在这个完整的内容框架中,我提炼出低风险、高胜率创业的八大家规:

(1)初生牛犊不遇虎。选择赛道时,先考虑规避竞争,再考虑赛道规模。甘于先成为小而美的专精企业,再谋划向大赛道延展。

(2)循序渐进地验证各个创业阶段的核心假设,避免在错误的道路上舍命狂奔。

(3)实践是检验理论的唯一标准,MVP(最小可行性产品)就是最低成本的试错方法。该转型就转型,留得青山在,不愁没柴烧。

（4）将成功实践的商业模型融会贯通，以往鉴来，创新自己的商业模式。

（5）逻辑自洽的商业模式不一定在实践中行得通，但逻辑混乱、各个持份者利益相冲突的商业模式大概率会浪费人力和物力。

（6）决定你的创业结果下限的是你对有限公司游戏规则的理解，避免将创业的风险引入家庭。

（7）能够插上资本的翅膀固然好，但不要为了融资而融资，不要被资本牵着鼻子走。最好的融资方法是无须融资。通常，你越不需要融资的时候，资本就越想投资你。

（8）高溢价的投资值得拥有更好的优先保障，但要避免投资人喧宾夺主和创始人个人承担无限连带责任等情况的出现。

蔡聪
2023 年 9 月 20 日
于深圳

目 录

自序　你们适合创业吗——写给大康和小康的家书
前言　写给创业者的"家书"

第一章　创业、生意与赛道选择

01

第一节　创业和生意 / 002
第二节　对创业的风险要有敬畏之心 / 005
第三节　选择赛道 / 007

第二章　创业企业的发展规律

02

第一节　创业企业的发展阶段 / 016
第二节　创业就是不断验证关键假设的过程 / 017
第三节　依次验证创业的关键假设 / 026
第四节　判断和对比早期创业风险 / 028

第三章　精益创业方法论

03

第一节　如何理解"精益" / 034
第二节　MVP：最小可行性产品 / 036
第三节　构建 MVP 的思路 / 041

第四章 商业模式的设计

04

第一节　商业模式的定义 / 054

第二节　商业模式创新 / 057

第三节　值得借鉴的商业模型 / 058

第四节　如何设计商业模式 / 128

第五章 有限公司的游戏规则

05

第一节　有限公司：人类史上最伟大的制度发明 / 155

第二节　注册资本："责任上限"，越小越好 / 156

第三节　不是每个人都能当法定代表人 / 163

第四节　重视公司章程的个性修订 / 163

第五节　有限责任公司中重要的股权比例 / 164

第六节　低于10%股比的股东的"一票否决权" / 167

第七节　公司的哪些人是"高管" / 170

第八节　实际控制人 / 171

第九节　表决权和分红权必须与出资比例一致吗 / 171

第十节　合规实缴才能实现"有限责任" / 172

第十一节　有限责任不代表可以为所欲为 / 175

第十二节　如何实现"人脉"或"名誉"入股 / 179

第十三节　股权分红由谁决定 / 180

第十四节　外部股东更需要被保护 / 183

第十五节　如何退股 / 184

第十六节　全面了解股权的代持 / 186

第六章 06 创业企业的资本之路

第一节　投资人类型与投资轮次 / 190

第二节　中国风险投资发展简介 / 194

第三节　投资人的决策逻辑 / 198

第四节　资本逻辑与生意逻辑 / 204

第五节　不是每类企业都适合找 VC / 208

第六节　创业九死一生，为什么还有人投资 / 214

第七节　初创企业的估值窘境 / 217

第八节　公司价值的大部分在上市前就已被透支 / 223

第九节　了解企业资本价值的发源地 / 227

第十节　"以终为始"的逆向估值法 / 255

第十一节　打动投资人的融资材料 / 273

第十二节　投资条款的谈判 / 294

后记 / 314

第一章

创业、生意与赛道选择

要想创办并成就一个永续经营的大事业，创业者不仅需要具备冒险精神，更需要倾注一辈子的心血。既然选择了创业并决定冒如此大的风险，为何不从一开始就选择一个真正值得你倾注毕生精力的事业？也就是那些真正称得上"创业"的事业。

创业是一种创新性强、有加速增长效应、能上市、具有资本投资价值的商业模式，而生意一般不同时具备以上属性。但是，做事情要脚踏实地，我们可以从做生意做起，将生意做好并保持持久的活力。即使开始时生意的规模很小，但只要能够稳健发展并保持活力，也比那些盛名一时的"宏伟创业"更有价值。我们要选择具有延展性的赛道，即一开始在外界看来只适合做生意，但长远来看可能成就伟大企业的创业赛道。

第一节 创业和生意

何谓"创业"？"创业"有广义和狭义之分。广义来说，创业是指从零开始建立一个商业组织，通过投资和经营管理使其产生循环的现金流。在这个过程中，利润得以留存，财富得以创造。不管你是创立一家大型的医药研发机构，还是开设一家方便周围顾客的小卖部，都可以被称为"创业"。

狭义的创业仅仅指那些同时具有以下三个特征的新设商业项目。

一、你的项目具有足够的创新性

这种创新性可以体现在你的产品上。例如，你要研发和销售一款可以飞行的摩托车来解决通勤问题,就像特斯拉推出纯电动汽车替代内燃机汽车一样。这种创新性也可以体现在你做业务的模式上。例如,美团和饿了么等外卖平台的诞生让市场上出现了一些只做外卖业务的"虚拟餐厅"。此外,这种创新性还可以体现在你所定位的客户上。例如,无人机早期主要被应用于空中测绘、军事侦察、电影电视摄制等专业领域,但是大疆将客户定位转为普通摄影发烧友群体,成功地开拓了市场。当然,有些创新可能比较微妙和隐蔽,比如体现在管理模式和营销机制上。大多数人很容易忽略这种隐蔽的企业经营方法和模式的创新。实际上,经营方法的创新带来的商业价值并不比那些让客户看得见摸得着的创新差。例如,福特汽车把流水线作业的生产方式引入汽车制造领域,大幅提高汽车制造效率,降低汽车制造成本,使得T型车成为首款老百姓用得起的汽车,从而改变了人类的出行方式。

二、得益于上述创新,你的商业模式具有加速增长的效应

所谓"加速增长",就是企业的规模并不是随着时间线性地增长,而是呈现一定的加速度,如图1-1所示。加速度可以体现在利润、收入、用户/客户数量、流量等方面。这种加速度往往得益于新技术、新模式的运用,使得提供同样量的服务所需要的成本持续下降,即边际成本持续下降。

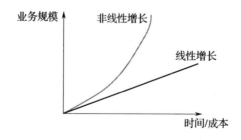

图1-1 加速增长示意图

例如，你开设了一家心理咨询工作室，你在营销方面进行了创新，通过微信公众号、微信群、抖音等新媒体获客和维护客户关系，并且开发了一个 app 提供线上咨询服务。比起传统的心理咨询工作室，你的工作室确实有一定的创新。但是，这种创新只涉及营销和沟通手段，无论如何都不能满足创业所需的创新性。更重要的是，你的业务模式缺乏"成长性"，难以规模化。你的工作室的成长性是线性的，今天你花了 2 小时服务 1 位客户，收入 1000 元，而明天服务 2 位客户收入 2000 元，你就要花 4 小时。收入增加了一倍，成本也对应地增加了一倍。以人为主要生产资料的商业模式都受到人力成本的制约，效益提升的同时，成本也会相应增加。很多行业都面临这个问题，如会计师事务所、律师事务所、线下培训机构、医生集团。

三、你的项目有盈利的可持续性

生意和创业的另外一个重要的区别是，创业项目所追求的盈利性是可持续的，甚至是可以预测的。很多人会不理解：为什么一些企业明明挺赚钱的却没有获得风险投资，而一些企业是亏损的反而得到了投资？盈利的可持续性是关键。我们调研过一家研发智能厕所的企业，当时它的产品刚刚推向市场，拿到的第一笔订单来自其所在城市的高新区管委会，共计 100 个厕所。每个厕所售价 50 万元，这笔订单价值 5000 万元。凭借这笔大订单，该企业下一年的净利润可以达到 2000 万元。因此，该企业计划按照 2 亿元的估值对外融资。他们认为企业的净利润有 2000 万元，按照 2 亿元融资是一个很合理的价格。但是，我们却没有投资这家企业。因为我们了解到，这家企业明年的 2000 万元的净利润主要依赖于这个城市的高新区管委会，因为它是当地重点扶持的高新技术企业。该企业的智能厕所主要销售给政府。很显然，该城市的高新区管委会不可能每年都采购100个厕所,所以该企业的盈利不具有可持续性。而公司这种特殊身份以及良好的政商关系在异地是不可复制的。所以,其业务的盈利性在当时看来不具有可持续性和可复制性。

同时具备上述三个特征的新设商业项目被称为"创业企业"(Startup)。如果新设的商业项目不具备这些特征,我们则称其为"生意"(Business)。一般来说,风险投资人更愿意投资前者,因为这样的项目更容易成长为一家上市公司。成为一家上市公司的好处是显而易见的,股东可以通过在股票市场上销售股票兑现未来数十年的公司分红。而后者很难成为上市公司,它主要通过每年的盈利和分红来回馈股东。当然,分红也可以让股东得到不错的回报。

一个商业项目是"生意"还是"创业"也不是一成不变的。在很多情况下,创业在一开始可能就是个生意。例如,对于一家奶茶店来说,一开始是创始人夫妻二人在店里亲力亲为。后来他们开设了第二家店、第三家店,并逐渐建立了中央厨房,使产品和流程标准化,甚至走上了标准化加盟路线。中央配送和加盟模式的应用,使得公司成了一个连锁奶茶品牌。这家公司一年可以开出50家店,并且可以覆盖整个华南地区。在这个过程中,这家夫妻店具备了创新性、加速增长性、盈利的可持续性,从一个"生意"升级为"创业"。

我对"生意"与"创业"的划分并不是故弄玄虚,也不是为了"造词"而彰显我的学术水平,而是对待这两种类型的企业,投资和创业都有两种截然不同的方法论。本书主要聚焦于狭义的创业。

第二节 对创业的风险要有敬畏之心

创业企业的创新属性决定了其所承担的风险往往比传统生意高出很多。越是追求创新的企业,面临的失败率就越高。相对而言,传统生意通常沿袭已经被众多从业者探索过的老路线走，因此其承担的风险要小得多。如果你创办或投资的是一家创业企业，那么你对创业的风险一定要有敬畏之心，并具备足够的心理预期和适度的耐心。

Startup Genome 是一家为全球 40 多个国家和地区提供创业生态咨询和研究服务的机构。其在 2019 年的报告中指出，12 家创业企业中有 11 家会以失败告终。美国劳工部的统计数据显示，新设立的企业有 20% 会在第一年就倒闭，30% 会在 2 年内倒闭，50% 会在 5 年内倒闭，70% 会在 10 年内倒闭。需要说明的是，此统计口径包含了所有类型的创业企业和生意。如果仅统计有创新性的，致力于探索新技术、新产品、新业态、新模式的创业企业，那么失败率可能要高得多。由此可以看出，我们平时说创业是九死一生，一点都不为过。

《华尔街日报》的一篇文章援引了哈佛大学讲师施克哈尔·高希（Shikhar Ghosh）的研究结果，文章写道：对于 2000 家接受风险投资机构投资的创业企业进行跟踪研究发现，有 75% 的企业从未给投资者带来任何回报，而有 30%~40% 创业企业让投资人的钱打了水漂。这表明，即使这些企业被认为是具有创新性、已经成功跨过早期阶段且处于成长期的创业企业，成功的概率依然很低。这一研究结果再次证明了创业之难。

在投融资生涯中，我和无数创业者打过交道，他们在融资时都显得信心满满。有一些人坚信自己能够给投资人带来回报，认为接受投资人的投资是对投资人的恩赐。据我所见，大多数创业者并不是有意欺骗投资人，只是过于乐观，忽视了未来的风险。同时，经验相对较少的投资人也会常常过于乐观。我依然记得自己做投资业务的前几年，对于每个项目都非常想尝试一下。这并不难理解，毕竟创业者和投资人往往都是天生的乐观主义者，只有经历过足够多的挫折才会敬畏风险。创业和投资创业都是越挫越勇、越"老"越香的行当。

在本书的开篇我先讲创业的风险,既是为了提醒大家要保持敬畏之心,注重方法,谨慎行事,也是为了激励大家。只要你向前迈进一步,只要你能多存活一年,你就可以轻而易举地超越更多人。难能才可贵,创业的成功完全值得你引以为豪。这种精神上的满足是金钱无法比拟的。

第三节　选择赛道

对于创业者来说,也许要做的第一道选择题就是选择创业的赛道。许多人会根据自己的兴趣爱好、行业经验或者拥有的相关资源来做出选择。这无可厚非,因为兴趣是最好的驱动力,对于缺乏热情的人来说,很难在创业之路上坚持下去。具有行业经验的人更容易发现行业中的机会,而资源优势更有利于你获得竞争优势。尽管如此,选择跨界创业的人也有其合理之处。跨界创业不受原有行业思维方式的束缚,因此有时更容易推陈出新,发现新的解决方案。

创业者选择赛道时,除了自身的兴趣、行业经验和拥有的相关资源外,我认为还要着重考虑以下两个方面。

一、市场容量与行业增长率

我们可以打开股票软件,根据市值从高到低排名,然后留意一下市值排在前面的公司。你会发现一些规律。那些市值达到千亿元或者万亿元的巨无霸公司都有一个基本特征:所在的行业的市场容量也至少是千亿元或者万亿元级别的。所在行业的市场容量决定了一家上市公司市值的上限。只有在大的市场中才能孕育出大的企业。对于初创企业来说,市场容量同样决定了企业体量的天花板和发展空间。在分析行业市场容量时，也要考虑行业的增长率，因为有些行业的规模现在可能不是特别大，但是增长很快，这样的行业也适合长期耕耘。关于市场容量和市场增长率，我们可以查阅各种行业报告和相关上市公司的报告，向行业专家咨询，综合多个数据来源做出判断。

小市场并不一定不能作为切入点。如果我们的技术、产品或者服务具有很强的延展性，而且现有行业竞争者都忽视或者看不上这些小市场，那么这反而会成为初创企业的一个好机会。我们可以在这些小市场站稳脚跟，韬光养晦，然后再去挑战大市场。这是一种非常明智的战略。

二、市场的开发度与竞争格局

容量巨大的市场，自然会引来众多的淘金者前来分一杯羹。所以我们不得不考虑所选择市场的开发程度和竞争格局。我们可以把创业公司要切入的市场分为以下三类。

- 蓝海市场：需求没有被完全满足，缺乏解决方案，竞争者很少。
- 黄海市场：尚有需求没有被满足，行业竞争不完全。
- 红海市场：市场的需求已经被充分满足，行业痛点不多，竞争白热化。

要进入不同类型的市场，对于产品或服务的创新度的要求是不同的。进入蓝海市场，只要能够提出有用的方案，满足人们的需求，就能占有一席之地。但要进入红海市场，则需要提出颠覆性的创新方案，能够超过目前的竞争对手。

根据市场规模、开发程度和竞争程度，我们可以将赛道大致分为五类，如表 1-1 所示。

表1-1 赛道选择策略

市场规模 \ 市场类型	红海市场	黄海市场	蓝海市场
小市场（数亿元规模）	最差的赛道	要避开的赛道	可选赛道
中市场（数十亿元规模）	要避开的赛道	可选赛道	次优赛道
大市场（数百亿元规模）	要避开的赛道	次优赛道	最优赛道

1. 最差的赛道

最差的赛道指市场容量很小的红海市场。尽管市场规模小，全国市场容量不足10亿元，但这条赛道已经很拥挤了，选择这样的创业道路难度极大。如果相对现有的企业，创业企业在产品性能和成本上没有碾压式的优势，就很难突围。许多医疗器械产品所在的市场就属于这一类。医疗器械产品种类繁多，就某种医疗器械产品来说，其全国市场容量很可能只有几亿元的规模。而且很多产品的市场被外资巨头和大型综合医疗器械公司占据，它们在相关领域拥有很强的渠道和品牌优势。如果新进企业在产品性能方面没有明显比它们好，同时在价格方面没有明显比它们低，那么再切入这条赛道就只会自取灭亡。我入行创投行业早年投资了一家医疗器械公司，其主要业务是一类特殊疾病的检测试剂。中国整条赛道的市场容量不过七八亿元，80%的市场被一家欧洲公司垄断。我们投资的这家公司打着"国产替代"的旗号，声称可以抢占欧洲公司的市场份额。事实上，这个强大的对手在这个领域已深耕多年，持续研发迭代，极具工匠精神，具备很高的技术和品牌壁垒，其行业地位多年未被撼动。我们投资的这家公司一直没有能再扩大其市场份额，难以支撑其巨大的研发投入，生存处境艰难。

2. 要避开的赛道

要避开的赛道有三类。

一类是市场容量数十亿元的红海市场。这类赛道的市场容量达到了数十亿元的级别，尽管市场规模尚可，但是已被占据，目前的厂家已经基本满足了市场的需求，留下的未被满足的需求量很少。许多种类的模拟芯片就属于这种情况。最近几年，芯片投资在中国比较热，我们也收到许多芯片研发项目的融资计划。芯片可以分为两大类：数字芯片和模拟芯片。芯片创业主要集中在模拟芯片领域。模拟芯片有一个特点：种类繁多，非常依赖设计团队的经验，研发周期长。虽然芯片技术含量高，毛利率高，用量大，但是单价很低，每片价格可能只有几元或者几十元。因此，对于单独一款芯片来说，国内市场容量一般在几亿元到十几亿元之间。如果这个市场已经被国际厂商占据并已基本满足了市场需求，那么切入这个市场就没有多大必要，这还不考虑模拟芯片研发难、投入巨大、风险高和产业下游的厂商缺乏采用初创企业的新产品的动力等问题。在中美发生贸易摩擦之前，这类项目都不是资本投资的热点。近年来，芯片创业和投资热潮兴起，主要是因为中美竞争导致国家政策倾斜，国内厂商被迫寻找国内替代品。这样初创企业才有了进入市场的机会。

另外一类是市场容量数亿元的黄海市场。在这类赛道中，尽管尚有需求没有被满足，但由于市场规模太小，企业进入后发展空间有限。

还有一类赛道需要避开，即那些已经被巨头牢牢垄断或者庞大厂商瓜分的红海市场。虽然这些市场规模巨大，达到了百亿元级别，但创业企业很难在这些市场中做出差异化，因为市场格局已经被确定。例如，在网约车、手机即时通信、电商市场等领域，如果创业者想进入并做同样的产品或者提供同样的服务，难度很大。因为这些市场已经饱和，没有留下多少未被满足的需求。我有个朋友在视频编辑软件领域创业，其公司的产品主要销往海外市场。他在这个细分领域做得很成功，把公司做成了一家 A 股创业板的上市公司。后来，这个朋友开始寻求新的创业机会，他选择了与主业不相关的智能家居行业，这是一个百亿元级别的市场。但很快，他发现他的竞争对手非常强大。小米通过强大的供应链生态体系和物美价廉的品牌印象，已经在智能家居市场中占据了先发优势。凭借强大的供应链能力，传统家电巨头海尔、美的也随之而来。另外，华为以其超强的研发实力也加入了战局。在这样的市场竞争格局下，这个朋友投入了几亿元的资金后，最终还是不得不黯然退出。这个例子充分说明，选择一个合适的赛道非常重要。即使你非常有能力，市场规模也很大，但如果有比你更强的竞争对手，那么市场对你来说可能就不可触及了。选择比能力优势更加重要。要像田忌赛马一样，降维打击，选择一条能够取得比较优势的赛道，赛道小一点也无所谓。

3. 可选赛道

可选赛道包括两类：一类是市场规模达到数十亿元，其中有相当多的需求尚未得到满足的黄海市场，这为差异化竞争提供了相当大的空间；另一类是虽然市场规模只有几亿元，但是几乎没有竞争，市场需求也未被充分满足的蓝海市场。

在这些赛道取得一定的行业地位后，企业可以想方设法扩展其产品和服务以及商业模式，将其延伸到更广泛的市场。例如，亚马逊最初专注于在线图书销售，而不是试图成为一个综合性百货电商。图书尺寸较为标准，易于配送且退货率较低，因此亚马逊以此作为切入点，不断改进自己的配送体系和商业模式，不断提升自己的竞争力。购买图书的人群通常具备较高的可支配收入和购买力，因此他们更有可能成为购买其他种类产品的潜在顾客。在在线书店市场取得垄断地位后，亚马逊便利用这一优势来打造电商基础设施，并迅速向百货领域扩张，成了全球最大的电商巨头之一。同样地，脸书最初主要服务于常春藤盟校的高校学生群体，在得到了该用户群体的垄断地位之后,其业务逐渐拓展至全球,目前其月度活跃用户已达 28 亿人。

4. 次优赛道

次优赛道主要有两类。

一类是市场规模巨大,但是现有的竞争者同质化严重,痛点较多的黄海市场,其中典型的例子是家装市场。我们支持的爱空间就是在这样的市场上创业的。虽然家装市场是一个万亿元级别的市场,但缺乏垄断企业,竞争者同质化严重,市场混乱,标准缺失,让消费者很难做出选择。在这个背景下,装修也成了让很多人感到痛苦的事情。这也正是爱空间应运而生的重要原因。他们通过将整个过程标准化,严格把控产业工人和供应链,从而确保交付质量。经过几年的发展,爱空间已经在 16 个城市开设了分公司。

另一类是市场规模中等,但没有满意的解决方案的蓝海市场。我们孵化的澄实生物是一家利用 mRNA 技术研发非洲猪瘟疫苗的企业,其切入的就是这样一个市场。非洲猪瘟目前是一种"动态清零"的疾病,这意味着只要出现病猪,整个猪场的猪都要被扑杀,这会给养殖场造成极大的损失。然而,目前还没有任何一款疫苗能够有效地解决这个问题。我们支持的 Xsilight 公司是专注于研发车载固态激光雷达的初创企业。激光雷达将成为智能汽车的核心传感器之一,这是一个中等规模的市场。虽然半固态激光雷达目前应用在车辆上已经成为一个过渡方案,但要解决激光雷达大规模上车的问题并兼顾稳定性和低成本,全固态激光雷达是终极方案。

5. 最优赛道

最优赛道是指市场容量巨大的蓝海市场。这种赛道是创业者最值得付出和投资机构最值得投资的赛道,也是资本竞赛最常发生的地方。这些领域的产品很可能是 To C 的,与个人的基础需求密切相关。比如，十几年前的智能手机、十年前的即时通信技术平台、五年前的网约车服务平台和短视频平台、未来治疗常见疾病的创新药物以及走进千家万户的新能源技术等。这些领域最有可能孕育出千亿元、万亿元级市值的超级独角兽公司。在中国这个拥有庞大人口的市场，这些领域具有巨大的发展潜力。

> **低风险高胜率的第 1 条创业家规：**
> 初生牛犊不遇虎。选择赛道时，先考虑规避竞争，再考虑赛道规模。甘于先成为小而美的专精企业，再谋划向大赛道延展。

第二章

创业企业的发展规律

第一节 创业企业的发展阶段

图 2-1 是我绘制的一个典型的创业企业的发展阶段和状态示意图。

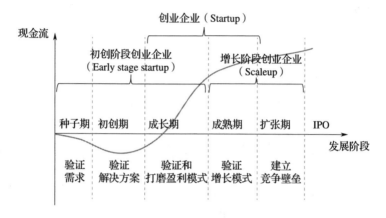

图 2-1 典型的创业企业的发展阶段和状态示意图

我们可以将创业企业（Startup）粗略地分为两类：初创阶段创业企业（Early stage startup）和增长阶段创业企业（Scaleup）。Scaleup 是一个非常恰当的词语，在英语中与狭义的 Startup 对应。狭义的 Startup 是指处于初创阶段的创业企业，它们需要从零开始找到一种可行的、可规模化的商业模式。而增长阶段的初创企业则需要从一个已有的模式走向规模化，从而变成一项大事业。

从企业的发展阶段看，我们可以将初创阶段创业企业进一步细分为种子期、初创期和成长期；将增长阶段的创业企业进一步划分为成熟期和扩张期。然而，这些概念可能会让人产生一些混淆。实际上，这些概念是投资界和创业圈中经常使用的术语，没有严格的定义，有些概念需要通过语境区分其广义和狭义的含义。因此，在日常业务中沟通时需要更加严谨。

我们这里对企业发展阶段进行划分的意义主要在于帮助创始人明确自己企业的发展阶段,只有这样才能有条理地进行创业。

第二节 创业就是不断验证关键假设的过程

创业企业的设立过程就是为了找到可规模化商业模式并不断测试关键假设的过程。当你开始创业时,你和你的合伙人一定会有一个愿景:你们的公司解决什么样的问题、为客户提供什么样的价值、在提供价值的过程中如何获得收入、收入能否覆盖成本并获得利润。当然,这些想法很可能是基于你对世界的认知进行的估测,或者因为你认为市场有这样的需求,愿意为之支付一定价格,认为别人也会这样做。但这些假设尚未经过验证,因此我们将其称为"创业假设"。

一般来说,创业的过程就是一个"大胆地假设,小心地验证"的过程。按照时间顺序,你需要逐一验证五个重要的假设。

一、种子期:需求的验证

你认为你的产品和服务的需求是存在的而且未被满足的,你要解决的痛点也是真实存在的,而且目前还没有很好的解决方案。就算目前不存在的需求,你也认为未来随着时代的变迁会产生这样的需求。这种需求足够大,从而能形成一个商机,产生一个细分行业。

我有一个学妹,她在国外留学期间接触到马球运动,并深深地爱上了这项运动。毕业后,她回国并开始创业,运营马球培训和马球装备的代理销售业务。她认为,未来在中国一定会有很多人和她一样爱上这项运动。然而据我所知,目前在中国接触过马球运动的人仅有几百人。这么低的接触率并不能证明马球培训和马球装备的需求量足够大，这种机会无法成为一个有利的商业机会。对于一个初创企业而言，要培养这种需求现在看起来相当难。因此，这个创业项目的首要任务就是验证需求是否真正存在。

有时候，某些需求可能尚未被发掘，甚至消费者本身也未意识到这些需求，我们形象地将它称为"先有鸡还是先有蛋"的问题。因为市场上缺乏对应的产品，所以消费者无法提出诉求；反之，如果没有这些诉求，企业就会认为没有必要开发对应的产品。然而这种情况下的逻辑推断显然是错误的。PayPal 的联合创始人、硅谷著名的投资人彼得·蒂尔所著的《从 0 到 1：开启商业与未来的秘密》一书中有一个观点：没有一个成功的企业可以被复制，它们的成功是独一无二的，如果人们企图抄袭它们并与它们竞争，那么很可能会以失败告终。而所有失败的企业则几乎相似，都是因为无法避免竞争而无法生存。因此，他鼓励创业者采用逆向思维，对未来的需求进行大胆假设，从而避免竞争。采用这种策略的企业更容易形成垄断，至少在一个细分甚至是小众市场上实现垄断。例如，乔布斯曾大胆地假设未来人们不会使用手机上的物理键盘。当时很多人都认为他错了，但他验证了他的需求假设，并获得了先发优势。优步则大胆地假设人们愿意搭乘陌生人的车，而爱彼迎则认为人们愿意住在陌生人的家里。虽然当时很多人认为这些想法很疯狂，但优步和爱彼迎验证了这些需求假设是正确的。在当时，可能大部分人都认为这些大胆的需求假设是错的，或者消费者本身都意识不到他们有这样的需求，但这也给创业者提供了创造先发优势的机会。逆向思维对需求假设的验证尤为重要，创业者不仅需要验证未来需求是否存在，还需要确定它们出现的时间点，以确定何时是进入市场的最佳时机。在十年前，如果有人能够预测未来人们会使用视频替代文字在社交平台上更新自己的生活动态，那么在那个时候进入市场,很可能只是为别人探索市场,为他人铺路。抖音和快手之所以能够成功崛起,是因为它们准确地抓住了切入的时机:4G网络的普及和手机摄像质量的大幅提高。它们并不是第一个想到这个需求的企业,但它们是在正确的时点入局的企业。

二、初创期:解决方案的验证

需求已经被验证,但你设计的产品或服务能否更好地满足需求并解决行业中的问题呢?

> **◦案例◦**
>
> ### W 公司的无创血糖仪
>
> 我们帮助投资人在以色列投资了一家研发无创血糖仪的创业企业 W 公司,其产品可以帮助全球约 3.87 亿糖尿病患者监测血糖水平。中国是全球糖尿病患者人数最多的国家之一,约有 1 亿患者。同时,预计有 7000 万人处于糖尿病前期。糖尿病患者需要对血糖水平进行检测和管理,从而指导用药,目前主流的解决方案是指血血糖仪(见图 2-2)。患者需要频繁地扎破手指取血样,较为痛苦,同时试纸作为耗材也需要更换。更重要的是指血血糖仪的检测数据是静态的,无法有效地提示高血糖和低血糖。其他的解决方案已经存在并且已经成
>
>
>
> 图 2-2 指血血糖仪
>
> 功地验证了需求的有效性。项目的团队没有必要投入需求验证工作,而需要验证的是其无创的连续测血糖的方案是否可以解决指血血糖仪的痛点:既扎手指,又不能准确检测血糖水平。

三、成长期：盈利模式的验证

在你的解决方案中，成本与收益是否可行？人们是否会使用你的方案来满足他们的需求，解决他们的痛点，并且愿意支付合理的价格，而这个价格能否覆盖你的成本且让你获利？这就是一个算账的问题了。虽然在此阶段，公司不一定已经实现了盈利，但至少需要有数据来证明其盈利模式的假设是可行的。在管理会计方面，有一个很重要的盈利性论证思路可以借鉴，即边际贡献率与盈亏平衡点分析。

边际贡献是指获得额外一个订单或者一个销售单位带来的销售收入减去与该订单或销售单位密切相关的变动成本后的余额。正确理解"边际"这个前缀非常重要。"边际"一词是从英语"Marginal"翻译过来的，表示"在相对固定状态下增加一个单位"。例如，一家电商零售企业销售独立设计师创作的花瓶，在多接了一个订单，卖出一个花瓶时，该订单的边际贡献是指该订单所产生的收入，减去为履行该订单而付出的成本。这些成本包括花瓶成本、销售税款、快递费以及客服多售出这一件商品所得到的奖金。但这些成本不包括一些固定成本（如办公室租金）和某些相对固定的成本（如客服的固定人工费用）。这是因为客服的薪资是按月付的，多售出一件商品不会致使薪资的增加，企业也没有因为又售出一件商品而需要新增一个客服。边际贡献用于衡量这个订单是否值得做，多做这个订单对企业更有利还是不利。

因此，边际贡献与毛利有所不同。毛利用于衡量一家企业实现的总收入，以及实现该收入所发生的直接成本（包括变动成本和固定成本），而边际贡献通常仅包括变动成本。毛利是会计领域的财务概念，用于对外报告；边际贡献则是管理会计领域的概念，用于支持商业决策。

盈亏平衡点又称零利润点、保本点、盈亏临界点、损益分歧点、收益转折点，通常是指全部销售收入等于全部成本时（销售收入线与总成本线的交点）的产量。以盈亏平衡点为界限，当销售收入高于盈亏平衡点时企业就实现了盈利，反之企业就会产生亏损。盈亏平衡点可以用销售量来表示，即盈亏平衡点销售量；也可以用销售额来表示，即盈亏平衡点销售额。

按销售量计算：

盈亏平衡点销售量＝固定成本/(单位产品销售收入－单位产品变动成本)

按销售额计算：

　盈亏平衡点销售额＝固定成本/(1－变动成本/销售收入)

　　　　　　　　＝固定成本/边际贡献率

以上述销售花瓶的电商企业为例，假设该企业刚刚开始创业，每个月的开支包括租办公室、支付员工薪金和支付技术服务费，总计20万元。该企业销售的花瓶平均售价为300元/个。每售出一个花瓶，对应的采购成本为170元/个，销售税费为10元/个，快递费用为20元/个，合计履约成本为200元/个。那么，该企业的盈亏平衡点为：200000/(300－200)＝2000（个）。

换句话说，按照现有成本投入，该企业每月至少需要售出2000个花瓶才能达到盈亏平衡点。然而，经过几个月的测试，如果不投入任何成本获得流量，该企业每月平均只能销售900个花瓶。显然，这种盈利模式是不可行的，企业维持目前的经营模式没有任何意义。

为了确立盈利模式，团队做出了两个调整。首先，在电商平台上购买了一些流量。经过测试和数据分析，团队发现每投入30元广告成本就可以稳定获得一个花瓶订单。按照团队目前的前期资本金投入，团队有15万元的资金可以用于广告投放。其次，团队与快递公司谈判了大客户折扣，使得每个花瓶的快递费用降低了

10元。在采取以上措施后，团队再对现有的盈利模式进行验证：

$$每个花瓶的边际贡献 = 300 - 200(原来的履约成本) - 30（获客成本） + 10(减少的快递费) = 80(元)$$

$$盈亏平衡点 = 200000/80 = 2500(个)$$

15万元的资金进行投放可以带来的销量 = 150000/30 = 5000(个)

5000 > 2500，因此这个盈利模式是可行的。随后，该企业可以使用赚取的利润或通过融资获得的资金增加投资，以实现增长。

对于一些采用"总部－分部"组织形式或者多点连锁经营模式的商业组织，我们在验证盈利模式时应该先关注一个分部，而不是整个企业。只有确保一个分部的盈利模式是可行的，才能通过规模效应实现对总部固定成本的覆盖。我们评估过的一个共享寄存箱项目，我们对项目已经在全国各地投放的2000个点进行了盈利性分析，以验证项目的盈利模式。每个点就是一个分部。因为该项目采用的是自助式共享寄存箱，通过远程传感器和监控，因此把"人"这项最大的成本节省了。每一个分部的变动成本是给场地提供方的分成，以及几乎可以忽略不计的电费。因此每个点的边际贡献率都可以达到50%以上。总部的运维成本在单一分部的分析中相当于固定成本，这些支出都是"沉淀的"且"相对固定的"。只要分部足够多，最终都可以通过规模效应来覆盖总部的成本。盈利性的验证和体现是说服投资人向创业企业做出投资决策的重要因素。资本擅长解决规模化的问题，但不擅长解决盈利性问题。换句话说，只要你的柜子赚钱，资本就会为你提供资金，让你在全国范围内尽可能多地占据市场份额。用钱可以解决的问题，都不算真正的问题。

四、成熟期：增长模式的验证

在成熟期，你应该验证产品或服务能否大规模推广，以及增长方式是否有效。

我们前面讲到创业企业的两个属性：创新性和可加速增长。前面的三个假设主要与创新性有关，而接下来的这两个假设：增长假设和壁垒假设与可加速增长属性密切相关。例如，麦当劳使用特许经营权的方式持续在全球扩张，可口可乐则采用工厂加盟的方式扩大规模。许多互联网企业激励用户自行分享，让产品信息像病毒一样在社交网络中扩散，在软件工具行业中则有通过投放广告获得新用户的方式。这些都是增长方式。在创业时，你会有一个预期的增长方案，但你需要验证其是否实际成立。

> ○ 案例
>
> ### Q 公司的财商教育
>
> Q 公司是一家从事线上财商教育的创业企业。我们孵化这家企业的时间节点正处于其验证增长假设的阶段。需求是得到验证的，中国人对财富有追求，而中国人的理财知识和理财水平都有待提高。Q 公司打造了一个完整的课程体系，旨在用通俗易懂的语言教授一些非专业人士掌握各项理财技能，同时让他们避免踩坑。线上训练营的方式不受时间和地域的限制，深受学员的欢迎。Q 公司的解决方案也是成立的。其课程体系分了好几个等级：有 9 元的引流课程，有进阶课程，有高阶课程。公司投放的广告带来的用户主要购买引流课程，学习完引流课程，部分学员会购买进阶课程和高阶课程，而进阶课程和高阶课程的定价就不会是 9 元那么便宜了，而是正常的定价。因为课程的制作基本上是一劳永逸的，边际成本递减。所以，只要 9 元引流课程的销售能够覆盖获客成本，所有购买进阶课程和高阶课程的用户都会给公司带来利润，这个盈利模式的假设也得到了验证。
>
> 需求、解决方案、盈利模式都已经得到了验证，Q 公司现

在要验证的是其增长模式。Q 公司通过投放微信公众号和朋友圈广告直接获客。通过广告投放，Q 公司把客户引导到 9 元的低价引流课程中。因为课程是提前录制好的，几乎没有边际成本，所以只要这 9 元的学费能够覆盖投放的成本，Q 公司就可以持续投放，从而持续获客。只要已经获得的客户中有部分能够留存下来，接着购买进阶课程和高阶课程，那么 Q 公司就可以获得可观的利润。在刚开始的十几期训练营中，Q 公司的这个增长方式是行之有效的。9 元引流课程的销售不但可以覆盖投放成本，甚至有时候还有利润。他们认为只要能做到持续低成本获客、留存客户就可以实现快速增长。

这个增长方式在新冠疫情期间尤其有效，Q 公司投放获客的效果非常好。但是，疫情过后，线上教育得到了很大促进，突然间出现了大量针对同一人群提供各种各样在线课程的在线教育公司，其竞相投放线上广告。相互竞争大大拉高了线上广告投放的成本。行业的突变导致了这个增长假设变得不再成立。高企的广告投放成本侵蚀了 Q 公司的全部利润，使得公司最终只能无奈转型。

五、扩张期：竞争壁垒的建立

最后你需要验证的是，你的企业成长起来后，可以建立自己的护城河，确保打下来的江山不容易被挑战者攻破。

打江山不容易，守江山更难。对于科技企业来说，持续的研发和不断推陈出新是其构建壁垒的主要手段。华为就是其中一个典型的例子。在华为对外公布的 2019 年年报中，其全年营收达到8588

亿元，净利润为 627 亿元。而华为的研发费用达到 1317 亿元，较 2018 年增长 29.7%，占全年销售收入的 15.3%。相比苹果和爱立信等企业，华为的研发费用要远高于利润，甚至达到两倍之多。台积电是另外一个典型的用持续的研发构建壁垒的公司。对于芯片来说，尺寸越小代表功耗越低，计算能力越大。台积电在技术研发上已经攻克了 5nm、4nm 和 3nm 生产工艺，在 2020 年 8 月更进一步设立了一个有 8000 名工程师的 2nm 工艺的研发中心。㊀由于技术领先，台积电能够获得源源不断的订单。这种良性循环使得台积电的技术壁垒更加强大，积累了更多的经验，从而更好地改善自己的工艺。

对于致力于商业模式创新的企业而言，构建壁垒的主要方式是实现精细化管理、提高效率、提升品牌价值和降低成本。许多人认为只有技术和产品的壁垒才是有效的，然而这种看法是片面的。管理能力的壁垒在企业发展过程中同样重要。知名的连锁餐饮品牌，如麦当劳、肯德基、真功夫和海底捞，采取标准化的方法实现店铺管理、食品加工、员工培训、开店评估等各个环节，从而有效地控制产品品质和运营成本，并大幅提升开店成功率。这些标准化的店铺也成了免费的广告牌，构建了其品牌的强大壁垒，并且品牌壁垒又进一步提高了其议价能力。一般餐饮企业的租金占收入的10%～15%，而这些知名连锁品牌的租金收入比只有一般餐饮企业的一半。甚至在许多商场，商家入驻无须支付租金，而是从销售收入中支付提成以控制经营风险。在相同的地理位置、用相同的店面，这些连锁品牌可以赚钱，而其他的餐饮竞争对手则很可能无法经营下去。这正是管理能力构建起来的壁垒。

关于建立壁垒的策略，彼得·蒂尔在其《从 0 到 1：开启商业

㊀ 资料来源："TSMC TO BUILD A R&D CENTER WITH 8000 ENGINEERS FOR ITS 2NM PROCESS"，https://www.gizchina.com/2020/08/25/tsmc-to-build-a-rd-center-with-8000-engineers-for-its-2nm-process/。

与未来的秘密》一书中认为，宁可先在一个百万级的小赛道建立壁垒实现垄断，也不要在一个十亿级的大赛道中占据一个小的份额。彼得·蒂尔还总结了四种建立壁垒实现垄断的方法，这四种方法的代表案例正是美国的科技四巨头：①品牌壁垒，以苹果公司为代表。苹果公司塑造了一个时尚潮流的消费电子品牌，已经深入人心。②技术壁垒，以谷歌为代表。谷歌的专利搜索技术目前仍然使得其搜索结果好于竞争对手10倍以上。③平台效应壁垒，以脸书为代表。作为社交平台，因为你的大部分好友都在使用，所以你不得不使用同一个平台。④规模效应壁垒，以亚马逊为代表。亚马逊的巨大交易量使得其处理每一单交易的成本远低于竞争对手。

第三节　依次验证创业的关键假设

创业的关键假设要依次进行验证，不要试图跳过任何一个关键假设的验证，因为后面的假设往往需要以前面的假设得到验证为前提。我们看到有许多创业项目因为忽略了必要的假设验证而浪费了大量的时间和资源，最终导致现金流断裂。例如，有些从事app开发的团队花费了大量心血做出产品后才发现原本对产品需求的假设是错误的。同样地，一些研发创新科技产品的团队在将产品投放到市场后才发现其实没有任何需求。这些都是创业者常犯的低级错误。

许多创业者在发现潜在的商业机会时都会充满激情。当一种产品面世时，市场上很快就会出现无数模仿者和竞争者一窝蜂跟进，因此导致许多创业者急于求成，希望尽快占领市场，成为头部企业，获得资本的青睐。然而，创业企业的发展是有其内在规律的，如果不按规律行事，只会加速失败。有时，按部就班才是做事的捷径，慢就是快，欲速则不达。共享单车的失败警告我们，未经验证的盈利模式不应盲目扩张，因为做得越大，资金链断得就越快。

○ 案例 ○

共享单车

2015年7月1日,国务院印发《关于积极推进"互联网+"行动的指导意见》,推进并且鼓励社会把互联网的创新成果与经济社会各领域深度融合,提升实体经济的创新力和生产力。顿时,各类互联网+项目、O2O(Online to Offline)项目成了创业和投资的新风口,如雨后春笋般崛起。似乎各类传统行业都有可能被套上"互联网+""O2O"的帽子进入资本投资的视野。资本对这类项目的投资也相当疯狂。三四年后,随着资本热度的消退,倒闭潮也如期而至。

OFO和摩拜都是我们曾经有机会投资的项目,受到众多明星资本的追捧。然而,我们实在看不懂其估值逻辑而却步,最终结果证明我们是对的。

我当时认为"共享单车"是一个典型的经过了需求的验证、解决方案的验证,但是盈利模式被验证之前就开始疯狂烧钱扩张的案例。这两家公司分别都一轮一轮地烧了投资人几十亿元,估值高达几百亿元。

图2-3 被遗弃的共享单车

它们期望的价格虽然符合消费者的支付意愿,但是每次1~2元的价格根本覆盖不了运维成本,在自行车回收其本身造价之前,就已经破败不堪了。它们的商业模式高估了人性,认为每个人都能自觉遵守停车规范、爱惜单车。它们在盈利模式得到验证之前就疯狂地走上了扩张之路。无论创始团队还是那些赫赫有名的资本方,都罔顾创业的基本规律,以为资本可以凌驾于创业的规律之上,结果造成了社会资源的巨大浪费(见图2-3),最终惨淡收场也是预料中的事情。

> **低风险高胜率的第 2 条创业家规：**
>
> 循序渐进地验证各个创业阶段的核心假设，避免在错误的道路上舍命狂奔。

第四节 判断和对比早期创业风险

早期的创业项目通常缺乏可用于决策的经营数据，那么创业者和投资人如何比较和判断不同早期创业项目的风险呢？为了说明这一问题，我们结合上述的"创业假设"以及以下几个天使阶段的案例进行探讨。

一、A 公司：磁悬浮电梯门

电梯行业相当成熟，市场分散，竞争激烈，中外厂商众多。在电梯故障中，除了人为因素的故障，70%都出在电梯门上。中国电梯门机和层门每年有 50 亿元的市场。传统电梯门机采用间接驱动方式，通过传动结构（如滑轮和铰链）将旋转电机转化为线性运动，而门和导轨间的摩擦力大，容易发生故障，同时还有电能消耗和噪声问题。为此，A 公司与中国科学院合作，将磁悬浮技术应用在电梯门上，这种方案不需要对结构做出重大调整，可以直接替换现有门机和层门，与主流电梯方案兼容。因为要使用永磁材料，而且 A 公司的销售量尚未形成规模，因此该产品的成本要比传统方案高。A 公司已经发展了几个标杆客户，为了让这几个标杆客户的产品能够推向市场，A 公司按照传统门机的价格定价，让利于客户。这几个电梯整机客户把磁悬浮方案作为高端的差异化产品进行销售，售价比传统产品高出 20%，已经有少量出货。终端客户反馈很不错：门更安静、开关更顺滑、遇障碍反应更灵敏。A 公司正在寻求第一轮融资来进行推广并规模化生产。

二、B 公司：螺蛳粉快餐连锁店

2021 年 5 月 24 日，广西壮族自治区柳州市申报的柳州螺蛳粉制作技艺经国务院批准列入第五批国家级非物质文化遗产代表性项目名录。近年来，螺蛳粉迅速破圈成为新爆品。2020 年，螺蛳粉用户规模高速增长，增幅高达 86.9%，2021 年螺蛳粉交易用户规模超过 5000 万。然而，市面上缺乏一个可以开进高档商业中心的高品质的螺蛳粉连锁快餐店品牌。B 公司已经用自有资金在不同类型的选址上开了四家店。实践证明，店铺开在附近有商业办公区的底商物业盈利性最好，一般可在 10 个月内收回店铺的投资成本。B 公司现拟进行第一轮融资，以开设更多的店铺。

三、C 公司：视觉 AI + 足球

我国正大力发展足球事业和足球教育。自 2016 年国家发展和改革委员会发布中国足球中长期发展规划以及教育部发布相关政策以来，各类足球学校和青少年足球培训机构迅速发展壮大。

目前，足球赛事数据分析和训练分析仍然停留在人工统计的阶段，需要进行数据化和智能化的升级。在我国，各类足球学校和青少年足球培训中心的日常训练主要依赖于足球教练的经验判断，缺乏信息化和科学化的评价手段。同时，由于教练资源的不足，许多有潜力的孩子错过了发展机会。因此，数据化和智能化是未来足球事业升级发展的重要方向之一。

C 公司运用人工智能视觉识别技术进行足球训练和业余足球赛的赛事数据分析。该公司通过一个实验球场测试验证了技术的可行性，并制作了一套产品的样品来证明其效果。使用者仅需要在球场

的各个角落安装六个普通的摄像头，便可对球场上的每个球员进行人脸识别，并追踪其各项运动数据，如跑步速度、跑动距离、传球成功率、助攻次数、射门次数，以及捕捉进球的精彩瞬间。C公司认为这一技术将受到足球特色学校和社会球场运营方的欢迎，计划开展第一轮融资。

四、D公司：智能电动割草机

D公司的创业团队之前已成功开发商用清洁机器人，并将其推向市场。现在他们设立了新公司，将机器人视觉导航技术与割草机相结合，致力于设计开发一款智能电动割草机。该产品能够解决草坪维护中最烦琐、最耗费精力的草坪修剪工作。据统计，2019年全球割草机市场规模达285亿美元，其中大多数市场占比为人工燃油引擎割草机。而到2025年，欧美地区将禁售小型燃油引擎产品，因此智能电动割草机市场将迎来良好的发展机遇。D公司的产品拥有自主视觉导航技术，能够自主移动、适应不同地形，且具有自动回充功能。它能够识别草坪边界、水坑、游泳池、树木等固定场景，自动避障，确保使用安全，同时可以均匀地修剪草坪。该公司已经制作出一台测试样机并寻求对外融资。

上述四家公司都是进行首轮对外融资的初创企业。它们所属的行业、生产的产品与采用的商业模式均不相同，因而在衡量其创业风险时，需要从一种抽象的维度来进行比较。我们前文提到的创业假设验证模型能够很好地帮助我们进行分析。在我看来，这四个项目的创业风险水平由高到低分别为C、D、A、B，如表2-1所示。

表2-1 四家早期创业公司的比较

各项创业假设的验证	说明	A公司：磁悬浮电梯门	B公司：螺蛳粉快餐连锁店	C公司：视觉AI+足球	D公司：智能电动割草机
需求验证	需求是否真实存在，需求量是否具有商业价值？	√	√	?	√
解决方案验证	公司的解决方案是否能够满足这种需求？	√	√	?	?
盈利模式验证	用公司的解决方案能否在满足需求的同时实现盈利？	?	√	?	?
增长模式验证	公司是否可以保持业务上的持续增长？	?	?	?	?
竞争壁垒验证	公司是否可以建立竞争壁垒？	?	?	?	?

关于C公司的视觉AI+足球项目，是否存在这样的需求还有待证实，因此风险最高。对于D公司的智能电动割草机，市场需求已经明确，解放双手也是一个明显的需求。公司的产品能否满足消费者的需求，是否会出现一些意外情况，都还需要进行验证。我们已经见过很多科技创新项目，其中大多数都因为"为了科技而科技"，最终没有满足实际需求而被证明无用。因此，保持科技创新与实际需求的匹配很重要。

A公司的磁悬浮电梯门项目已经因为少量出货而得到了客户的肯定，解决方案是可行的。但公司在这个价格水平和需求量上是否可以实现盈利有较大的不确定性，会不会价格提上去就没有销量，而没有销量成本又下不来，形成一个死循环？因此A公司的盈利模式还有待验证。

B公司的风险相对较小，因为螺蛳粉的需求明确存在，并且开设在写字楼附近的干净卫生的螺蛳粉快餐店也会迎合这一需求。

B公司已经验证了单店盈利模式。一个店铺在10个月就可以收回前期投资成本。因此，该公司的需求、解决方案以及盈利模式都已经得到了验证。但是，其增长模式和竞争壁垒仍未得到验证。作为传统领域的"微创新"，B公司的创业风险相对会小很多。

当然，无论创业决策还是投资决策，我们不能只考虑风险这一方面，还要看到另外一面的"收益"。高风险不一定就意味着不能尝试或投资。关于这一点，我们不在此详细展开。

第三章

精益创业方法论

精益创业也许是所有创业培训都会讲授的创业方法论，它源自硅谷的创业教父史蒂夫·布兰克（Steve Blanc）倡导的一套创业方法论。后来史蒂夫·布兰克所投资的公司的创始人埃里克·莱斯（Eric Ries）结合自己的创业心得，总结出一套方法论，将其命名为"精益创业"，并写成了一本书《精益创业》。这本书已经被全世界超过 100 万读者阅读，成为创业者必备的创业圣经。

第一节 如何理解"精益"

"精益"这个词语可能让人感到有些晦涩。但如果直接看它的英文原词"Lean"，理解起来就会容易很多。"Lean"有很多种意思，最常用的是"倾斜"，但在这里并不是这个意思，而是指经过精心策划，达到精简、刚刚好、恰到好处的水平。这种方法经济适用，高效低耗。再进行通俗的解读，我们可以将它称为"变态般的抠门"。这意味着：花 10 小时能够完成的事情，绝对不允许花 11 小时；用 10 个人可以完成的工作，绝对不允许用 11 个人；花 10 万元能解决的问题，绝对不允许花 11 万元。按照我的建议，将"精益创业"改名为"抠门创业"其实更容易让人理解，只是显得不够高大上，难登大雅之堂。

"Lean"的理念其实无处不在。最近我开始玩起了视频号，为了娱乐我的朋友，我拾起多年未用的吉他重新开始练习。一天，我的太太好奇地问我为什么我每次都只练习一半就不再练习了。我回答："这是我 Lean 的理念。"我练习的目的就是发视频号，而视频号当时只允许发 1 分钟的作品，那么我为什么要练习超过 1 分钟呢？观众听了前面的1分钟，自然认为我会弹整首歌曲。

我们再来看看图3-1。图片中是一位新闻主播，他的上半身穿着西装、系着领带，而下半身则穿着休闲的短裤和运动鞋。这也是Lean的理念，因为在观众看不到他的下半身时，换裤子和鞋子就成为浪费时间的不必要举动。明白了吧，这就是"变态的抠门"。

"精益创业"（Lean Startup）一词让人联想起大名鼎鼎的丰田生产系统"精益生产"（Lean Production）。精益创业的灵感应该来源于精益生产。丰田的精益生产体系简而言之就是持续改进生产流程，识别和砍掉一些不为客户创造价值的无效活动，最大限度地减少资源浪费，做到恰到好处。

图3-1 某新闻主播

相信通过上面的讲解，你应该已经理解了精益创业的精髓。初创阶段的创业企业与成熟企业和所谓的"生意"最大的区别在于，其主要任务是寻找切实可行的商业模式。而成熟企业及"生意"则聚焦于执行商业模式，二者截然不同。所谓"精益创业"，是指利用最少的资源，对企业设立的核心假设进行恰到好处的验证，从而找到最为切实可行的商业模式。这对于创业企业来说尤其重要，因为创业企业通常是在资源匮乏的情况下运营的。与其到处碰运气寻求投资人的支持，不如先学习精益创业的方法，合理节省资金。也许，只要合理应用资源，企业就能够避免在初创期的高死亡率中挣扎，从而摆脱资金问题的困扰。

精益创业就是初创企业在资源匮乏的情况下，极为节约地利用资源，验证其五个核心的创业假设。

第二节　MVP：最小可行性产品

谈到精益创业，最重要的概念之一是用最少的资源完成假设的验证，即 MVP（Minimum Viable Product）：最小可行性产品。所谓 MVP，就是尽早推出一个具有基本可行功能的产品进行需求测试，并接受用户的反馈。这种"MVP 的快速迭代"的理念用以验证创业的假设，取代了"一步到位开发出完美产品"的方法。因为实践是检验真理的唯一标准，MVP 就是实践。

《精益创业》的作者埃里克·莱斯在书中也讲述了他用传统的"一步到位"的方式开发产品的惨痛教训。2004 年，他的团队的创业项目是开发一款名叫 IMVU 的在线产品，可以将 3D 游戏和即时通信相结合，让用户在虚拟世界中生成一个自己的 3D "阿凡达"，并与其他人互动，并结合自己的 AOL、MSN 等即时通信工具与其他人互动。他们坚信这个产品将大受欢迎，但这只是他们还没有验证的"需求假设"。

整个团队加班加点，花了六个月的时间将 AOL、MSN 等几乎所有当时流行的即时通信工具整合在一起，准备推出一个全新的通信工具。然而，产品推出时公司却陷入了困境。他们原本预期第一天的下载量就会突破数千个，但却发现没有人下载。后来，他们对潜在用户做了一个问卷调查并访谈了几位用户，结果发现他们的需求假设完全是错误的。用户并不想使用自己的即时通信工具邀请朋友加入，但是愿意用新的通信工具与陌生人互动。其实，他们完全可以通过其中一个即时通信工具来验证这个问题，而不必浪费整整六个月的时间和精力。幸运的是，在公司的现金流断裂前，埃里克·莱斯已经意识到自己的创业方法论存在缺陷。他们不应该为一个未经充分验证的需求假设投入如此巨大的人力和物力去开发一个完整的产品，并希望能推向市场，取得巨大的成功。万一这个需求是错的呢？

图3-2形象地对比了在验证核心假设时，传统创业者和精益创业者的思维方式的区别。为了验证客户的出行需求，传统创业者会主观地构想出他们理想中的解决方案（如一辆汽车），并花费很长时间将他们的理想方案一步到位地完成，然后推向市场。然而，精益创业者会询问客户的出行需求究竟是怎样的，如需要多快的车、需要多大的车。精益创业者会先给客户一辆单车，看看客户的反馈。有时候，即使只有一辆单车，也能部分满足客户的需求，而客户则会告诉你他希望速度再快一些。这时候，精益创业者会为单车增加一个引擎，将其变成一辆电动自行车，然后看看是否满足客户的需求。与此同时，传统的创业者可能还在研究底盘，因此产品迟迟未能推向市场。传统创业者甚至可能从未与客户接触过。如果最终的客户确实要的是一辆汽车，那么这二者之间的区别可能并不是很大。但如果客户只需要一辆电动自行车，传统的创业者做出的所有努力就都白费了。而此时，精益创业者已经成功地在市场上推出了自己的产品。

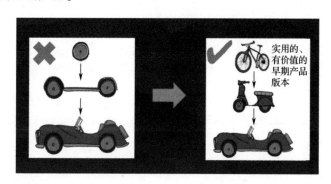

图3-2 MVP示意图

俗话说"摸着石头过河"，这应该是所有人都明白的道理。传统创业者也不例外，只是他们期望在两三步之内较快地跨越河流，而精益创业者则会踏踏实实、一步一个脚印地前进。这些道理虽然十分浅显易懂,然而在行动时,传统创业者往往会有想当然的想法,抱着侥幸心理,而不是按部就班地验证自己的假设;或者,他们根本就没有思考是不是有成本更低的方式快速验证假设;又或者他们是完美主义者,不是自己心中理想的产品,根本不敢推向市场。

○ 案例 ○

S 公司智能眼镜的教训

2016 年 9 月,Snapchat(美国的一款社交 app)的母公司 Snap 公司开发了一款视频眼镜产品:Spetacles(见图 3-3)。这款产品与 Snapchat 配套使用。

图 3-3 Snapchat 的 Spetacles

Snapchat 用户可以随时随地通过按眼镜上的按钮录制 10 秒的短视频。当用户在手机上打开 Snapchat 时,他们可以把自己第一人称视角的短视频通过蓝牙传输到 Snapchat 上,从而非常方便地与他人分享。

S 公司旨在开发一款体积小、功耗低、成本不高、产品性能满足客户不同需要、数据传输快、融合 AI 科技、结合时尚、穿戴舒适的智能眼镜，其样机见图3-4。这款智能眼镜不仅要对标Snap的Spetacles，还要超越它。这家企业的创始团队有三位成员：分别是国内微型视频设备技术领先的顶尖专家、资深的眼镜设计制造专家和互联网资深创业者。

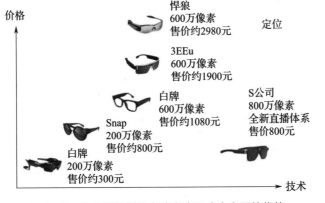

图3-4 S公司的样机

用户可以通过热点向手机传输视频流，手机中的app通过4G与流媒体服务器相连，把视频推送到视频直播平台，如抖音、快手。S公司的样机的优势主要是在硬件方面，还没有相应的软件体系。团队认为他们的产品在清晰度和成本方面比起市面上的竞品有优势，如图3-5所示。

图3-5 S公司的样机在清晰度和成本方面的优势

S公司在获得第一轮500万元的融资后,就招聘了软件工程师,埋头苦干开发后面的软件系统。软件开发的工作量是巨大的,软件工程师的薪水都比较高。其间,整个团队几乎什么事都没有做,都在埋头苦干开发软件。在这个过程中,团队内部还因为一些技术问题出现了分歧。前后折腾了一年多的时间,S公司终于把软件开发了出来,然后将第一代产品推向了市场。然而,结果却是根本没有人愿意花费800元来购买这样一款产品用于拍摄,更别说直播了。S公司耗费了投资人的500万元投资款后,彻底陷入了困境。

如果我们套用上面总结的创业企业的关键假设,S公司的关键假设是这样的,如表3-1所示。

表3-1 S公司的关键假设

初创期的关键假设	S公司的关键假设
需求假设	用户愿意用眼镜来替代手机,以第一人称的视角,快速、便捷地抓拍视频并分享到视频网站,并且直播达人愿意用眼镜进行推流直播
解决方案假设	第一代产品:一个可以与各大视频社交网站、微信对接的软硬件相结合的方案,使得用户可以轻松地录制短视频,并且上传分享,可以直播
盈利模式假设	销售眼镜,毛利率达30%,只要每年销售额达到2000万元,公司就可以实现收支平衡

很明显,S公司的团队在需求假设没有得到验证之前就一股脑地扎进去开发自己认定的解决方案。S公司的团队为什么会认为用户有这个需求?我们复盘了一下:创始人有这个兴趣爱好,所以他觉得其他人应该也有这样的需求。实际上,S公司的团队从来没有与视频网站的达人用户沟通过他们是否有这样的需求,也许这些视频网站的达人对画质、拍

摄角度、续航能力有很高的追求，但他们已经有很好的解决方案，比如使用运动相机或者是加了稳定器的手机。S 公司的团队跳过这个需求假设的验证的另外一个重要原因是有对标产品 Spetacles。既然 Spetacles 能够取得成功，就已经验证了需求。实际上，这款产品只是因为 Snap 公司大肆宣传兴起一时，最终证明只是营销的成功。它是一款失败的商业产品，只有 0.08% 的 Snapchat 用户购买了，购买后 1 个月还在使用的用户不足一半。许多用户是因为好奇而购买。这款产品给 Snap 公司带来了巨额损失。Spetacles 的高调误导 S 公司的团队认定这是一个已经得到市场验证的产品。

如果公司拿到融资后，能先做一批样机作为 MVP，派发给一些社交平台的达人使用，那么基本上就可以验证出这是一个伪需求，而不至于在投入长达一年的时间去开发出那个昂贵的软件系统后，才发现这是一个伪需求。

第三节 构建 MVP 的思路

很多创业者也许知道要做 MVP 验证假设的道理，但做着做着就忘记了自己的初衷，陷入了构建心中完美方案的泥潭。不管用哪一种思路，你都需要多提醒自己不要忘记以下几个重要原则：

（1）你的目的是"验证"假设，而不是追求销量。

（2）你的目的是收集用户的反馈，而不是仅仅追求用户给你点赞，点赞只是给你鼓励，不代表他们日后会为你的产品掏腰包。

（3）不必担心推出不完善的产品会对你的品牌造成影响，在这个阶段你的品牌还没有形成，即使得罪了一些用户，你也可以考虑更换名字。不要高估用户的记忆力和自己的影响力。

（4）没必要过度担心产品创意泄露和被人抄袭。你的商业点子还未经过验证，如果有人想抄袭你的创意，你大可让他抄去帮你验证和试错，你只需旁观并思考结果即可。如果验证成功，你记得及时跟进即可。创业就像跑马拉松，先起跑几步带来的优势可以忽略不计。

（5）模拟尽量真实的场景，找真实的潜在用户测试。朋友、同学、家人为了支持你成为你的用户都没有代表性；千万不要用免费的产品来测试用户对一个未来要收费的产品的购买意愿。这完全是两码事。

一、MVP 的类型

MVP 是精益创业中验证各项假设最好的方法，不同类型的产品和服务需要采用不同的 MVP。我们之前提到过，创业者要依次验证假设，不要试图跳过一些关键假设。然而，在正确设计的情况下，有许多 MVP 可以同时验证多个关键假设，如需求、解决方案和盈利模式。以下是我梳理的几种构建 MVP 的思路。

1. 贵宾礼遇 MVP

顾名思义，贵宾礼遇 MVP 是指给潜在用户提供贵宾式服务代替拟提供的批量服务，以验证需求假设。例如，《精益创业》一书中提到的 Zappos 线上鞋店采取的就是这种方式。该鞋店在验证人们愿意在线购买鞋子这一需求假设时，没有批量采购鞋子来测试，也没有建立复杂的电商系统。相反，该鞋店做了一个简单的网页，到线下的鞋店拍了几款鞋的照片上传到自己的网页上，标上与线下一样的价格，冒充成一个销售自己存货的线上鞋店。当有用户下单购买时，该鞋店专门前往实体店购买，并寄送鞋子。通过这种贴心而专业的贵宾式服务，该鞋店逐步积累了越来越多的订单，成功地验证了用户愿意在线购买鞋子这一需求假设。该 MVP 并没有带来任何盈利，反而花费了大量的路费和运费。表面上看起来该鞋店亏了，但是这种小亏却让企业避免了可能倒闭的巨大亏损。这种小亏对于创业企业而言完全是亏得起的。

把线下渠道搬到线上的企业，如线上蛋糕店、生鲜电商等，在投入大量资金进行系统开发和供应链建设之前，都可以用贵宾礼遇MVP 来进行验证。

2. 表面智能 MVP

表面智能 MVP 是用人工智能的简单实现替代拟提供的智能服务。几年前，人工智能就成了继移动互联网之后的热门话题。2017年，我们与机器人公司 R 公司合作。该公司的创业团队在机器人的运动控制方面技术实力雄厚，一直在寻找商业化应用场景。该团队曾有一个想法：打造人形机器人奶茶咖啡店，完全无人值守，利用机器人给人带来的科技感吸引目标受众，从而销售奶茶和咖啡。与其相似的一个公司叫 CafeX，刚刚推出了一套全自动咖啡店机器人，售价达 20 万美元。

有了这个想法后，其创业团队征求我的意见。虽然作为一个视野较广的投资人，我不具备预测未来的能力，并不能确定这个想法是否可行，但我知道该如何验证这个需求的假设。

我："你们所面向的客户是谁？"

团队："可以是 C 端的客户，我们自己投放；也可以是 B 端的客户，他们布点。"

我："现在不是已经有很多无人零售咖啡机吗？它们不能解决无人零售咖啡的问题吗？"

团队："那个没有仪式感。泡咖啡的过程是充满仪式感的，而机器人能够很好地引起人们的兴趣。许多人为了亲眼看到机器人泡咖啡的过程，会购买一杯咖啡，这也是机器人最好的引流方式。"

我："这是你们自己想出来的吧？"

团队:"我们每次把机器人往商场一摆并让其跳舞,往往都能引起大批人的围观。"

我:"开发这一套系统要多久?"

团队:"可能要两年。"

我:"这样吧。我建议你们先做个MVP,找个人穿上机器人的盔甲,演示一下并收集一下数据。机器人开发的投入是最大的,咖啡机的成本并不高。我们可以先以人作为机器人的代替品,打造一个外观可靠的机器人模型,其成本不会太高,然后让他模仿机器人的动作。你可以告诉客户这款机器人支持语音控制,能识别并理解他的语言。"

R公司的创始团队听了都哈哈大笑,但我并不认为我讲了一个很好笑的笑话。这个需求的假设不就是认为机器人能够引流促进销售吗?实际上,无论机器人还是人工操纵,泡出来的咖啡并没有什么差异,顾客并不在乎这一点。只要让顾客感觉咖啡是机器人泡出来的就能达到需求验证的目的。这就是我说的"表面智能MVP"。

许多用智能手段代替传统手段的创新,都可以用这个方法来验证需求假设。智能设备的开发成本要远高于软件的开发成本。因此,建议创业企业先开发一个表面智能的MVP,以确保需求假设的正确性。曾经有一家创业企业的创始人计划开发一种智能理财投资顾问。他向我咨询如何启动他的创业项目。我建议他先使用人工服务代替智能服务,并观察客户是否愿意为智能服务付费。在开发复杂算法之前,创业企业可以先采用人工方式,为客户提供一对一的礼遇服务。不过在服务中人工客服需要伪装成"智能顾问",让客户误以为是"智能顾问",以测试客户的接受度。如果客户接受程度良好,再着手开发智能顾问服务。

3. 假卖MVP

假卖MVP就是拿假的"逗你玩"。2020年4月1日,大疆发布了 Mamo 飞行云台：手机也能飞，简单来说就是一个装有四个螺旋桨的手机壳。作为大疆无人机的用户和航拍爱好者，我会关注大疆的新产品。我附上文案的截屏，如图 3-6 所示。

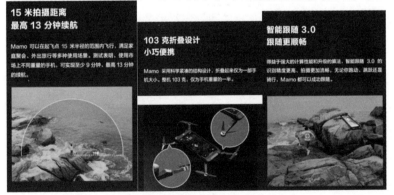

图 3-6 大疆 Mamo 文案截屏（1）

大疆可是正儿八经地通过其官方微信公众号发布的这个 Mamo 飞行云台。文章的行文和图片保持了以往发布产品的一贯风格，图文并茂,还有视频片段,参数描述也非常详细。我一边看,一边惊叹这款产品的神奇。最后,大疆还附上了一个"购买按钮"。我点击进去后,屏幕跳出一句话:工程师还在忙其他项目,这个产品先欠着,愚人节快乐,嘻嘻(见图3-7)。

图3-7 大疆 Mamo 文案截屏(2)

我不确定这款产品是出于娱乐目的还是大疆正在验证用户对此类产品的需求。如果是后者,那么这就是一个非常成功的假卖 MVP。它通过"点击购买"这个动作就能搞清楚有多少人愿意用一定的价格购买这款产品。

这种以假乱真的 MVP 有点欺骗用户的嫌疑,但它只占用了用户的一丁点儿时间,也不算太过分。如果你觉得实在过意不去,可以考虑附上一个红包。例如,前几年共享按摩椅兴起时,我就曾建议一位想进入这个领域的朋友,开发产品之前应该先设定几个场景,放置几个假的按摩椅,并附上操作指南和二维码;然后做一个简单的网页,标好价格,设置好购买按钮。当用户点击购买按钮时,显示:"对不起,本按摩椅发生故障,我们将及时修复。为表达歉意,请关注我们的微信公众号,可领取1元现金红包。"这样的话,后台就能够准确地统计每天购买按钮的点击次数。通过这些数据，你就可以判断此类产品是否值得投入开发，此类商业模式是不是一个可行的商业模式。如果需要天使轮融资，你就可以用这些数据向投资人展示你的商业计划，证明其可行性，而不是引用一些二手的行业报告或者新闻报道。这样的 MVP 的开发成本可能都不到 1 万元。

4. 预售 MVP

对于一些已经设计好的产品（可能还没有形成成品，只是做出了一个产品原型），在批量生产和承受库存风险之前，我们可以采用"预售""众筹"等方式来验证假设。在实业创业中，库存常常给公司带来现金流断裂的风险。如果销售毛利为 50%，那么最终多一件存货，就相当于你辛辛苦苦卖出去的一件是白卖。尤其是那些受季节性影响很大、更新换代很快的行业，如服装行业、电子消费品行业等，受库存的影响都很大。

现在的图片和视频处理技术非常先进。你可以使用模型和原型制作一些视觉化的宣传材料，接受真实的订单，并在 Kickstarter、京东众筹、小米众筹、抖音/视频号等平台上投放少量的广告，通过预收一些订金来验证你的产品是否有市场需求。但是，你也许会想，如果接受了预订，结果在量产时出现问题，比如无法实现预期效果或者成本预算出现重大错误导致销售价格不合理，怎么办呢？答案是退款，解决问题后再考虑换一个平台或品牌名称。

5. 试点 MVP

试点 MVP 主要适用于一些连锁业态实体店的创业项目，如餐厅、烘焙店、便利店、连锁诊所、线下培训机构、商品零售店等。做连锁业态，最忌讳的就是盲目扩张。我们曾经投资过一家做烘焙连锁的创业企业 N 公司。这家企业的创始人是中国乳业龙头企业的创始团队成员之一，在大消费领域有 20 年的经验。我们投资 N 公司，主要原因是看好它的团队。但是，N 公司获得投资后很快就出现了问题，濒临破产，成为我本人投资过的最糟糕的项目。N 公司的问题在于，在扩张之前没有做 MVP 来验证自己的增长模式，过于乐观自信，盲目扩张。N 公司在发家的城市全部是以自营模式开设的店铺，这些店铺本身的运营都有很多问题没有解决，然后直接开始了"城市合伙人模式"的异地扩张，而且第一次合作就承诺给合作方兜底。结果，N 公司的异地扩张出了问题，直接导致公司陷入危机。

许多创业项目都选择开设实体店以实现增长，连锁经营则是其核心增长模式。因此，通过试点 MVP 测试自身增长模式的可行性就变得十分重要。很多连锁业态最初都会选择直营模式，通过直接经营来打磨管理流程、管理体系和质量控制。然而，直营模式受限于自身资金储备，若想扩大规模，就需要寻求外部资金的支持。例如，可以通过联营的模式，让别人投资，而自己负责管理；或者选择加盟模式，让别人投资并按照自己的标准进行管理，自己负责输出品牌和供应链。当企业从直营模式转向联营模式或加盟模式时，之前取得成功的直营店可以被模拟为一个试点 MVP，只不过这个试点 MVP 的投资人是自己而非外部投资者。这时，企业需要解决一系列问题。比如，店铺的业绩怎么核算，店铺与中央供应链之间是什么关系，如何转移货物及材料，如何分配营销费用和支出，如何管理人员以及如何核算客户在一个店铺充值却在另外一个店铺消费的情况等。当所有店铺都是直营店时，这些问题可以被视为左右手之间的协调问题。但当引入联营或加盟的模式，吸引外部店铺投资人后，这些问题就变得复杂了。如何保证外部店铺投资人赚取合理的利润，如何体现中央供应链和品牌营销管理的价值，都需要通过试点 MVP 来反复打磨和验证。若企业在打磨完善之前就盲目扩张，则很容易陷入危机。

以连锁业态为增长模式的创业企业可以考虑构建多个 MVP，以此逐步对假设进行验证。建议从单店试点 MVP 起步，逐步向多片区、多城市、跨省等不同维度拓展。另外，可根据店铺类型，如商场店、街店、住宅区店、商业区店、交通枢纽店等，来构建不同的 MVP。同样地，不同消费水平、人口规模的城市的店铺也可考虑构建不同的 MVP。我们孵化的一家消费级教育机器人公司 R 公司，在铺设线下销售网络时，就选择在全国四个不同级别的城市，采用不同的零售形式进行 MVP 测试。根据测试结果，他们发现在某一类型的零售店中设置专卖柜台的销售效果最好，于是进行复制。

6. 代理销售 MVP

在过去相当长的一段时间里，中国的经济发展落后于西方先进的发达国家。我们一直处于追赶、模仿和学习的角色。许多创业思路都是基于国外已经得到市场验证的产品和技术。这些创业者在中国制造出本土化产品，不仅填补了中国市场的空白，而且比起进口的产品更符合中国消费者的使用习惯。例如，在医疗器械领域，因为处于强监管之下，所以有大量国外已经普及使用的产品还未进入中国市场或者远未普及，这给创业者提供了巨大的机会。在医疗器械领域，一家有价值的企业需要具备产和销的能力，既要研发出好产品，也要把好产品卖出去。研发产品需要长时间和大量资金的投入，如果好不容易把产品研发出来了并获得了注册证，结果在销售时却发现产品在中国市场并不像自己想象的那样好卖，或者进不了社保目录，患者用不起，再或者自己的团队没有销售能力，那么辛辛苦苦的研发可能就白费了。既然"研发"和"销售"都是核心竞争力，那么为什么不从能够快速得到验证的销售做起呢？你可以先成为国外某款产品在中国的代理，摸清市场，落实自己的销售能力，建立市场销售网络，然后再考虑另起炉灶。

我将这种做法称为"代理销售 MVP",即先以代理对标企业的产品来验证市场,等到市场得到验证后再研发自己的产品。对标企业可能是国外企业或国内行业的领导者。通过代理销售对标企业的成熟产品,公司可以获取自己的潜在客户资源,建立销售网络和教育客户的机制。随着时间的推移,公司可以顺理成章地开发出类似对标企业的产品,并最终实现替换。这样做不仅降低了风险,还可以用代理销售获取的现金流来支持公司的研发。中国医疗器械龙头企业迈瑞医疗就是这种做法的典型代表。迈瑞医疗在创立之初缺乏资金和人员进行研发,因此选择从代理医疗器械开始,从简单到复杂,从国内走向国际,最终成了行业楷模。○

二、转转更健康

不断验证关键假设和探索可行的商业模式是创业企业在整个创业过程中持续进行的核心任务。一旦商业模式得到验证,企业就需要投入重要资源来建立组织,从而执行该商业模式。如果商业假设出现错误,企业就需要及时转型。转型并不代表着失败,相反,初创企业一般都经历数次转型才能找到发展路径和商业模式,这在创业领域非常普遍。因此,转型并不是一件可怕的事情,而是一个必不可少的环节。

专门研究失败创业的网站 Failory 对 80 多家创业失败的企业创始人进行了访谈。结果显示,34% 的创业企业失败的主要原因是他们的产品或服务与市场需求不相符(见图 3-8),也就是说需求和解决方案的假设是错误的。这些企业在发现假设错误后已经回天乏术了。然而,倘若他们采用精益创业的原则,设计巧妙的 MVP,便能在早期发现自己的假设是错误的,就可以为转型提供机会。

○ 资料来源:《医疗器械界的华为?迈瑞医疗解析》,Horizonhit。

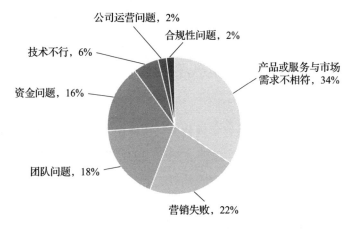

图3-8 Failory调查的创业企业失败的原因

创业政策咨询机构Startup Genome研究发现：创业企业验证市场的时间往往比大多数创始人预期的时间多出2~3倍。经过1~2次转型的创业企业的用户增长率相比没有经历转型或转型次数超过2次的创业企业平均高出3.6倍，并且获得了2.5倍的资金支持。事实上，在商业模式得到验证之前，创业人往往2.25倍地高估了商业点子的价值。由此可以看出，"转转更健康"。

我也不知道他们是如何统计得这么精准的。但从定性的角度来看，我是完全赞同的。在我们投资的过程中，有许多公司进行了转型，这是很常见的。我投资早期企业都会做一些商业模式评估、现金流预测。但是，我心里很清楚，这些评估和预测只是帮助我分析公司的风险，与公司未来发展路径相符的概率很低。许多企业本来想朝着A方向发展，但最终去了B方向。虽然这与我们最初设想的大相径庭，但存活下来并可持续发展就是成功的。这也是为什么在早期的创业投资中，团队的作用非常重要。有些团队不仅在创业过程中有方法，而且非常有韧劲，就像打不死的小强，他们能够迅速调整策略，走一条不同的路线。另一些团队则会一遇到挫折就无法自救，可能是因为他们选择了错误的创业方法，耗尽了

"弹药",也可能是因为他们不够坚强,面对不符合预期的假设而束手无策。

> **低风险高胜率的第 3 条创业家规:**
> 实践是检验理论的唯一标准,MVP(最小可行性产品)就是最低成本的试错方法。该转型就转型,留得青山在,不愁没柴烧。

第四章

商业模式的设计

第一节　商业模式的定义

"商业模式"（Business Model）是你在创业之前需要构建的创业规划。你可以大胆地想象与假设，通过实践来验证你的设想和假设，在调整你的产品和服务、整合优化你的资源、打磨你的业务流程的过程中不断完善你的商业模式。在最初几年，商业模式应该保持灵活性，因为你可能需要对你的商业模式进行多次调整和修改。最终，你打磨出来的可行的商业模式，很可能与你最初构思的商业模式大相径庭。但是，你不能因此认为在创业之初构建商业模式没有必要。就像建造房子需要有"建筑蓝图"一样，如果你没有一个完整的商业模式，那么整个创业过程就会变得杂乱无章。在开始之前，你需要构建一个尽可能完整的商业模式。也许这个商业模式的细节还不够完善，还很肤浅，甚至有些商业流程可能还有不确定的选项，但它必须完整，至少逻辑自洽。否则你就会像只无头苍蝇一样到处乱撞，当你找到一个可行的方向时，你已经元气大伤，无法再战。

咨询公司 Innosight 的创始人、以商业模式研究第一人著称的马克·约翰逊（Mark Johoson）认为，商业模式是由以下四个要素组成的商业设计图。

（1）为客户提供的价值：为客户提供产品和服务，解决客户的难题。

（2）企业获取的价值：构建盈利模式以获取利润。

（3）经营资源：人力、物力和信息。

（4）业务流程：使用经营资源的方法。

简单来说，马克·约翰逊认为商业模式的核心就是给客户持续提供价值。为了实现这一目标，企业需要充分利用内外部的经营资源，建立高效的业务流程，并形成有效的价值创造体系。当然，这种体系必须是可持续盈利的，这也是商业模式成立的前提。

我做风险投资，第一次与创始人交流时，首先要搞懂创业项目究竟是怎么运作的，其实就是了解商业模式。我一般通过向创始人提问的方式快速了解一个陌生创业项目的商业模式，我提问的思维框架（见图4-1）是：你的价值主张是什么？你提供什么样的价值？你怎样创造这个价值？你如何把你创造出来的价值传递给你的用户？价值传递给用户之后，你如何获得你想要的价值？围绕价值主张和价值流向的三个核心环节，你怎样利用自己拥有的资源设计你的业务流程，最终使得你的企业达到可持续盈利的状态？对于一家传统的制造型企业来说，商业模式简单概括起来就是"生产—销售—获利"，以及企业的管理体系。

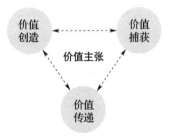

图4-1 了解商业模式的思维框架

简单来说，价值主张（Value Proposition）就是用户选择你的产品或服务的核心原因。它强调了你的产品或服务能够给用户提供什么价值，以及能够解决用户的哪些问题。因此，你必须了解用户的核心需求和痛点，熟悉你的产品或服务能解决的问题，而这些信息对于你的商业模式来说非常关键。在商业项目中，价值主张像一座桥梁，连接着供需双方，将商业模式的各项元素紧密地结合在一起。它就像一栋楼房的地基，虽然看不见，但却是整个商业模式稳固与安全的保障。价值的创造、传递和捕获都是紧密围绕着价值主张这个根基而设计的。

请注意，价值主张不等同于你的技术和产品。技术和产品往往是你解决用户问题的手段和工具。很少有用户是为了使用你的技术而买单，他们只是希望通过你的技术来解决自身的问题。用户买一把锤子不是为了拥有一把锤子，而是为了用它把家里的椅子修好。把椅子修好才是他要解决的问题。在 PC 互联网年代，一个名叫迅雷的公司利用多资源超线程技术整合了网络上的服务器和计算资源，以极快的速度共享和下载网络文件。多资源超线程技术在网络传输不够快捷的时代具有显著的优势。虽然这是一项非常聪明和酷炫的技术，但很明显用户并不在意你用了什么技术来提高下载速度。他们关心的是如何节省下载文件的时间，以便更快地将文件分享给其他人。他们愿意为这种价值买单，而不是为使用这项技术掏钱。大部分用户甚至连这项技术的名称都不知道。

在前几年区块链技术兴起的时候，我曾收到很多该领域创业项目的融资计划。其中有一个项目让我印象深刻，项目团队称自己的项目为"区块链社交电商"，项目最大的特点是使用区块链技术来解决社交电商佣金结算方面的问题。在他们的电商平台上完成的销售都会被记录在区块链上，确保促成销售的社交链上的每一个人都能获得应得的佣金，而且不会有任何篡改和遗漏。尽管这个项目令人惊叹，但最终我们并没有立项。因为对于这么多以社交电商为主营业务的创业项目来说，用户并不担心佣金结算错误的问题。用户更加关注的是这些平台如何能够带来连续且低成本的流量。从这个角度来看，使用"区块链"技术似乎只是为了"区块链"本身而存在，完全不具备实用价值。区块链技术不是其核心的价值主张，也没有对社交电商平台的价值主张带来显著的提升。

尝试提炼一句话来表述你的价值主张，我建议用这样的格式：

我们提供【产品/服务】，以帮助【我们的目标用户】【满足他们的××需求/解决他们××的痛点】。例如，迅雷的价值主张：利用多资源超线程技术，让用户可以用更快的速度通过网络下载和共享文件。爱彼迎的价值主张：我们的简单、好用的网络平台，为旅行者提供真正本地化的住宿体验，为房东创造额外的物业出租收入。瑞幸咖啡的价值主张：我们可以让我们的顾客通过手机便捷地下单购买，从而获得优质的、持续上新的咖啡饮品。

第二节 商业模式创新

在创投领域，"商业模式创新"一般是相对于"科技创新"而言的。这里的"商业模式创新"是一个狭义的概念，特指创新切入点并非源自前沿科技的应用，而是来自商业流程的创新设计和资源整合。职业风险投资人通常将创业项目粗略地分为以上两类，因为这两类创新往往适用于不同的投资逻辑和策略。广义的"商业模式创新"的内涵非常丰富，包括产品创新、技术创新、营销创新、渠道创新、盈利模式创新等商业项目所有需要考虑的方方面面。在本书后面的讨论中，我们使用的是广义的"商业模式创新"。

很多企业的创新不局限于某个环节，而是商业模式的全方位创新。非产品和技术方面的商业模式创新给企业带来的价值完全不亚于产品创新和技术创新。纵观世界上最有价值的科技公司，如苹果、谷歌、亚马逊、脸书、腾讯、阿里巴巴、特斯拉等，我们发现其成功不仅得益于技术，更得益于非技术方面的商业模式创新。而在一些和人们的衣食住行紧密相关的传统行业，成功企业的产品并没有技术含量，比如麦当劳、洲际酒店、宜家等，其成功几乎完全得益于经营管理方面的商业模式的创新。

然而，能够从零起点创建出具有划时代意义的新商业模式的企业是很少的。在商业模式创新中，也许只有 10% 的企业能够做到真正的原创，而 90% 的企业则通过借鉴、改造、提炼和组合的方式，将已有的商业模式应用于新行业。例如，吉列公司从 1904 年开始以近乎白送的价格销售其剃须刀刀把，而以高价格销售与刀把配套的易耗品刀片。这种"刀把 + 刀片"的商业模式获得了巨大的成功。随后，雀巢公司创新性地借鉴了这种商业模式，并以极低的价格销售复购率很低的胶囊咖啡机，而以较高的价格销售复购率高得多的胶囊咖啡，同样获得了巨大的成功。同样借鉴这种商业模式的还有惠普公司的喷墨打印机、苹果公司的 iTunes、亚马逊的 Kindle 电子书。

如何设计一个创新的商业模式并应用于你的创新项目？我试图思考出一种像搭乐高积木一样的设计模型，将企业商业模式所应包含的每个环节进行拆分，并在每个环节中列举和提炼一些被行业广泛采纳、被成功实践并仍具有生命力的"模型"进行汇总。这些"模型"可以被称为"招数"，能够拓宽你的思路和视野。这些"模型"相当于乐高积木的标准组件，你可以为每个环节选择适用于你的创业项目的"模型"，然后进行重新组合，构建成你自己的独特的商业模式。该步骤可以被认为是将标准组件组装成有意义的立体形象，就像搭乐高积木一样。你可以像使用乐高组件一样灵活地使用我列举出来的这些"模型"。关键是，你最终呈现出来的商业模式必须是协调的、有意义的，并且逻辑自洽。

第三节　值得借鉴的商业模型

前面我们提到，商业模式是围绕价值主张进行的价值创造、价值传递和价值捕获。通过有效地利用现有资源，设计业务流程，建立协作机制，公司可以实现持续盈利，从而形成成功的商业模式，如图 4-2 所示。有些商业模式已经被前人广泛应用并成功实践，对于后人来说，这些商业模式可以被当作组件直接套用和借鉴，我们将其称为"商业模型"。本节我会列举一些常用的商业模型，这些商业模型可能已经被多个行业广泛使用，也可能只被特定的行业使用。对于一些一目了然的商业模型，我会一笔带过；而对于一些具有创新性的商业模型，我会重点介绍，并辅以简单的案例进行讲解。

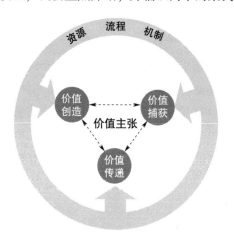

图 4-2　成功的商业模式

需要强调的是，我粗略地把一些常用的商业模型按照价值创造、价值传递、价值捕获进行了分类。这种分类主要是想告诉你，当我们说到商业模式时，一定是一个完整的系统，包含价值创造、价值传递和价值捕获，以及实现这一过程的资源和流程的组织方式与管理机制。市面上很多讲商业模式的书实际上是把在商业模式某一方面有创新的"商业模型"当作了完整的"商业模式"，我认为这样不够严谨。举个例子，我们可以将最常见的"免费+增值"的商业模型视为价值捕获的商业模式，但当我们谈到商业模式时，当然还需要考虑如何生产产品、如何获得用户。所以，一个完整的商业模式在不同的环节应用了不同的商业模型。创新商业模式的创新点，往往由多个创新的商业模型构成。比如，一家企业销售一款软件产品，采取"免费-增值"模型：基本功能免费但是增值功能收费，可以让软件能够留在客户的电脑中，形成较大的用户基数。在价值传递即获客方面，公司使用了安利型的多层分销销售模型。而在价值创造即开发这个软件方面，公司采用了委托加工外包生产模型。在不同的价值环节上采用不同的创新商业模型，进行排列和组合后，可能会形成与众不同的商业模式（见图4-3），能够让一家公司取得差异化的竞争优势。我把一些传统的、创新的、被成功实践的商业模型梳理出来，按照三个价值环节来分类，可能也不是特别严谨。因为很多商业模型都有"供需双方"，对于供应方来说是一种盈利模式，而对于需求方来说则可能是一种获客模式。比如，广告联盟对于广告联盟运营平台来说就是一种盈利模式，而对于广告主来说就是一种获客模式。在阅读和学习的时候，大家要注意这一点。

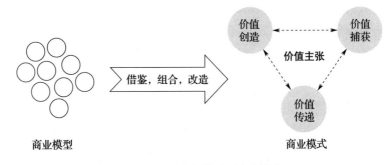

图4-3 从商业模型到商业模式

一、价值创造

在价值创造环节，你要考虑的商业模式包括产品模式、服务模式、生产模式等。

1. 产品模式

产品模式又可以被理解为你如何定位你的产品，我们有以下的模型可以采用。

(1) 性价比型。大多数产品追求的是高性价比的产品模式，旨在在一定的价格水平上给消费者提供性能最优的产品。这种产品模式的受众是最广的，因为大部分消费者是理性的。小米就是一家典型的采用高性价比产品模式的公司。雷军曾经公开宣称小米手机只有5%的毛利率。我作为审计师时服务的客户沃尔玛也是出了名的追求性价比的超市，他们口号是"Always Low Price"（永远低价），旨在给顾客提供又便宜又好的产品。

(2) 奢侈品型。爱马仕、路易威登、劳斯莱斯等奢侈品品牌采用的是奢侈品型的产品模式，向顾客收取极高的品牌溢价，顾客多是因为其带来的虚荣感而非产品本身而进行购买。采用这种商业模式意味着你需要持续投入较高的营销费用来维持品牌形象。

(3) 收藏品型。潮玩领域的泡泡玛特公司、钻石领域的戴比尔斯（De Beers）公司采用的是收藏品型的产品模式。它们严格限制产品的数量，控制产品的可得性，从而制造产品的稀缺性和话题性。

(4) 经济适用型。经济适用型产品模式讲究的是"够用就好"。采用这类产品模式的企业会砍掉一些它们认为"华而不实"的功能，为用户节约开支，如五菱宏光的电动汽车 MINI EV。当各大电动汽车品牌都在比拼谁的续航里程更长、谁更智能、谁的加速更快时，五菱宏光 MINI EV 主打经济适用，面向市内上下班的小青年，定价只有3万~5万元。它的续航里程为120公里，可以满足大部分人每天的通勤需要了。虽然五菱宏光 MINI EV 的最高时速只有100公里，但是在相对拥挤的城市道路上，这个速度已经绰绰有余。对于大部分人来说，那些标榜最高时速两三百公里，从0加速到100公里时速只需两三秒的电动汽车，除了增加成本，确实没有什么现实意义。

(5)长尾型。长尾型产品模式是把足够多的尾部小众产品组合在一起,这些产品组成的市场规模可以媲美头部畅销产品的市场规模,如图4-4所示。

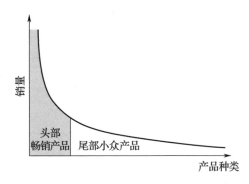

图4-4 长尾型产品模式

长尾型产品模式对应的是畅销型产品模式。在实体店铺中,如便利店或自营型实物零售网店,由于受到展示和仓储空间以及物流成本的限制,为了实现销售收入最大化,选择销售畅销型产品理所当然成为最合理的产品模式。长尾型产品模式在不受物理空间限制的互联平台上比较容易实现。所谓"平台模式",是指招募第三方商家在自己的平台开店的模式,让众多的小商家自行承担这些小众产品的储存和物流问题,如亚马逊、淘宝、拼多多等平台型电商平台。对于数量庞大的小众产品的需求,传统的实体店根本无法满足。但是,在这些平台上,小众产品几乎应有尽有,深圳的顾客可能会在一个偏僻的小县城的卖家的店铺中找到他想要的产品。这种小众产品不仅能直接带来交易额,还能间接带来流量,因为对小众产品有需求的人往往也会对头部畅销品感兴趣。对于一些几乎没有储存成本的虚拟产品、数字作品,如音乐、电子书、网络电影、商业图片库,追求长尾型产品模式更是必然。在互联网金融领域,聚沙成塔的长尾理论更是大放异彩,尾部产品的规模远超头部产品。例如,余额宝推出后,仅仅用了18天,就把合作伙伴天弘基金的增利宝基金变为中国客户数量最多的货币基金。传统金融机构不可能会有理财经理专门给客户打电话推销一个投资额仅为100元的基金产品。但余额宝利用技术手段，汇集每个用户小额的闲散资金，汇集数亿计的"长尾"，规模很快就超过了大多数传统货币公募基金。

广告联盟也是一个典型的长尾型产品模式。在广告联盟平台上，众多小网站和个人网站的广告位被聚合汇集，广告主可以批量投放。这些小网站看似没有广告价值，但是汇总后所起到的宣传效果却不亚于一些头部广告资源。谷歌的 Google AdSense 就是一个线上的广告联盟，为谷歌带来了巨额收入。分众传媒汇集了众多零散楼宇电梯的广告位，相当于一个线下的电梯广告联盟，也是广告行业中典型的长尾型产品模式。截至2021年3月末，分众电梯电视媒体自营设备约70.6万台，电梯海报媒体自营设备约168.4万个，参股公司海报媒体设备约24.5万个，已覆盖国内60个城市，形成了广告点位的网络化和规模效应，进而具备了广告商发布广告资源，用于触达目标受众的商业价值。这使得分众传媒成了一家年收入将近百亿元、市值高达千亿元左右的上市公司。

（6）产品转服务型。随着网络和物联网技术的不断发展，我们现在能够把原来众多的产品转化成服务提供给客户。有些企业的盈利模式从销售产品变成收取租赁费或使用费。Netflix 最初是一家销售和租赁影视 DVD 的企业。随着光纤网络的铺设和网速的大幅度提升，Netflix 转变为按时间段订阅的影视在线播放模式。过去，我们需要购买硬盘或刻光盘来储存文件，而现在则可以通过按年租用网盘空间来储存文件。有了美团单车，我们只需购买月卡就可以无限次使用其投放在城市大街小巷的共享单车，而无须拥有和维护一辆单车。有了配备全球定位系统的手机，优步、来福车、滴滴这样的公司就可以精准地调度每一辆加入其共享网络的车辆，充分发挥其作用，就近为有需要的顾客提供服务。在拥挤的城市里，人们不再需要拥有汽车，免去拥有和维护一辆汽车的经济负担，也免去在拥挤的城市中找停车位的烦恼。产品转服务模式是一种循环经济模式，它提高了产品的使用率，集中的维护延长了产品的生命周期，减少了维护成本，同时对环境也更为友好。

2. 服务模式

服务业的细分类别非常繁多，每个细分行业都有其特定的商业模式。因此，我们很难用一个标准抽象地提炼出所有的服务模式，也不可能一一列举。当你要进入某个特定行业时，对现有行业提供的服务模式进行全面且深入的了解就显得尤为重要。

我们以大家都比较熟悉的餐饮业为例。历史悠久的餐饮业最原始的服务模式是这样的：顾客坐下后在菜单上点菜，厨师在后厨根据订单烹饪，服务员把菜端上来，顾客消费后结账离开。后来出现了自助餐模式，按人头计价，顾客可以随意享用自选的菜品。在这种模式下，企业有时候会亏钱，但把顾客群体作为一个整体来看的话，企业总体上是可以实现盈利的。近年来出现了一种非常有趣的"按斤称"自选餐厅：顾客排队，挑选自己想要的菜品，最后称重付费。我们一般在买菜和建材时，才会对同样组成的产品按斤称重。这种商业模式居然可以把蔬菜、肉、汤这些不同的菜品按照重量统一定价，让顾客觉得耳目一新、印象深刻。这种商业模式融入了"游戏元素"，顾客往往有"挑战"心理，他们会想方设法利用商家定下的游戏规则，实现自己的"赢"。有些顾客会挑选一些价值重量比高的菜品，试图占便宜，让自己有"赢了"的感觉。他们可能会在朋友圈晒一晒他们的新奇发现，或者展示一下自己的战果。当你在餐饮业提供这种服务模式时，你的品牌可能就与这种服务模式紧密地结合在了一起。借助服务模式的创新性和话题性，品牌传播可能会事半功倍。

再看看我们蓬勃发展充满创新的互联网服务业，我们可以比较容易地归纳出以下常见的服务模式。

（1）自营型。这种模式是通过自建的网络媒介销售自己的服务或产品，如神州租车、华住会以及京东早期以销售自营 3C 产品为主的阶段。神州租车在中国大陆全部省份都设有服务网点，覆盖一二线城市、主要旅游城市以及头部三四线城市。其车队规模约 12 万辆，客户可以通过网站预订并到其网点提取车辆。华住会的客户则可以通过其官方网站预订其集团旗下各个子品牌的酒店。京东在设立之初主要通过其运营的网站销售 3C 产品，这些产品不仅存放于京东的仓库，还由京东的物流网络提供配送服务。

（2）供需信息对接型。在互联网出现之前，供需双方要相互找到对方并不容易，这受到地域的限制。谁能够掌握更多的供应链信息和客户的信息，谁就能在商业竞争上获得巨大优势。因此，在电话时代就出现了一些汇总了不同领域商业团体联系方式的电话名册。这些长得像"字典"一样的电话名册俗称"黄页"。在发展初期，互联网提供的就是信息对接的功能，形成了一些以供需信息对接为主要商业模式的网站，如本地宝、58 同城、赶集网、前程无忧等。这些网站不具备"交易"功能，仅仅是对接供需双方的信息，以赚取信息服务费用为主要的盈利模式，逐渐替代了笨重的"黄页"。

（3）交易市场型/平台型。交易市场是指提供类似于市集、商场这样的物理空间或者网络平台供买卖双方达成交易。传统的购物中心提供商铺供商家入驻，通过管理运营和各种促销活动吸引顾客，带动人流，促成双方交易。商场的运营方收取店铺租金或者收取销售提成从而获得收入。淘宝和拼多多就是典型的网络交易市场。运营方开发网站，让卖家免费入驻，还提供一系列的交易赋能工具：远程沟通工具、第三方支付工具、店铺和商品的评级打分体系。不仅如此，运营方还接入众多的第三方服务，为卖家提供专业服务，如第三方物流、店铺装修美化、客户关系管理系统等，形成了一个完善的交易生态系统。在网络上，店铺的空间不受物理空间的制约，可以让无限的买家入驻。然而，随着入驻商家数量的不断增加，商家需要为他们的产品投放广告才能获得更好的排序和更多的曝光，市场运营方则通过这些广告费获取收益。

交易市场型在互联网时代被广泛应用，几乎随处可见。我们也将其称为平台型商业模式。我们耳熟能详的互联网巨头，如微信公众号、谷歌、百度等，采用的几乎都是平台型商业模式。这些平台一方面为众多内容创作者提供广告位，另一方面为广告主提供一站式精准批量投放服务，促成了广告的投放，并从中抽取佣金。各大手机的应用商店、企业微信中的企业服务应用市场、任天堂游戏机的游戏市场、智能汽车系统的应用市场、智能电视的应用市场、小天才手表中的应用市场、VR 头盔中的应用市场，以及 Windows 系统的应用市场都拥有海量的用户。甚至像微信这样的超级 app 也会走向平台化，如小程序，绝大多数的小程序都是由第三方开发者利用微信提供的开发工具开发的。

相对于采取"自营型"商业模式的企业，平台型企业得益于"平台效应"，往往具有更强大的生命力、更快的增长速度和更高的竞争壁垒。所谓平台效应，即买家的增多吸引更多的卖家，卖家的增多吸引更多的买家，从而形成良性循环，使得买家和卖家越来越多，平台的收入也会像滚雪球一样源源不断地增加。这种"平台效应"更容易造就高市值的巨头。然而，平台型商业模式相对于自营型商业模式更难建立，需要更长时间的积累。如果初创企业从一开始就打造平台，则会面临"先有蛋还是先有鸡"的窘境。也就是说，你要吸引卖家就需要先有足够多的买家，而你需要吸引买家就需要先有足够多的卖家。

案例

我的第一次创业——前图库

我人生的第一次创业做的是一个名叫"前图库"的免版税商业图片库,是一个典型的交易市场型企业。美国有一家企业名为 Shutterstocks,是当时我们对标的公司。后来这家公司上市了,市值几十亿美元,也验证了这个商业模式的成功。前图库的商业模式与 Shutterstocks 的商业模式一样。一方是图片的上传者,他们是专业的摄影师或摄影爱好者,会把他们的图片上传到我们的网站,我们对图片的质量进行审核;审核通过后,他们的图片会被放进我们的图片素材库。另外一方是图片的使用者,如需要用图片做市场营销活动的商家、杂志社,他们在网站上通过关键词搜索图片,找到他们需要的图片,购买授权并下载图片。交易完成后,一部分钱归图片的作者,另一部分钱归我们公司。但对于一个图片库来说,如果没有海量的高质量图片,根本就不会有人使用,而没有人使用,你就无法说服创作者花时间上传和编辑他们的作品。在那个时候,图片的上传和编辑是一件费时费力的事情,当一张图片长时间都没能卖出去时,大部分人是没有动力继续上传图片的。因此,我想到的办法是,先通过 API 接口,接入一个现成的美国小商用图片库,帮他们卖图片。虽然我们只有很少的提成,但起码我们有图片卖。只有这样,我们才能去吸引买方,有了买方才能培育我们自己的卖方。我想,等到我们积累到足够的图片,我们就不会再卖他们的图片了。但非常可惜,我们没能坚持到那一天。因为海量图片的积累需要漫长的时间,而更关键的是,中国缺乏这样的专业素材摄影师群体。

(4) IT 设施服务型。我们谈到 IT 设施服务型时,主要是指那些提供面向企业端提供 IT 服务的行业。对于许多中小企业来说,自行招聘一个专业软件开发团队来开发和部署信息化系统是一项不划算的投资。因此,许多企业专注于为客户提供 IT 服务,并提供更具有成本经济效益的解决方案满足不同行业的 IT 需求。根据提供的服务内容,IT 服务可以分为三种:①软件运营服务(Software as a Service,SaaS);②平台运营服务(Platform as a Service,PaaS);③基础设施运营服务(Infrastructure as a Service,IaaS)。这三类 IT 服务的"包办性"依次递减,但开发的灵活性程度依次递增。

1) SaaS 提供完整的软件解决方案,提供商把完整的应用软件置于云端,客户直接通过互联网访问使用,无须自己开发和安装任何软件,也无须部署数据库、服务器等基础措施,因此也无须采取任何维护措施。在个人电脑时代,我们需要购买 Office 办公软件,下载并且安装到电脑里;而在互联网时代,我们可以通过浏览器使用 Office 网页版完成文档的编辑,并将编辑后的文件直接存在云端网盘。这就是 SaaS 的基础模式。越来越多的软件从客户端被搬到了云端,企业提供软件服务,而不是向顾客销售软件。目前,腾讯微云、腾讯问卷、腾讯会议、有赞、百度网盘、石墨文档、Salesforce、企业微信等各类企业管理软件已经成了 SaaS 的代表产品。有了 SaaS,客户只需将所有精力放在商业运营上,而无须考虑 IT 的开发和维护。SaaS 的缺点是比较难满足定制化 IT 需求。对于大多数创业企业来说,应用已经存在的 SaaS 服务解决公司的 IT 需求是最好的方案。只要能够找到可以满足需求的 SaaS,就完全没有必要自己开发,这符合精益创业的原则。

2) PaaS 是一种为客户提供应用程序开发环境的服务,该服务使客户的技术开发人员能够在该环境中开发所需的应用程序,而无须投入精力部署底层操作系统、数据库和服务器。例如，微信小程序就是一种 PaaS。客户可以调用微信提供的各项功能和接口，从而开发出运营在微信这个超级 app 上的小程序。

3）IaaS 为客户提供计算所需的基础设施，包括服务器、通信网络、数据存储和操作系统。主流的 IaaS 厂商包括亚马逊的 AWS 云服务器等，它们提供一个可视化界面和技术接口，使客户可以方便地管理和调配这些基础设施。这些服务与传统的数据中心类似，但客户无须亲自维护这些服务器和网络，只需租用基础设施，由厂商负责维护。

> **案例**
>
> **LeanCode 的低代码软件开发服务**
>
> 群蜂社旗下的群蜂信息公司是一家为企业提供低代码软件开发服务的公司，其开发的低代码软件开发平台 LeanCode 可以理解为 PaaS 的一种。相对于传统的 PaaS，用户可以通过图形用户界面，使用拖放式组件和模型驱动逻辑来创建 Web 和移动应用。低代码开发平台减轻了技术开发人员的压力，帮其免去了代码编写工作。

（5）协作网络型。协作网络是指为员工、编外的合伙伙伴以及行业从业者提供一个不受部门、企业边界限制的协同合作、共享共赢的网络平台。在协作网络上，公司为平台提供支持，促使他们共享资源并发挥各自的专长，以完成任务。协作的手段包括使用信息化的专业分析工具、数据库、专业知识库来赋能参与者，使之成为"超级业务员"，并为他们提供贡献衡量和利益分配机制，以便实现快速灵活的组队协同作战。听起来有点抽象，我们通过"贝壳找房"这个典型的例子来讲解。

如果以平台交易额来衡量，贝壳找房是中国最大的房产交易和服务平台。截至 2022 年上半年,公司共有 4.3 万家门店和 38 万名活跃经纪人。尽管中国房地产交易市场体量庞大,但整个居住行业目前仍处于数字化不足和效率低下的阶段。例如,在中国,由于缺乏独家委托机制,卖房人往往要联络多家经纪门店和经纪人。同样,买房人在决策过程中也不得不在多家经纪门店和经纪人之间周旋。在这种情况下,经纪门店和经纪人由于无法保证自身的经济利益,因此不愿意分享自己所掌握的信息和资源,形成了信息封锁和恶性竞争的情况,从而导致行业的低效率。

为了解决这个问题,贝壳打造了经纪人协作网络(Agency Collaboration Network,ACN)模式。在 ACN 模式中,经纪人的工作被分成了 10 种角色:房源录入人、房源维护人、委托备件人、房源钥匙人、客源推荐人、客源成交人、客源合作人、客源首看人、交易顾问、金融顾问。在贝壳系统中,所有信息都可以数字化,每套房子、每个经纪人的每个动作、每笔交易都有数据记录。当一套房子成交时,ACN 会根据每个环节和每个角色所付出的努力来分配佣金,以达到最公平的论功行赏。当然,贝壳也能够分享其中一定比例的佣金。

ACN 模式成功解决了二手房交易市场长期以来存在的诸多问题,如虚假房源、中介两头赚差价、客户服务体验感差、不同品牌中介之间的恶性竞争等。贝壳使原本低频、客户体验差、专业化差、开放度不足的行业,转变为高频、客户体验良好、专业化、高效开放的行业。

3. 生产模式

(1)大规模生产型。随着工业革命的到来,人类进入了工业化时代,大规模生产成了最典型的生产模式。机械化、自动化的流水线使人们能够批量生产价廉物美的产品。大规模生产的追求在于规模效应,在通过摊薄前期固定资产投入的同时,追求一定质量下单位成本的最低化,从而提高产品的竞争力。

以大规模生产为核心商业模式的典型公司就是福特。汽车在19世纪80年代就已经被生产和销售,但一直是奢侈品,只有少数富豪才能买得起,并未普及。直到1913年,福特公司采用大规模流水线作业的生产模式生产T型车。福特公司的创始人亨利·福特(Henry Ford)被誉为20世纪最伟大的企业家,他创新性地把流水线应用于汽车生产领域。为了把大规模量产做到极致,福特宣布只生产T型车,甚至只生产黑色的T型车,使得一辆汽车的生产时间从12小时大幅度下降到33分钟○,从而大大提高了生产效率,降低了生产成本。T型车每辆售价只有260美元,到了1927年,T型车已经生产销售了1500万辆,让汽车从奢侈品变为大众消费品,大大影响了现代人的出行和生活方式。

以大规模生产为核心商业模式的公司往往是制造业中的代工型企业,如苹果产品的代工厂富士康,以及半导体晶片代工厂台积电、中芯国际等均为此类企业。

大规模生产要求产品单一,而且量越大越有优势。为了获得量产规模效应,下游客户可能需要囤积库存。然而,当销售速度跟不上生产速度时,就容易造成存货损失。在某些季节性强的行业内,如女装行业,库存的风险尤其突出。随着直播带货的崛起,潮流热点更迭的速度甚至按月计算,而过时存货的积压可能会成为压死一个女装品牌的最后一根稻草。这种教训我可谓印象深刻。我们投资的MF公司,设立之初是为网络时尚红人打造个人女装品牌的初创企业,依赖网红带货。为了确保发货速度,一个款式有时需要备好不同的颜色和尺寸规格。然而,当网红状态不佳或者选品不当时,货品就很难销售出去,导致公司遭受重大损失。一旦产品过季,原

○ 资料来源:https://www.history.com/。

来几百元一件的服装，就只能以几元一件的低价处理。如果不及时清理库存，还会产生第三方存储成本。最终 MF 公司被存货压垮，只好果断结束服装品牌业务，用了一两年的时间转型为 MCN 机构[一]。

（2）柔性生产型。柔性生产是指一种能够快速响应产品型号和数量变化的生产方式，能够更好地满足需求多样、潮流快速迭代的行业的需求。在服装领域，近年来流行的小单快返模式就是一种典型的柔性生产方式。该模式基于快速反应的供应链，以小批量首单先上架测试接单，再追加返单的模式，大大缩短了一件衣服从设计到上架的时间。在小单快返模式下，下游客户可以先接受订单，然后让生产厂家根据订单生产，最大限度地降低库存风险。典型的小单快返订单的平均值为 40~200 件，交货时间在 4~48 小时。要做到这种快速响应，首先要背靠一个强大的供应链集群，然后需要借助信息化手段把供应链完全打通和整合，从而实现上下游各个环节高效协作沟通，并辅以产能和订单的智能化调配，快速组织生产。

典型的成功案例就是近年来崛起的快时尚领域的超级独角兽希音（SHEIN）。作为快时尚鼻祖的 ZARA，每周两次、每年推出12000 款新品的迭代速度被行业推崇。据中泰证券研报统计，希音每周上新的最小存货单位（Stock Keeping）高达 4 万~5 万款，真正实现了对前辈的代际超越。同时，希音上产品的价格普遍在几美元到十几美元之间，对于许多设计相近甚至同款的产品，希音的价格比 ZARA 便宜很多。希音以很小的首单量来测试市场，当消费侧有数据显示产品具备"爆款"潜质时，再将该产品返回工厂侧增加

[一] 多频道网络（Multi-Channel Network，MCN）机构，是服务于新的网红经济运作模式的各类机构的总称，为网红和自媒体提供内容策划制作、宣传推广、粉丝管理、签约代理等各类服务。

生产量。例如，先生产 100 件的首单（有的甚至只有图片），就可以先在终端销售，测试市场反应，产生订单后再安排生产。这样虽然首单 100 件因生产成本高会出现亏损，但从源头上解决了库存难题，且后续的大量订单跟进，会很快让加工企业扭亏为盈。希音如今已在距番禺总部两小时车程的区域内，发展了 300 多家核心服装厂供应商，全部供应商超过 2000 家。㊀希音用技术手段把供应链彻底打通，灵活调配，把柔性生产模式做到了极致。

（3）中央厨房型。中央厨房型的生产模式被广泛应用于连锁餐饮行业。我们熟悉的肯德基、麦当劳、真功夫、海底捞、大家乐和赛百味等知名的连锁餐饮品牌使用的都是中央厨房 + 门店的生产模式。这种模式将全部或者主要的食品加工环节集中在中央厨房中，并进行原材料集中采购和集约生产，然后配送到各个经营餐厅，进行简单的加工即可提供给顾客。中央厨房实质上是一个食品工厂，利用大规模生产的优势，降低成本，控制品质。公司通常将中央厨房设置在租金相对便宜的城市边缘，从而能够为闹市区的餐厅腾出宝贵的物理空间以增加坪效。餐厅依据顾客的口味和需求进行最后的工序处理，可以根据顾客的个性化要求进行组合。我们投资的烘焙连锁企业 N 公司也采用中央厨房 + 门店的生产模式。中央厨房每天制作蛋糕胚，然后将其配送到各个门店。门店中的裱花师会根据客户的定制样式，制作出个性化的生日蛋糕。

（4）委外生产型。OEM 和 ODM 是两种主要的委外生产型模式。

OEM 是 Original Equipment Manufacturer 的简称，字面意思是"原始设备制造商"，通俗来说可以理解为"委托加工"或"代工"。代工模式又可以进一步分为两种类型：①代工代料模式，代

㊀ 资料来源：《独角兽 Shein 疯狂成长之路》，中国经营报。

工厂商为品牌厂商提供制造服务的同时也提供全部或部分物料的采购服务。②纯代工模式，品牌厂商直接供料，代工厂商仅需关注制造过程。例如，苹果公司是一个品牌公司，拥有苹果手机的品牌，负责设计、采购核心部件和苹果手机的销售，但把组装、生产委托给了富士康。那么苹果公司采用的就是纯代工的生产模式。

ODM 是 Original Design Manufacturer 的简称，字面意思是"原始设计制造商"，俗称"贴牌"（private labeling）。如果你在手机专卖店逛一圈，就会发现很多不同品牌的手机不仅外形长得很像，连里面的配置也基本相同。实际上，在国内，许多智能手机都是 ODM 机型。这些手机并非由手机品牌商直接设计和制造的，而是手机品牌商委托第三方公司设计和制造，并在最后阶段贴上品牌商的标志。这就是典型的 ODM 型生产模式。华为、小米、OPPO、联想、诺基亚等公司都推出了大量的 ODM 机型，用于丰富自己的产品型号，抢占不同层次的市场。2020 年，小米有高达 75% 以上的手机属于 ODM 机型[一]，出货近 1.15 亿部[二]，负责设计和制造这些手机的企业是我们很少听说的闻泰、华勤、龙旗公司，小米仅仅是在其设计生产的手机上安装自己的 MIUI 操作系统以及贴上自己的标识。

二、价值传递

价值创造后，如何推广你的产品和服务，让客户找到你的产品和服务？如何将价值准确地传递并交付给客户，让产品和服务满足其需求、解决其痛点，使其获取所需价值？营销和售后服务便是完成这一过程中的重要环节，其中涉及销售模式、获客模式和留客模式。

[一] 资料来源：华创证券。

[二] 资料来源：《2020 年 ODM 厂商出货量 4.8 亿部：小米 OPPO 三星贡献 63%！》，爱集微 app。https://www.sohu.com/a/470928625_166680。

1. 销售模式

(1) 自销型。公司需要组建销售团队，将公司的产品推向市场。自产自销是最原始的商业模式。自销模式受限于一家公司的资源和能力，在面临激烈的同业竞争和分布零散的客户时，效果有限。除非公司的产品在世界上独一无二或者供应者寥寥无几，如半导体行业的光刻机、生物领域中的基因测序仪，否则采用自销模式不利于扩大市场份额。但是，在没有中间商赚取差价的情况下，自销模式确实可以实现利润最大化。同时，如果公司产品面向的客户非常明确、集中，销售规则公开透明，市场化水平高，公司的销售资源足以支持推广销售，那么自销模式也是一种理想的选择。

近年来，随着互联网的渗透，官网自销模式兴起。其中的典型代表是特斯拉电动车。特斯拉以及他的创始人马斯克在全世界享有很高的知名度。特斯拉首创了全球统一定价体系（剔除汇率、税率、物流等因素），构筑了规模庞大的汽车自销体系。与传统的4S店模式不同，特斯拉使展示、交车和服务体系相分离，将展示体验店设在人流密集的城市购物中心。客户可在特斯拉官网下单等待交车，这使得购车流程更加简便。展示体验店的KPI不是卖出多少辆汽车，而是向多少潜在客户介绍产品，让多少潜在客户试驾过。换车是一个低频的消费行为，这种KPI机制激励展示体验店在客户心中植入成交的种子，在客户换车的那一天，这个种子很可能就会生根发芽，促成交易。特斯拉通过这一模式大幅降低销售成本，让利于消费者。特斯拉的销售模式已经成为电动汽车销售的潮流，使造车新势力和传统势力打造的新品牌纷纷仿效。

(2) 中间商型。既然制造商可以通过自销的方式直接向消费者销售商品，那么为什么还需要营销中介呢？答案是，对于众多产品或行业来说，让中间商执行某些价值传递任务，如运输、仓储、销售、宣传，效率更高，成本更低。这些中间商包括批发商、零售商、经销商、代理商、经纪人。

批发商将产品销售给企业和机构，如学校或医院，以供其使用，或者将产品供应给其他批发商和零售商进行再转售。零售商则将产品出售给消费者，以供个人使用。零售商的类型多种多样，有百货店、折扣店、超市、便利店、大型专卖店、工厂直销店等。同时，有些机构既批发又零售，如山姆或者开市客等仓储式会员店。

代理是指公司委托其他机构或个人以公司名义销售产品，但代理商并不拥有产品的所有权。代理商实现销售后会向公司收取佣金。与此不同的是，经销商会购买产品并将其转售。产品的所有权会转移给经销商，经销商自行承担存货的风险，以赚取产品的差价为目的。批发商和零售商有时也被归类为经销商。经纪人一般与买卖双方没有持续的长期关系，一旦买卖双方交易成立，他们的关系就结束了。房屋买卖经纪人就是其中典型的例子。

中间商模式是目前应用最广泛的销售模式之一。该模式可以通过批发、零售、代理和经销相互渗透，建立销售网络，帮助企业快速开拓市场。不同的行业有不同的中间商网络设计。当目标消费者较为零散时，中间商网络尤其重要，能帮助企业最大限度地占领市场。从企业到消费者的渠道途径可以很长也可以很短，具体如下。

- 厂商→零售商→消费者，常用于汽车、家具和服装行业。
- 厂商→批发商→零售商→消费者，常用于杂货、药品、化妆品等个人消费品行业。
- 服务商→经纪人→客户，常用于二手房交易、保险等领域。
- 厂商→总代理→一级代理→经销商→消费者，常用于一些低值消费品行业。
- 厂商→总代理→一级代理→二级代理→……→经销商→分销商→消费者，常用于一些低值消费品行业。
- 厂商→亚洲区域的总代理→中国总代理→中国大型区域的

代理（华南总代理）→省级代理→市级代理→县级小代理商→消费者，常用于一些低值消费品行业。
- 厂商→中国总经销商→省级经销商→市级经销商→县级经销商→消费者，常用于一些低值消费品行业。

公司销售部门的主要职能是管理中间商，他们主要关注价格和货源管理、佣金和返利结算，以及商品和销售技能方面的培训，同时也提供品牌广告的投放支持。在使用中间商模式的过程中，我们需要给中间商留出足够的利润空间。产品出售给消费者的价格是厂商出厂价的 2~3 倍是很正常的。对于代理商和经销商而言，其利润除了销售佣金、销售利润，可能还会有物流、安装和维修服务等方面的收入。

○ 案例 ○

农夫山泉

"我们不生产水，我们只是大自然的搬运工"，相信很多人都听过这句朗朗上口的农夫山泉广告语。2012 年至 2020 年，农夫山泉连续九年保持国内包装饮用水市场占有率第一。㊀农夫山泉于 2020 年 4 月 29 日向香港证券交易所提交上市申请，并于 9 月 8 日正式挂牌上市。上市当日，农夫山泉的盘中市值超过了 4400 亿港元，其创始人钟睒睒成了中国首富。

饮用水占农夫山泉销售额的 60% 左右。很难想象，一家主要卖水的公司居然能够做到几千亿港元的市值！在产品层面，饮用水毫无创新可言，农夫山泉的成功不是源于其产品，而源于其销售的成功。这也说明了我的观点：商业模式的创新和成功给企业带来的价值不亚于科技和产品层面的创新。

㊀ 资料来源：《连续九年国内包装饮用水市场占有率第一，农夫山泉（09633）如何讲好饮水思"源"的故事？》，长桥海豚投研。

> 农夫山泉拥有全国性销售网络，通过传统渠道、餐饮渠道、电商渠道、新零售渠道和特通渠道销售产品。在销售模式上，农夫山泉主要采用一级经销模式，通过经销商直接向超市、连锁便利店、零售店、电商平台和餐厅等出售产品。截至2020年5月31日，农夫山泉经销商的数量达到4454家。经销商采用先款后货的方式购买产品，当经销商无法覆盖授权范围内的偏远市场时，公司会通过次级经销商出售产品，但是公司的销售管理人员会定期拜访其覆盖终端，了解销售情况和库存情况等，加强对终端的把控。2020年，为了更好地占领下沉市场，公司在乡镇市场同少量有市场潜力的次级经销商签订农夫山泉、经销商、次级经销商间的三方协议。次级经销商仍然从经销商进货，公司通过经销商在销售管理系统中提报的销售数据了解情况。截至2020年5月31日，公司签署的次级经销商的数量为45家。农夫山泉的各级经销商覆盖全国243万个以上的终端零售网点，其中188万个终端零售网点位于三线及三线以下城市，经销商的销售额占总销售额的95%。㊀全球增长咨询公司沙利文的统计数据显示，农夫山泉服务的终端零售网点数量占中国所有终端网点数量的比例仅为11%左右。由此可见，未来农夫山泉的增长潜力仍然巨大，主要由经销网络的扩张和下沉驱动。

（3）安利型。安利型销售模式有一个比较正式的名称——"多层次销售模式"（Multilevel Marketing，MLM），又被称作"直销"或"社交营销"。我之所以将它称为"安利型"，是因为美国的安利公司是这种销售模式最具代表性的企业，以至于"安利"一

㊀ 资料来源：农夫山泉招股说明书。

词已经成了"向亲朋好友推荐购买商品"这一行为的代名词。例如,"我已经推荐了你们公司的产品"表示"我已经向我的亲戚朋友推销了你们公司的产品"。

安利型销售模式历史悠久,生命力顽强,被认为是最好的销售模式之一。保健品、美妆用品、健康食品、个人护理公司广泛采用这种销售模式,取得了巨大的成功。例如,美国的保健品公司安利、康宝莱,美妆和个人护理公司雅芳,中国香港的李锦记旗下的保健品公司无限极,以及中国内地的保健品公司完美中国,都通过这种销售模式取得了成功。保险公司也广泛采用这种销售模式。随着移动互联网的发展,安利型销售模式更是被"微商"(指利用微信这一社交网络向自己的朋友圈销售产品的商家)发扬光大,诞生了"社交电商"这一行业。

采用安利型销售模式的公司招揽外部的销售员代理销售产品,而这些销售员是独立的个人,并不是公司的雇员。公司会鼓励他们利用自己的人脉销售公司的产品,并且发展更多的参与者加入这个销售网络,成为他们的分销员。如图4-5所示,销售员可以一级一级地裂变和发展下去。上级销售员能够获得下级销售员的销售提成。发展更多的分销员,可以让上级销售员赚取更多的销售提成。

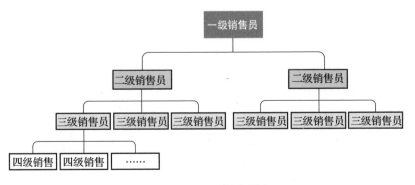

图4-5 安利型销售模式

这种销售模式是合法的，但世界上有许多不法分子利用它来行骗，制造出"传销骗案"或"金字塔诈骗案"。这些骗案使得安利型销售模式的声誉受到牵连。虽然这些骗局的形式相似，但实质截然不同。传销卖的产品本身质量没有保障，销售人员主要以招募新成员赚取"入门费"为主要目的，而且相当大一部分的产品是由参与者本身消费的，而不是销售给网络之外的顾客。

（4）贴牌转售型。前面讲生产模式时，我们讲到 ODM 贴牌委外生产模式。对于为客户提供 ODM 生产服务的企业来说，其销售模式属于贴牌转售型。这类企业在设计、研发和生产方面具有优势，但缺乏直接面向终端消费者的品牌营销和产品销售经验。因此，这类企业经常需要承担一些劳动密集型工作，做粗活和累活，但由于缺乏品牌溢价，所以其赚取的毛利不一定有多高。

在消费电子行业，中国拥有非常强大的设计和制造能力。在手机 ODM 厂商中，华勤、闻泰和龙旗等企业是行业的代表性企业。此外，在传统笔记本电脑 ODM 厂商中，中国台湾地区的广达、仁宝、和硕、纬创、英业达以及中国大陆的华勤主要为全球知名品牌厂商服务，如惠普、戴尔、诺基亚、摩托罗拉、LG、亚马逊、谷歌和阿里巴巴等公司。这是一个备受尊敬的行业，这些企业在各自的产业链中承担了大量的工作，并提供了大量的就业机会。这些企业需要大量的资本、人力和管理，属于资本密集型、人力密集型和管理密集型的企业。在传统制造业领域，代工企业赚到的毛利往往不如拥有品牌的企业。在中国，能造的不如能卖的，至少在消费电子领域是这样的。

贴牌转售模式不仅应用于传统工业品领域，也被广泛应用于互联网领域。我第一次创业时的项目叫作"前图库"，通过线上向客户销售版权素材图片。为了前期有足够的图片供用户挑选，我们通过 API 接入了一家国外大型图片数据库的运营公司，贴牌转售他们的图片。该公司目前已成为在纳斯达克上市的市值数十亿美元的企业。接入该公司的数据库之后,中国客户可以通过我们的网站检索、付款和购买图片,却完全感受不出这些图片是从国外一家公司的数据库中获得的。这是一种典型的"贴牌转售"销售模式——我们的供应商允许我们"打上自己的标识转售"。无论在样图中还是在下载链接中,该公司的品牌均不显示出来,这打消了我们的顾虑(我们的客户绕过我们成为他们的客户)。该公司认为他们的品牌在中国市场的曝光度并不重要,但是这种贴牌转售模式扩大了他们的销售额,帮助他们打入了中国这样一个他们无能力开发的市场。因此,该公司希望我们这个通过 API 接口"贴牌转售"的伙伴能够持续地做下去,积累自己的客户。

(5) 全渠道营销型。创业需要与时俱进,紧跟客户的生活习惯和消费习惯的变化,保持敏锐度。我每天都专门坐地铁上下班,而不是开车。这不仅可以节省很多时间,更重要的是可以确保自己的生活贴近最广泛的人群。我可以感受和观察他们的生活,注意他们在手机上做什么:使用哪个 app,玩哪款游戏,在哪里购物,在哪里娱乐。人气聚集的地方就是商机所在。创业和投资要与时俱进,不断注意市场的发展和变化。也许很多人像我一样,不会把自己的时间分配到抖音、快手、小红书,但如果你忽视了这些新兴的社交媒体平台,没有跟上客户的步伐,那么你不但无法享受到新平台的"先行者红利",可能还会失去你的客户。如今,顾客的关注度随着新平台的形成而不断切换。淘宝、京东、微信公众号、小红书、微博、抖音、快手、视频号、拼多多、哔哩哔哩等平台都聚集了很大的流量,顾客的关注度也变得更分散,全渠道营销变得越来越重要。

数字营销机构 ComScore 的调查显示,进入实体零售店购物的近六成消费者会选择随后在网上购物。我认为很多消费者还会在不同平台之间进行比价和了解产品。零售巨头沃尔玛的前 CEO 迈克尔·杜克（Michael Duke）曾表示，SoLoMoMe 正在把零售业带到了价格透明新纪元。所谓"SoLoMoMe"，是指未来的营销和零售将是社交化（Social）+ 本地化（Local）+ 移动化（Mobile）+ 个性化（Personalized）。全渠道营销成为应对这种趋势的必然之举。

全渠道营销是指品牌方根据不同目标客户对渠道类型的不同偏好，实行有针对性的营销定位，设计与之匹配的产品、价格等营销要素组合，并通过各渠道间的协同营销，为客户提供一体化的无缝购物体验。简单来说就是，客户在哪里，品牌方就在哪里，线上线下、各大平台、火力全开、协同整合。这与我们所说的"新零售"相似。线下的企业必须走到线上去，线上的企业必须走到线下来，同时加强现代物流，使线上和线下融合在一起。线上线下同款同价。线上作为线下的延展，永不打烊；线下则作为线上的体验中心和客户服务中心。所有渠道和平台的出口数据全部打通。实体门店、电商平台、社交自媒体内容平台和 CRM 会员系统打通，从而向消费者提供跨渠道、无缝化的体验。苹果、小米、三只松鼠、优衣库、迪卡侬、宜家、蔚来汽车等品牌基本上都实现了线上线下的无缝融合。

2. 获客模式

（1）线上获客型。还记得小时候我们的主要娱乐活动是什么吗？没错，是看电视。但是，"千禧一代"似乎与我们截然不同。他们是互联网的"原住民"，伴随着笔记本电脑、手机和 iPad 的普及成长起来，他们已经放弃了传统的电视观看方式。如今，线上获客成为几乎所有行业都采用的主流获客方式之一，而且这种方式也有很多种。

1）搜索引擎优化（Search Engine Optimization，SEO）。大部分网民都是在谷歌、必应、百度等搜索引擎上通过关键词查询信息的。据统计，线上有60%的流量是通过搜索引擎分发的[⊖]。SEO是一种通过了解搜索引擎的运作原理及网民的搜索习惯来优化网站，以提高自然搜索排名，从而提高网站流量，最终实现网站的宣传能力及销售的技术。SEO主要涉及以下内容：创建高质量的内容，设计符合网民使用习惯的网站要素和布局，围绕特定的关键字优化内容，提升页面的加载速度，以及建立反向链接，等等。例如，谷歌排名算法中有超过200个影响排名的因素。SEO的工作就是确保搜索引擎将你的网站视为人们搜索的最佳结果，往前排。SEO至关重要，尤其是对于直接在线上销售产品和服务的公司来说，因为搜索引擎导过来的流量都是免费的，也被称为有机流量或自然流量，可以大大节省获客成本。

2）搜索引擎竞价排名。除了通过搜索引擎优化以提高公司网站在搜索结果中的排名，搜索引擎公司还提供了一种"作弊"的方式：竞价排名。自然排名是搜索引擎公司获得用户的主要方式，所以自然排名需要客观、公正，以满足用户的需求为主要考量因素。否则，即使是免费的，也没有人通过搜索引擎来搜索信息。竞价排名则是搜索引擎公司赖以生存的盈利模式，赚的是广告主的钱。这是一种按照点击付费的精准的搜索引擎推广方式，按照付费最高者排名靠前的原则，对购买了同一关键词的网站进行排名。例如，用户在谷歌通过输入关键词搜索信息时，谷歌会把购买了这些关键词，而且出价较高的一些广告商排在"自然排名"前面，并且有"Ad"字样便于用户识别这是广告，如图4-6所示。用户浏览这些链接后，广告主无须为"广告曝光"而支付费，只有当用户点击链接跳转到广告主的网站时才需要按照点击量付费。因为关键词与广告主提供的产品和服务密切相关，所以这是一种精准的获客方式。

⊖ 资料来源：埃克森数字营销，https://www.xnbeast.com/。

图 4-6 自然排名和竞价排名

如果你的用户主要分布在中国,那么你可以考虑主要在百度和必应上做竞价排名;但如果你的用户主要分布在中国境外,那么你应该主要在谷歌上做竞价排名。百度在国内和谷歌在国外几乎垄断了搜索引擎的流量,如图 4-7 所示。

百度	必应	搜狗	谷歌	好搜	神马
84.3%	6.7%	3.08%	2.5%	1.57%	1.33%
2022年3月中国搜索引擎市场份额分布					

谷歌	必应	百度	雅虎	Yandex	DuckDuckGo
91.55%	3.09%	1.5%	1.47%	1.07%	0.69%
2022年3月世界搜索引擎市场份额分布					

图 4-7 2022 年 3 月中国搜索引擎市场份额和世界搜索引擎市场份额分布

主要以竞价排名来获取用户的企业需要持续分析流量数据,动态评估竞价效果,调整关键词和出价,控制广告预算。因为这种方式是按照点击付费而不是效果付费,因此企业需要动态计算获得一个有效用户的成本。所谓有效的用户,是指完成了交易且给公司带来了价值的用户。只有当获客成本低于用户在生命周期内给企业带来的价值时,竞价排名才是可持续的。竞价排名按点击付费的模式也存在一定的弊端:竞争对手可能会雇人恶意点击你的广告链接,从而消耗你的广告预算。在中国或美国都有这样的灰色产业,相关企业提供恶意点击竞价排名链接的服务,从而打击竞争对手。虽然短期内搜索引擎会从中获利,但长期来看这一定不是其所期望的。

3)网络广告联盟获客。网络广告联盟(见图4-8)是旨在帮助广告主实现广告投放的网络广告平台。它聚集了大量的中小型网络媒体资源,包括中小型网站、个人网站、自媒体频道、app、小程序等。联盟平台上所聚集的资源和流量可以帮助广告主实现广告投放效果,并对广告数据进行详细的监控和统计。广告主则根据广告的实际投放效果向联盟平台支付相应的广告费用。网络广告联盟的运营者会收取中介费,并将广告费用分配给广告资源提供方。

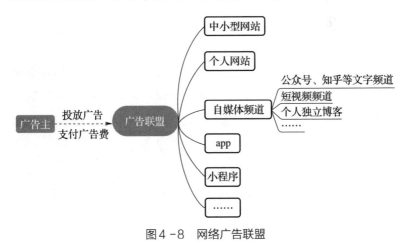

图4-8 网络广告联盟

网络广告联盟的付费方式也多种多样,具体如下。

- 按广告链接的点击计费(Cost Per Click,CPC),如每点击1次收费0.1元。
- 按照展示付费(Cost Per View,CPV),如每1000次展示收费3元。
- 按照交易的达成付费(Cost Per Sale,CPS),如淘宝客在推广商品并成功出售后赚取佣金。
- 按指定动作付费(Cost Per Action,CPA),指定动作可以是填写问卷、线上咨询、来电、注册、下载文件、把产品加入购物车、下单等用户实际行动。只有当用户按照约定的方式实际行动时,才会收取相应的广告费用。

选择网络广告联盟作为获客方式时,企业务必了解网络广告联盟所聚合的广告资源与自身提供的产品和服务的匹配度以及其计价方式。

网络广告联盟作为一种变现方式,已经不再局限于小网站、个人自媒体和个人开发的小应用。目前,这项技术已成为一些专业媒体和专业内容制造者创造收入增量的一种方式。使用这种方式,他们可以集中精力制造高质量的内容,而无须投入大量的时间和精力去找广告主。例如,李子柒是中国古风美食短视频创作者。她是一个超级网红,被众多国内外粉丝追捧。李子柒在YouTube上发布的98个视频总共播放了25.3亿次,最火的一条视频播放了近1亿次。在停止更新视频之前,她在广告联盟的年收入已超过500万美元!

4)社交网络广告投放获客。微信朋友圈、推特、脸书、微博等大型社交平台都有类似于搜索引擎竞价排名的广告投放机制。这些社交平台最大的优势在于,它们能非常清晰地了解用户的身份、背景、年龄、兴趣爱好、位置以及用户关注的内容主题等信息，甚至能够明确地知道用户的需求。这是因为用户长期在平台上与朋友互动、发布内容，从而为用户画像提供了基础数据。例如，Meta平台的广告投放机制就可以一站式投放Meta旗下的所有社交产品，比如脸书、照片墙等。Meta 2021年的年报显示，其广告收入占总收入的97.5%，可以说Meta是一家名副其实的广告公司。通过收集用户的社交性信息，Meta助力广告主开展更加精准的广告投放，从而实现更多的盈利。这种精准度是普通网络广告联盟无法比拟的。大多数网络广告联盟虽然拥有流量，但它们的用户只是"临时性"的过客，它们对用户的背景几乎毫无了解。

从投放的精准度来讲，社交网络＞搜索引擎＞泛泛的网络广告联盟。当然对应的成本高低可能也是这样排序的。企业在使用线上网络广告投放的方式获客时，动态地分析数据和调整投放策略非常重要。投资回报率（Return on Investment，ROI）是衡量广告投放效果的主要指标。

$$ROI = (边际贡献 - 投放成本)/投放成本 \times 100\%$$

如果ROI＞0，就说明广告投放策略是正确的，值得投入；如果ROI＜0，就说明广告策略有问题，需要进行调整。"边际贡献"是本次投放给企业带来的价值增量，而不考虑已经沉淀的成本。例如，你的产品是一个已经录制完成的线上课程，制作这个课程的成本就是你的沉淀成本，已经发生了。不管你能否招募到学员，这个成本都不可挽回。你通过投放获得学员10人，获得学费收入1000元，但为了这10名学员，你一共支付了600元的广告投放费用，那么你的ROI＝(1000－600)/600＝67%。你值得继续进行广告投放。又如，你的产品是一件商品，这件商品的售价为200元，如果一件商品的履约成本是80元（包括商品的生产成本及运费），那么一件商品的边际贡献是 120 元。你花了 600 元做广告投放,获得了 4 个商品订单。那么,ROI =(120×4－600)/600 = －20%,这说明做这次投放是不划算的。

但如果考虑到在你精准地获得一个有效用户后,这个用户很可能会有复购行为,成为你的持久用户,那么可能用另外一个指标来衡量更能体现广告投放的效果。我将其称为终身投资价值(Lifetime Value on Investment,LVOI),即通过用户在生命周期内带给你的总价值来计算广告投放的效果。例如,从事游戏研发和运营的公司、构建了体系化教育产品的线上教育公司、快消品公司,它们的用户往往会有复购行为。

LVOI =(生命周期价值－投放成本)/投放成本×100%

衡量用户的生命周期并不容易,需要基于对历史的有效用户的消费行为数据进行统计分析。

5)自媒体内容获客。现在,很多自媒体平台都有非常大的流量。例如,微信公众号、哔哩哔哩、抖音、快手、微信视频号、百家号、头条号、知乎、搜狐号、小红书、微博等都是支持个人和企业创作的流量平台。创作者可以在内容中软性植入产品和服务信息,只要内容能够引起用户的点赞、关注和转发,平台就会通过智能算法推送流量。借助这些自带流量的创作平台,你可以通过精准内容输出和传播间接获得精准的客户。但持续输出高质量的原创内容并吸引到流量并不是一件容易的事情。比如,绝大多数微信公众号的运营者是无法坚持定期发布原创文章的,如果你能每天持续输出一篇原创文章,那么你就已经超越了 99% 的微信公众号的运营者。这种成本有时候不见得比投放广告低,有时也不如投放广告来得直接。

6)垂直行业平台获客。互联网上有很多提供免费信息发布服务的垂直行业平台,如慧聪网、中国网、世界工厂网、马可波罗网、一呼百应网、中国交易网、智趣网、亿商网、黄页 88 网。这些头部 B2B 综合网站的最大优势是,对信息把控严格,并且提供垂直行业服务。依靠信息承载量和用户黏度,这些平台积攒了相当大的互联网流量。你可以在这些渠道通过发布信息零成本获客。

7)交易平台转私域获客。京东、淘宝、拼多多、美团这样的交易平台本身聚集了很多用户,它们提供了产品和服务交易的平台。只要你开好店,并将产品和服务合理地上架,做好店铺优化,同样也可以通过开网店的形式来引流获客。在流量平台发展的前期,也许会有一个红利期。但随着平台进入成熟期,流量的竞争越来越激烈,企业引流的成本也会越来越高。如果依赖于平台促成交易,你最终可能会沦为平台的打工人。因此,在采取交易平台获客的同时,你要在平台运营规则许可的范围内尝试将平台的流量转化为自己的私域流量,并构建自己的私域流量池,从而摆脱对交易平台的依赖。例如,一些装修公司在淘宝上开店,收取装修诚意金或定金。然后,这些公司把获得的客户引流到企业微信号或线下门店,为客户提供设计和装修服务。在淘宝上交易的可能只有 2000 元的定金,但价值 20 万元的装修交易主要在自己的私域中完成。

8)积分墙。从 2014 年到 2015 年,正值移动互联网发展初期,移动手机游戏和应用程序成为风险投资的热点。我曾接触过许多创业项目,其中不少是关于手机游戏和应用程序的。这些应用程序常常采用"积分墙"这一手段进行获客。

所谓"积分墙",是指在一个 app 应用内展示各种积分任务(下载安装推荐的应用、注册、填写表格等),用户完成任务后可以获得积分的页面。图 4-9 是一个积分墙的典型示例。

图4-9　积分墙的典型示例[一]

我们结合图4-10举例说明积分墙如何运作。假设现在有一个积分墙的平台运营方，它会向想要加入积分墙联盟的app开发者提供一段开发套件。在图4-10中，我们用app1和app2代表这些开发者，它们可能是一款手机休闲游戏，也可能是一种免费的应用工具。我们暂且假设app1是一款手机休闲游戏，用户可以通过积累积分或充值来购买升级道具或者打开新的关卡。为了实现变现，app1把积分墙嵌入游戏商店。当用户想获得积分但又不想充值时，通过完成积分墙上的一些任务就可以获得游戏中的积分。这些任务是根据广告主的需求设置的。例如，到指定的应用商店，通过某个关键字进行搜索并且下载它们新开发的app，就可以得到10个积分。下载后，用户继续玩两分钟还能额外获得20个积分，留存5天

一　图片来源：《苹果的热榜：积分墙背后的隐秘世界》，雷峰网。

可以再得 10 个积分。每个任务的推广费是根据 app1 的用户完成情况而付给运营方的。积分墙的运营方会扣除佣金后将剩余的费用分配给 app1 的开发者。

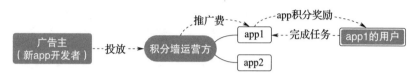

图 4-10　积分墙运作

对于广告主（新 app 开发者）来说，通过积分墙的任务设置，它们可以获取新的用户，就算这些用户最终没能成为它们的有效用户，但是它们的那些指定动作也有助于提升这个新 app 在一些应用商店的排名，这被称为"应用商店排名优化"（app Store Optimization，ASO）。app1 的用户可以通过参与任务获得积分，甚至直接兑换成钱。在这个社会上，有很多人在无聊的时候愿意投入一些时间帮助你完成这些任务并赚取一些额外的收入。

9）拼团型。"拼团"可以简单理解为一种抱团采购的方式，旨在通过一定数量的采购增加议价能力。微信作为一个超级社交软件，将人与熟人、陌生人之间连接起来，使用户更容易在朋友圈中找到有相同需求的人，并组建成临时的采购团。这种方式有效降低了商家的获客成本，同时也能让商家将省下的成本让利给消费者，双方皆得益。拼多多借助众多的用户在微信分享拼团砍价信息，用户数量得到指数级增长。在阿里巴巴这种传统的电商模式下，存在非常强的平台跨边效应。"跨边效应"是指"卖家越多，买家就越多""买家越多，卖家就越多"的效应。拼多多这种拼团型的社交电商不仅具有"跨边效应"，还具有"同边效应"。"同边效应"则是指"买家越多，带来的新买家就越多"，同时"买家越多，拼团成功的概率就越大，所有买家都会获益"。

我们投资的千聊是致力于线上知识分享的平台，该平台上有高质量的线上课程,不少课程也支持"拼团",他们叫作"拼课"。例如,一个人购买一门课程可能需要1000元,但是如果邀请亲朋好友一起拼课,两个人拼课每个人只需要900元,三个人拼课每个人只需要800元。"拼课"模式不仅能增加上课的乐趣和互动性,让用户可以和朋友一起学习,还能帮助他们节省不少的课程费用。

(2)线下获客型。

1)地推。地推是地面推广的简称,是指通过推广人员到现场用小礼品或优惠券邀请客户关注微信公众号或者下载app,以达到拉新的目的。在流量被几大平台垄断的情况下,线上投放广告的途径比较单一,因此线上获客成本不断攀升。一些公司直接派销售员在线下寻找客户,赠送一些礼品,邀请其关注公司的产品,这种方式的获客成本不见得比线上获客的成本高。阿里巴巴、美团、饿了么、滴滴等公司当年都是靠专业的地推团队迅速占领市场的。其中,美团的地推模式成为众多公司学习的榜样,因为当年美团依靠地推从近百家团购平台参与的团购大战中脱颖而出。但是初创企业一般比较难建设覆盖范围广泛的地推团队,因此可以考虑使用第三方的地推众包平台,如地推客、地推派、地推吧等。

2)线下广告。线下广告有非常多的类型。我们每天出行都会被迫看各种各样的广告,如电梯广告、厕所广告、地铁广告、医院广告、商场广告、公交车广告、高铁广告、机场广告、高速公路广告,甚至连停车场出入口的道闸上都有广告。企业可以找到自己的潜在用户聚集的地方进行投放。相对于线上广告,线下广告往往没有那么精准,也比较难评估广告宣传的效果。线下广告较适合于C端消费品牌的塑造,从而在用户心中树立良好的品牌形象。例如,护肤品牌、运动服装品牌、食品品牌的产品几乎每个人都会用得上,都会在未来某个时刻产生需求。

3. 留客模式

（1）积分计划。积分计划是培养用户忠诚度的有效手段，相信大家都有此方面的体验。航空公司、银行、电信公司、连锁餐饮、连锁酒店、商场几乎都使用积分计划培养用户的忠诚度，刺激用户的重复消费。所谓积分计划，是指对用户的消费行为给予一定的积分奖励，并且许诺用户可以用积分换取一定奖励的计划。奖励的形式多种多样，可以是销售折扣，也可以是免费的礼品和服务，还可以是一些增值服务。积分计划起源于航空业，到目前为止对这一模式运用得最好的可能也是航空业。航空业是高度同质化的行业。在时间段和价格都差不多的情况下，一个顾客选择乘坐哪个公司的航班，很可能取决于他最在乎哪个公司的积分。

我创办的群蜂社也采用了积分计划，我们把它称为"花粉"。我们的会员参与项目的讨论，并为项目做出贡献，都会获得"花粉"。获得"花粉"的数量是依据一个透明的计算公式来计算的。目前，这些"花粉"代表了会员在我们这个社群中的话语权，同时"花粉"还可以在我们组织的会员活动和拟投项目的产品体验中抵扣一部分的现金。未来，如果法律允许，我们甚至可以将花粉映射到公司的一部分股权，进而将"花粉"放在区块链上，将其转化为一种具备"股权性质"的权益通证，从而实现更多的权益。这样，会员就成为我们的股东，我们和会员的关系也将变得更加紧密。

（2）游戏化。为了增加用户的黏性和关注度，可以采用游戏化的策略。支付宝的蚂蚁庄园和蚂蚁森林就是其中的典型案例。这两款小游戏的目标是让用户养成公益意识。在蚂蚁庄园中，玩家每攒够五粒鸡蛋就可以进行一次公益捐赠。在蚂蚁森林中，玩家需要通过收集绿色能量来种植树木。当收集到一定能量时，玩家就可以认领一颗真正的树种在支付宝认领的需要进行环境保护的某一片沙漠上。玩家可以拿自己的公益成就与好友进行比较，从而增加成就感。养成类游戏的特点是每天都需要打开，但时间可能只需要短短几分钟。这一点与支付宝用户的使用习惯很相似。支付宝和微信在满足用户移动支付需求方面几乎没有任何区别。支付宝希望用户能够为了更好地完成游戏目标，在需要支付的时候，选择支付宝而不是微信。与此同时，支付宝还将更多功能与这两款游戏联系起来，帮助用户熟悉支付宝的使用习惯，鼓励用户探索支付宝的新功能。完成游戏中的任务。比如，使用支付宝进行在线缴费或订购外卖，玩家就可能获得蚂蚁庄园中喂养小鸡的饲料或者蚂蚁森林中的绿色能量。然而，制作一款轻量化的游戏来增加用户忠诚度的留客模型也许不太适合初创企业，因为要制作一款用户喜欢的游戏需要投入很大的精力和资金。

（3）付费会员制。付费会员制现在越来越流行。所谓付费会员制，是指要成为会员，需要支付一定的入会费或年费。用户愿意支付这些款项是因为他们认为成为该公司的会员是有价值的。要么是产品足够独特，要么是会员可以享受更好的福利。他们认为优先选择公司的产品和服务，可以把支付的会员费"赚"回来。

付费会员制的目的是维系用户，培养用户忠诚度和提高复购率。而在获客成本越来越高的当今，10000名潜在用户不如1000个有忠诚度的会员带来的收益大。另外，争取新用户比维系老用户更难。据京东称，京东PLUS会员的平均年消费额是非PLUS会员的10倍；阿里巴巴的官方统计数据显示，88会员的购买力是普通用户的2倍以上；美国市场和消费者研究公司CIRP估计，亚马逊会员一年后的续订率达到94%，而两年后的续订率高达98%。[一]相对于非会员，会员展现出高消费力、高复购力的特色。

做有效的可持续性付费会员制并不容易，因为企业需要运用各

[一] 数据来源：《所有行业，都值得用会员制重做一遍？》，作者：沈燕君。

种手段让会员觉得物有所值，同时明确地将会员与非会员区分开来。由于会员已经支付了费用，所以他们对于企业的服务质量和产品质量都会提出更高的要求。如果企业的会员服务跟不上或无法做到明显差异化地对待会员和非会员，就会引起会员的不满，损害企业与会员的关系并且影响企业的信誉。

（4）社群化。如果企业的服务对象有着共同的兴趣、认知和价值观，那么企业可以将他们组织成一个社群，提高他们对企业及其产品和服务的忠诚度。社群化是指为用户建立一个自组织，让他们互动、交流、协作、相互影响和分享。这种组织既可以是线上也可以是线下的。目前，最典型的线上社群是"微信群"，最典型的线下社群可能是商学院的"校友会"。作为社群的协调者，企业不必将其视为促销宣传的地方，但社群对销售的提升常常是自然而然产生的。

在社群化运营中，企业最佳的做法是促进用户与用户之间的相互联系，以及鼓励他们在共同感兴趣的领域自发组织社群活动，从而发挥自我驱动作用。我们投资的行动派是一家为全球华人青年群体提供高品质成长服务的教育平台，也是社群化运营的佼佼者。自2014年起，行动派已聚集了近300万个90后公益型成长组织的爱好者，覆盖了北京、上海、广州、深圳等188个城市。在社群活动高峰期，他们的成员每月可自发组织百余场活动。通过建立行动派大学、行动派出版文创和新媒体平台，行动派成功实现了社群变现，并成为社群化运营的典范。

我所创办的群蜂社采取的就是典型的社群化商业模式。我们所凝聚的会员大多数为社会上的精英人士。他们有着共同的画像：具有创业精神、具有很好的学历，要么是已经功成名就的创业者，要么是正在路上的创业者。我们通过提供一个交流平台，让这些优秀的、爱折腾的人聚集在一起，相互分享经验，不断碰撞出有创意的商业火花。我们会提供当前的热门话题供会员们交流与分享,并不定期策划一些非营利性的游学活动,让大家深入了解对方,形成商业合作伙伴或生活中的朋友关系。将这些杰出人才聚在一起,会大大提升会员们对群蜂社的关注度。我们几乎不用投入任何广告推广费用,会员的增长完全是由社群口碑和互相宣传推荐推动的。

当然,每件事情都有两面性,将你的用户社群化也有风险。因为当你的服务和产品让他们失望时,不满情绪会相互感染,负面宣传也会快速传播。与其他营销手段一样,社群化要想取得好的结果,必须建立在你的产品和服务足够好的基础上。

(5)订阅型。把一次性购买行为转换成按月或者按年订阅型的重复消费行为,有助于延长用户的生命周期,提升用户生命周期价值。订阅模式最早出现于17世纪的报纸、杂志、图书、新闻资讯等提供知识信息类产品的行业。随着科技和金融科技的发展,不少行业开始借鉴订阅模式,使其逐渐流行开来。在信用卡预授权的前提下,订阅还能够自动续订,减少用户的决策成本和流失率。订阅模式还可以使企业更轻松地做盈利预测和规划资源的投放,给企业管理带来了方便。

订阅模式很适合具有以下特征的行业。

- 多服务一个用户的边际成本很低的行业,包括SaaS软件服务(云储存、云计算)、视频网站、音乐网站、知识分享、共享单车、健身房等行业。自2014年微软CEO纳德拉上任以来,微软原本的一次性软件购买方式逐渐转向按年付费或长期订阅的模式。
- 生产有规律的重复消费产品的行业,如生产剃须刀、袜子、鲜花、红酒、生鲜食材等产品的行业。这些行业可以制定订阅服务,定期给顾客寄送相关产品。这些产品有时以"盲盒"的形式进行配送。我们发起组建的群蜂绿乡农庄就提供类似的服务，订阅者每年可以享受52次从田园到餐桌的绿色生鲜食材"盲盒"配送服务。

三、价值捕获

企业为客户创造价值，把创造出来的价值传递给客户，最终还要获得属于自身的价值，实现可持续盈利。其中涉及定价模式、收入模式、成本控制模式和成长模式。

1. 定价模式

（1）捆绑式定价。捆绑式定价是将一组相关产品组合在一起定价销售的策略。通常情况下，组合销售的价格比每种产品单独销售的总和更便宜，也就是"1+1<2"。捆绑式定价在许多行业（如快餐、电商、旅游和保险行业）中发挥着至关重要的作用，能提高客单价，降低获客成本。

捆绑式定价销售的产品应该具有一定的联系。这些产品要么是互补的，要么是相互关联的。产品互补的情况很常见。例如，将饮料和汉堡包捆绑在一起，将延迟险和机票捆绑在一起，将镜头和单反照相机机身捆绑在一起。在产品相互关联的情况下，你可以想象客户需要跨领域的服务或产品。例如，银行客户申请借记卡时，你会想到客户可能还需要办理信用卡或开通电子银行服务，那么你就可以将这些银行服务捆绑为一整套服务；客户开通股票账户时，你会想到客户可能还需要开通基金理财等账户服务，那么你就可以将投资理财的账户捆绑在一起进行销售；客户购买汽车时，你会想到客户应该会需要与汽车相关联的车辆保险、车辆保养和车辆贷款等项目，那么你就可以将这些项目捆绑在一起进行销售。

（2）差异化定价。差异化定价是针对同一产品或服务在不同的细分市场、购买场景、供需状况、竞争格局以及传递速度等情况下,制定不同的价格策略,以实现利润最大化。价格最终由用户所认同的价值决定。基于不同的用户和场景,同一产品或服务的价值可能存在差异,因而制定不同的价格十分必要和合理。

我们带孩子去商场的波波池玩,孩子的票价是 50 元/人,而大人只需要支付 25 元/人。很显然,波波池对小孩的价值与对大人的价值是截然不同的。这种定价策略可以鼓励大人陪孩子一起玩。如果大人的票价也定为 50 元/人,那么很多大人可能会选择在外面边玩手机边等孩子出来。相同的航班,提前一个月订票与提前一天订票价格也截然不同,这是因为供需状况不同,离起飞日期越近能供应的机位就越少。同样一个盒饭在高铁上的价格要远高于市区,是因为没有其他的供应商与之竞争,高铁官方垄断了盒饭的供应。

在互联网领域,在大数据的加持下,差异化定价的作用可以发挥得淋漓尽致。在我们使用浏览器浏览网页时,网络服务器会在我们的电脑或手机上创建并存放一些叫 cookies 的文本文件。这些 cookies 文本文件包含了我们的浏览痕迹、网页操作信息和购物网站购物车中的产品信息。你会发现,如果你在淘宝上浏览过某种产品,那么在你打开拼多多的时候,拼多多会给你推荐相关的产品。如果你在拼多多上购买了某种产品,那么在你下次打开拼多多时,它会向你推荐相关产品。每个人打开电商网站看到的页面都是不一样的,每个人所获得的网站服务都是针对自己定制的。cookies 可以让网站精准地服务于用户,但也可能被用于差异化定价。旅游时购买过头等舱机票或者订过五星级酒店的顾客在购买商品时,看到的标价可能比其他人高。算法很容易就判断出这些人对价格不敏感,他们很可能不会为了获得全网最低价而花时间在各大网站货比三家,或者寻找各种各样的优惠券。这种利用个人隐私信息进行差异化定价的行为也被称作"大数据杀熟",一直以来备受争议。

(3)先高后低定价法。先高后低定价法又称"撇脂定价法",

这种定价模式在许多行业被广泛使用，常用于科技消费品、有专利保护期的产品、价格弹性较小的产品、有比较强季节因素的流行性产品和生鲜产品。先高后低定价法的具体操作是：产品刚推向市场时，由于其具有独特性、先进性、流行性或同行还未跟进等原因，可先针对购买力较强、对价格不敏感的顾客，设定较高的价格，以快速回收投资成本。随着时间的推移，竞争对手跟进或新一代产品上市，这时应逐步降低价格，以吸引购买力较弱或对价格敏感的顾客，提高产品的市场渗透率。此方法有助于企业实现利润最大化的目标。

以我们最熟悉的苹果手机为例，我们注意到苹果公司新款手机刚上市时的价格几乎保持不变，一直都很高昂。然而，这并没有阻挡苹果忠实粉丝们的购买热情。在中国市场，新款苹果手机发售后的头几年，基本上都会按照每年降价1000元的规律下调价格，直到新一代机型出现。

另一个我们非常熟悉的例子是"钱大妈"社区生鲜零售店。以"不卖隔夜肉"为口号和"日清"商业模式为支撑，"钱大妈"在顾客中赢得了良好的口碑。"钱大妈"以天为单位采用先高后低的定价策略（见图4-11），以最大限度地适应各种价格敏感度和购买力的顾客，实现了收益最大化和库存损失最小化的目标。那些对价格不敏感的顾客会早早挑选食材，以原价购买，然而，

图4-11 "钱大妈"社区生鲜零售店的定价策略

对价格敏感的顾客则更愿意低价购买，不介意把食材放在家里的冰箱里储存一个晚上，第二天再吃。先高后低的定价策略让"钱大妈"成功地实现了其"不卖隔夜肉"的承诺。

（4）按量计费。顾名思义，按量计费是指客户用多少付多少的收费方式。这种收费方式降低了使用门槛，吸引了更广泛的客群。例如，水费、电费和燃气费都采用了按使用量计费的模式。与按量计费相对应的收费模式是按订阅时间计费，即按照时间段定一个固定的价格，不管客户使用多少，都只需支付同一定价。因为订阅型商业模式也是留客模式的一种，所以我们已经在留客模式的相关内容中详细介绍过，此处不再赘述。

越来越多的 SaaS 公司开始考虑使用按量计费来替代传统的按账户数目或按订阅时间计费，阿里云和亚马逊云服务器甚至可以按照服务器的使用量精确到以秒为单位计费。在人工智能时代，人工智能计算会成为像水电一样的基础设施，专注人工智能计算的公司将销售其人工智能计算服务，我们像用电一样接入人工智能计算引擎获得计算服务，按照计算量付费。目前，已有一些公司在线提供人工智能文字转语音、语音转文字的服务，按照字数收费。共享充电宝也属于一种按使用量计费的模式，按照借用时间计费。在中国进入了 30 多个城市的 EVCARD 分时租车采用的也是一种按量计费的模式，为客户提供多种人性化租赁方案，通过日租、时租、月租服务，满足客户在不同场景下的用车需求。

当你的客户在单位时间内的使用量基本差不多时，你可以考虑使用按时间订阅的方式，对每个客户收取一个固定的费用，或者将客户分成几个不同的等级，针对每个等级制定不同的订阅价格。但如果你的客户在单位时间内的使用量相差很大，有一些是超级用户，有一些则是非常谨慎的试用用户，那么你就需要考虑采用按量计费的方式，从而增加收入并扩大用户群。

2. 收入模式

（1）流量-广告型。这种商业模式历史悠久，从电视、广播、报纸、杂志一直到互联网时代的众多网站，都向用户提供免费的内容和服务，同时依靠用户使用时所聚集的关注度来获取广告价值，并通过广告主的广告投放获得营业收入。以我们常用的微信为例，我们与朋友互动的过程是免费的，但是当我们浏览朋友圈时，我们也会看到广告主投放的广告。在这种商业模式中，用户的关注度被当成产品卖给了广告商。

（2）免费–增值型。免费–增值型的英文是 Freemium，由两个单词 Free（免费）和 Premium（高级）组合而成。

这种商业模式是先提供免费的产品或服务来吸引众多的用户，随后通过在庞大用户群中的一小部分人中销售功能更强大或更实用的增值功能来获取利润。这种收入模式在互联网服务、网络游戏和软件领域得到广泛应用。例如，腾讯音乐中的大部分音乐都是免费的，但要购买 VIP 会员才能听取热门歌曲的完整版；WPS 中的大部分功能都是免费的，但是某些高级功能则需要开通会员服务才能使用；许多网盘提供一定数量的免费储存空间，但是如果需要更大容量的储存空间则需要付费购买。

为了能从使用免费版本的用户中获取价值，有些采用免费–增值型商业模式的企业会在免费的版本中投放广告。使用增值付费版本的用户则可以跳过广告。例如，国外知名音乐软件 Spotify 的免费用户不仅听到的音乐的音质较差，还需要听一些广告后才能收听相关音乐作品，因此 Spotify 的付费率高达 45%[一]。国内众多视频网站也采取这种模式，免费用户可以观看的影片较少，往往看不了最新的影视节目，而且播放影片之前还得看一段广告，有些影片在播放前会连续播放好几段广告，加起来长达一分钟。

（3）吉列型。吉列是一家生产剃须刀的公司。最初，公司生产男士剃须刀时采用了刀把和刀片一体化的设计，后来公司将剃须刀

[一] 资料来源：Spotify 2021 年第三季度季报。

的刀把和刀片分开，不靠刀把部分获取利润，而是靠用户持续购买刀片来获取利润。对于用户来说，刀把不是一次性的，可以重复使用，所以整体来说后面的剃须方案更划算。吉利公司在制定价格策略时，有意将不用重复购买的刀把的价格定得很低，甚至在用户第一次购买刀片时赠送刀把，而把利润来源集中在经常复购的耗材刀片上。拥有吉列公司的刀把，就成了持续购买与之配套的刀片的理由，这可能是出于不想浪费刀把或者出于环保的考虑。这样，吉列公司就锁定了一批忠实的用户，通过高毛利的耗材刀片提升了刀把和刀片整体的盈利能力。

为了确保这种模式的有效性，吉列公司的刀把和刀片的设计都申请了专利保护。吉列公司的刀把只能配吉列公司的刀片，其他公司不能生产和销售与吉列公司刀把相匹配的刀片，否则就侵犯了吉列公司的专利权。

吉列型收入模式被多个行业广泛采用，如打印机与墨盒、咖啡机与咖啡胶囊、空气过滤器与滤芯、游戏机与游戏等。医疗器械领域也有大量吉列型商业模式的应用。很多医疗器械采取的都是医疗机器和医疗耗材的组合设计。不管是有意这样设计，还是出于安全和防止交叉感染的考虑，许多医疗耗材都是一次性使用的，不可重复使用。例如，我们投资的电化学发光免疫诊断商联众泰克，其仪器可以使用5年，但只能使用与之配套的试剂进行检测。试剂不能重复利用。在这种模式下，一台仪器一年可以创造数十万元的试剂收入，试剂毛利高达70%~80%。因此，只要医院持续购买试剂，仪器甚至可以免费提供给医院使用。我们还投资了基于光学微系统技术的颅内压检测仪生产商安迅，其研发出的颅内压监测仪采取的也是仪器和耗材的组合设计。与仪器相匹配的导管是一次性耗材，每根上万元，毛利非常高。如果有足够的手术量，那么仪器也可以免费赠送给医院使用。

(4）版税型。严格来说，版税（Royalty Fee）应该被称为"无形资产许可费"。这种收入模式最初用于图书出版行业。我写过两本书，我只负责写，写完后交给出版社。出版社评估后认为它们有市场价值，便愿意投资于排版、印刷和发行。也就是说，我把出版权授权给了出版社。每售出一本，我便可以从中提取一定的百分比作为我的版权许可费。这种模式就像政府收税一样，有收益才收，没有收益就不收。

与版税型收入模式相对应的是一次性收入。版税型收入模式是一种细水长流的收入模式，没有上限，只要被授权的产品持续产生收入，就可以源源不断地获得许可费收入。一次性授权就像是一锤子买卖，越来越少用。

版税型收入模式被广泛应用于无形资产领域。例如，艺术家创作了一首歌曲，授权给音乐平台后，用户每下载一次，艺术家都会获得一次版税；影视公司制作了一部电影并授权给视频网站播放，用户付费观看影片，用户每购买一次，影视公司都会按约定比例获得一次版税；在服装设计领域，服装设计师把他们的设计方案授权给服装公司生产和销售，并按约定比例从每件衣服的售价中获取设计授权费；剧作家把戏剧作品授权给演出公司演出，剧作家会从每张门票的售价中获取授权费；我们投资的机器人公司乐森公司获得了孩之宝公司变形金刚 IP 的授权，每卖出一个变形机器人，都需要按约定比例向孩之宝公司支付 IP 授权费；我们投资的千聊公司每卖出一个线上课程，也需要按照约定比例向课程创作老师支付授权费。类似的案例举不胜举。

一些非常知名的、有极强创新能力的公司有时不仅要求对方按照最终产品所获得的收益支付版税，甚至还要求对方一次性支付一定的授权费，其中包括全球领先的半导体知识产权（IP）提供商——ARM 公司。ARM 公司的主营业务是 IP 的设计和许可，而非实际的半导体芯片生产和销售。ARM 公司向各半导体公司授予 IP 许可证，允许其利用 ARM 公司的 IP 设计生产芯片。相应地，这些半导体公司需要支付原始 IP 的许可费，并且为生产的每块芯片支付版税。

版税型收入模式已经不仅仅局限于无形资产的许可，还扩展到有形资产领域。例如，矿主授权采矿商在其矿区采矿，采矿商须按照开采出来的数量向矿主支付"许可费"。

前面提到的版税型收入模式，通常是由版权拥有人向发行销售平台收取。但是，在平台足够强势的情况下，平台也会向版权拥有人收取类似于"版税"的提成。例如，苹果公司从其应用开发商的销售额中抽取 30% 的提成；索尼 PlayStation、微软 XBox、任天堂也会从基于其游戏平台开发和发行的游戏抽取提成。

（5）开源型。我们都知道，计算机的源代码是类似于人类语言的计算机编程语言，比如 Java、C 语言、Phython 等。我们所使用的计算机应用程序通过编译器编译源代码，生成计算机可以执行的二进制指令。当软件公司销售软件时，它们提供的是编译好的二进制指令，用户只能使用而无法进行二次开发。源代码受专利的保护，这确保了开发者通过持续销售软件获得商业利益。这种做法被称作"闭源"。所谓"开源"则是将软件的源代码免费开放给用户。

目前，全球几乎所有的大型高科技公司，包括脸书、谷歌、亚马逊、苹果、腾讯、阿里巴巴、百度和华为，都以开源软件作为技术后盾，并越来越多地建立自己的开源项目。这是因为开源有很多好处。在开源项目中，很多开发工作是免费的，如编写文档、开发、修复错误、测试和版本迭代。在传统公司中，这些开发工作需要消耗大量的人力、物力和财力。然而，通过开源，这些工作可以共享给开源社区中的开发者来完成。因为有源源不断的开发者关注并反馈错误,所以相比闭源产品,开源产品的质量更加稳定和可靠。好的产品还会获得很高的关注度,从而获得种子用户,省下不少的推广宣传费用。由此可见,开源商业模式本身也是一种成本控制的模式。

你也许会问,如果源代码开放共享给所有人免费使用,那谁还会购买软件,程序员以什么谋生呢?的确,开源意味着企业不能以销售软件为主要的收入来源,必须另辟蹊径获得收入,否则就成了做公益。

- "开源+双许可证"模式。在这种模式下,企业通常会同时发布两个许可证:开源许可证和商业许可证。开源许可证是允许用户自由使用、修改和分发软件的许可证。软件的源代码对所有人开放,任何人都可以查看、修改和分发该软件。商业许可证是针对商业公司的许可证,将该软件用于商业目的。商业许可证通常要求商业用户支付一定的许可费用,并可能包含一些额外的功能或服务。甲骨文公司的 MySQL 数据库是最为经典的案例之一。
- "开源+服务"模式。在这种模式下,软件本身不收费,而是通过提供一系列服务实现盈利,这些服务包括培训、技术支持、咨询等。这种模式的代表企业是 Redhat 公司,该公司基于 Linux 这个开源操作系统,通过提供相关服务实现了盈利。2018 年,IBM 以 340 亿美元的价格收购了 Redhat 公司。
- "开源+闭源"模式。谷歌的安卓(Android)用"开源"模式一举占据了移动终端操作系统 72% 的份额(苹果 iOS 则占 28% 的份额)⊖,从而创造了巨大的经济利益。安卓是

⊖ 数据来源:Statcounter,2022 年 8 月。

一个基于 Linux 平台开源的移动操作系统,由谷歌成立的开放手持设备联盟持续领导与开发。然而,安卓开源的只是安卓开源项目(Android Open Source Project,AOSP)部分,谷歌移动服务(Google Mobile Service,GMS)是浮在开源软件上的闭源软件。如果一台安卓手机没有 GMS 授权,那就意味着该手机不能安装谷歌的应用程序,如谷歌搜索、谷歌浏览器等。这也许在中国不是什么大问题,但在海外,谷歌的应用是刚需!没有 GMS 授权会大大影响手机在海外市场的销售,一些国家规定安卓系统手机必须拥有 GMS 才能销售,否则将禁止销售。谷歌因此得以向手机厂商按照其出售的手机数量收取授权费。这也是美国政府可以用谷歌制约华为手机发展的原因之一。

"开源"的理念起源于软件行业,但并不局限于软件行业。2014 年,有"硅谷钢铁侠"之称的马斯克宣布"开源"所有特斯拉的专利。当然,专利申请并获批之后,专利信息本来就是公开的,以"公开"换取一定时间的独家使用权。而马斯克宣布"开源"意味着任何人都可以使用他们的专利,而特斯拉不会去状告他们侵权。马斯克为其"开源"举措提出了冠冕堂皇的理由:推动电动汽车行业发展,促进人类向可再生能源的切换。马斯克作为一个企业家,当然清楚这种"开源"也具有商业上的战略意义。特斯拉是电动汽车领域的引领者,是全球出货量最大的电动汽车厂商,在美国占有 68% 的市场份额(2022 年上半年)[一],在全球占有 13.84% 的市场份额(2021 年)[二]。目前,特斯拉最大的竞争对手是

[一] 资料来源:Electrek,"Tesla(TSLA)still dominates US electric car market with 68% market share"。

[二] 资料来源:Statista,"Global plug-in electric vehicle market share in 2021,by main producer"。

传统燃油车，而不是其他电动汽车品牌。而制约电动汽车市场增长的是电动汽车的配套和生态，目前还无法与发展了 100 多年的传统燃油车的配套和生态相比。特斯拉的"开源"可以让更多人参与进来，把电动汽车行业做大，共同蚕食燃油车的巨大市场。与此同时，这种做法还能防御"燃料电池汽车"的挑战。不管是燃油车、电动汽车还是燃料电池汽车，都不是靠一家或几家厂商带头研发就能发展起来的，需要一个庞大的产业配套，而这是千万家公司的事情。日本在氢能源汽车方面独占了近八成的专利，迫使中国、美国、欧洲各国换了赛道，开始大力发展纯电动汽车。缺乏参与者进来把行业做大，成本难以降低，配套不易建立，燃料电池的普及率远远低于电动汽车。丰田公司过去 20 年在燃料电池汽车技术上投入了巨大的研发费用，但目前还无法得到回报。2015 年，丰田宣布开放燃料电池技术专利的使用权，总计 5680 项。2019 年 4 月 3 日，丰田宣布免费开放 23740 项核心电动化技术相关专利。[1] 特斯拉"开源"其专利，还能起到一个作用，即让后来者可以选择跟随，但模仿者一般很难超越被模仿者。所以，"开源"模式不仅是一种收入模式、成本控制模式，还是一种"竞争模式"。

（6）打赏型。打赏模式在民间传统中长期存在，古代街头艺人的收入大多依靠打赏。随着互联网和移动支付时代的到来，这种原始的打赏方式也延续了下来，只是将线下的做法搬到了线上。你可能会在微信公众号或微博上看到写得不错的文章，或者在直播平台上观看一场讲座，觉得内容有用而给创作者或分享者打赏。这种类型的打赏主要针对个人，因此具有高度不稳定性。它只能作为创作者的额外收入，很难成为其主要收入来源，更不能成为我们讨论的"商业模式"。

---

[1] 资料来源：《丰田早就公开了氢能源的专利，这是壮士断腕？还是破釜沉舟》，https://new.qq.com/rain/a/20211029A08UKP00。

我们这里所说的打赏模式，表面上与传统的打赏类似，但是它已经成为互联网粉丝经济的主要收入模式，并形成了一种体系化和公司化的运作方式。这种打赏模式在美女秀场和电竞直播领域被广泛运用。在这种模式下，直播平台、主播公会和主播之间紧密合作，分工明确，共同促进用户进行打赏。这样，三个主体都能从用户的打赏中获得丰厚的经济利益分成，形成了一个巨大的产业链。直播平台，如YY直播、虎牙直播、企鹅电竞、酷狗直播、花椒直播、抖音、快手、陌陌和Now直播等，为直播提供技术支持；而主播公会，比如众妙娱乐，则相当于主播们的经纪人公司，其主要职能包括发掘人才、培训和推广主播、统一管理主播与平台之间的商务事务以及运营直播间；主播们则是镜头前的艺人，他们可能会展示自己的才艺、颜值，或者进行其他表演。

打赏模式能够成为一种商业模式，可以用马斯洛的需求层次理论加以解释。马斯洛认为，人类的需求可以分为五个层次，从低级到高级依次是：生理需求、安全需求、归属需求、尊重的需求、自我实现的需求（见图4-12）。马斯洛还认为，这些需求是从低级逐级向上发展的。当一个需求得到满足时，这个需求就不再成为激励因素，人们会追求更高层次的需求。

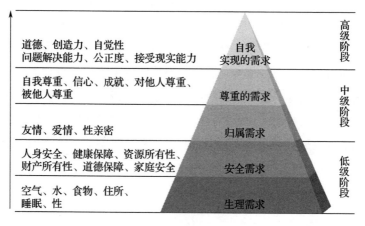

图4-12　马斯洛的需求层次理论图

为了给人营造出一种精神享受氛围，直播平台、直播公会、主播采用了很多激励机制，具体如下。

- 礼物价格的范围非常广泛，从一元到数千元不等。这保证了无论消费能力如何，用户都可以选购适合自己的礼物。
- 在打赏礼物时，会在弹幕栏中出现礼物的提醒。此外，一些较为昂贵的礼物还能在主屏幕触发各种炫目的特效。
- 主播在收到金额较大的礼物时，通常会立即在直播中感谢打赏者并念出其名字，给予用户极大的满足感。这也是促进用户打赏的最大动力。
- 在打赏礼物时，不仅可以一个一个地送出，系统还提供了一次赠送 88 个、520 个和 1314 个礼物等选项，这给一些消费能力较强的用户带来了强烈的豪爽感。
- 建立"会员""粉丝"体系，按年收取不同等级的会员费，并赋予不同级别的会员不同的特权。例如，欢迎特效、专属礼物、能够与主播连麦等，让会员感受到"尊贵感"和"VIP 感"。
- 根据用户赠送的礼物对用户进行排名，并公示排行榜。
- 公会派专人负责直播间的"场控"，协助主播烘托直播间的氛围，并引导粉丝互动。

从弗若斯特沙利文的行业报告中可以看出，打赏模式已经成为一种成功的商业模式。泛娱乐直播的总流水从 2015 年的 52 亿元增加到 2019 年的 724 亿元，年复合增长率为 93.3%。预计到 2024 年，泛娱乐直播的总流水将达到 1992 亿元，年复合增长率为 22.4%。

3. 成本控制模式

（1）零库存型。库存主要是指一家企业在仓库中的原材料、产成品和在产业线上的半成品。这些库存项目被列为企业的资产，并在财务报表的资产负债表中以成本价计入。然而，成本价和资产的市场价值可能存在很大差距。存货减值是企业最容易面临的问题之一，尤其是对于季节性强的产品（如女装）、技术更新速度较快的电子产品或保质期有限的生鲜食品等产品来说。过多的库存囤积可能会导致未来损失加剧。因此，控制库存是降低成本的重要手段，甚至还有一些商业模式致力于实现零库存。

"准时制"（Just in time）生产是丰田汽车公司在20世纪70年代开始执行的存货控制模式。随后的20年，丰田汽车公司不断改良这套成本控制系统。"Just in time"的中文意思是"刚刚好、很及时"。其核心理念是先有订单再购买原材料，需要时再取用，别早到也别晚到。到得太早占用仓库，到得太晚影响交货进度。要做到这种精确度，需要一个强大的信息化系统和供应链体系的支持。

"寄售"是一种可以实现零库存的模式。在这种模式下，卖家将货物运到销售场地，但货物的所有权仍然属于卖家，货物寄托在销售场地销售。当货物卖出去后，销售商再向卖家买入货物，或者向卖家收取价差作为佣金。这种模式在二手车交易、数字产品和虚拟产品等领域较为常见。例如，我首次创业的项目"前图库"就采用了这种模式，摄影师将其作品上传到我的服务器上进行寄售，只有当作品售出时，我才会向摄影师支付一定的费用，不存在存货的情况。

有时候，企业会通过一些众筹网站如京东众筹、小米众筹或Kickstarter进行"产品众筹"，以获得订单和生产所需的资金，并完成生产和交付。产品众筹主要适用于一些科技创新型产品，能为用户带来强烈的新鲜感。在此种模式下，由于价格较为优惠，用户一般都能接受较长的交货期并对产品有很高的容忍度。

（2）专注擅长型。"专业的人做专业的事"。在进入一个行业时，创业者应该仔细分析这个行业上中下游产业链的结构。很少有企业能够一开始就全面包揽从上游到下游的整个产业链。在社会化大分工的趋势下，企业要发现并专注于自己的"比较优势"，在产业链中找到自己的位置，做到极致。企业没有必要试图赚取所有利润，如果某方面的专业能力不足，则可以与上游或下游企业合作，这符合"成本－效益"原则。资源是有限的，企业应该优先将资源投入在自己最有把握、最擅长的领域中，这样才能获得最好的产出。

作为一个知名品牌，苹果公司主要聚焦于研发、设计和销售环节。苹果公司难道不懂生产吗？不是不懂，但鸿海精密等公司更擅长此项工作。因此，苹果公司选择将生产过程外包给这些公司，以节省成本和精力，并将公司的资源集中于附加值更高的研发、设计和销售上。

可口可乐公司的主打产品是可口可乐，其只生产浓缩糖浆，而罐装和配送业务则由各地的加盟商来负责。可口可乐公司将主要精力放在品牌营销上，更像一家快消品牌营销公司。公司的目的是进行广告宣传，确保"Coca-Cola"这个字母组合能够持续成为世界上识别度仅次于"OK"的英语单词。引用其创始人潘伯顿的原话："如果我有 25000 美元，我愿意花 24000 美元来为可口可乐打广告，再用剩下的 1000 美元生产。"⊖

在半导体领域，根据公司所涉足的分工环节可以将其分为三类：IDM、Fabless 和 Foundry。IDM 是指能够自行设计和生产芯片的企业。在全球，具有这种能力的企业并不多，其中我们最熟知的有三星和英特尔。Fabless 是指从事芯片设计和销售而不从事芯片生产的企业，这类企业被称为"无厂化企业"。例如，华为海思、苹果、高通以及许多初创芯片设计企业都属于这一类别。Foundry 则不负责芯片设计，只负责芯片生产，并为许多芯片设计公司代工生

⊖ 资料来源：《可口可乐传》，马克·彭德格拉斯特。

产，如台积电。数据显示，截至 2023 年第一季度，台积电在全球代工市场的份额已突破 60%。台积电之所以能够在芯片代工领域遥遥领先，一个重要的原因是它在技术方面处于领先地位，但更重要的是因为它的定位"纯洁"。在台积电的官网上，关于公司的核心价值和经营理念是这样写的："自始就将客户视为合作伙伴，绝不和客户竞争。这个定位是我们过去成功的关键，也是未来继续成长的关键。"相比于芯片代工市场占有率排名第二的三星，苹果公司更喜欢将芯片代工业务交给台积电，因为这样他们很放心。三星不仅设计和销售自己的芯片，同时还在全球与苹果公司展开竞争。

（3）部门转公司型。在一家公司的组织架构中，各个部门按照责任可以划分为三类：利润中心、成本中心和收入中心。简单来说，成本中心只产生成本和费用，不创造收入，其职责是控制好成本。比如，许多公司的财务部、人力资源部、IT 部、采购部门扮演的就是这一角色。收入中心的主要职责是创造收入，实现收入最大化。比如，公司的营销部门、销售部门扮演的就是这一角色。利润中心则对利润负责，不仅要考虑收入，还要考虑成本，如公司的"事业部"。如果公司的每一个部门都是一个可以实现盈利的利润中心，那么就可以最大限度地保证公司整体可以实现盈利。

对于像海底捞这样的大型连锁企业来说，"部门转公司"的模式发挥了更大的作用。在火锅商业生态圈中，除了门店经营，供应链的其他环节也非常重要，尤其是底料生产、食材加工、仓储物流、门店施工以及人力咨询等方面。

海底捞早就认识到全产业链布局的重要性，因此陆续成立了独立专业化公司来从事羊肉制品生产、原材料供应、火锅调味制品生产、火锅外卖、即食方便火锅、店铺装修和人力资源等相关业务（见图 4-13）。海底捞将专业化服务与主营业务相分离，通过市场化合作的方式向集团内部和外部提供服务。这种"部门转公司"的模式旨在帮助海底捞专注于核心业务，提升经营效率，扩大规模。随着海底捞店铺业务的不断扩张，其与独立专业化公司的关联交易也日益增多，关联交易金额持续上升，而这些关联公司的发展也随之蓬勃发展。肥水不流外人田，海底捞的前三大供应商都是"亲生儿子"，分别是蜀海供应链、颐海国际和蜀韵东方。颐海国际是供应火锅底料的供应商，早在2016年就登陆香港联交所，而海底捞（主要业务为店铺运营）于2018年持有其51%的股权。

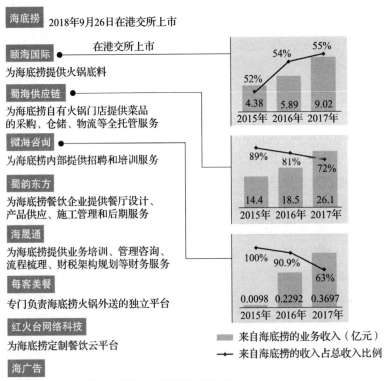

图4-13 海底捞的商业版图

海底捞通常为每类主要食材预留超过两个合格的供应商，以避免对单一供应商的依赖。从海底捞上市时关联方交易的占比（见

图4-14）可见,"亲生儿子"也只是海底捞上千家供应商中的一部分。虽然海底捞向关联方采购的比例较大,但关联方还远不是独家供应,"亲生儿子"一样得到外面参与竞争,接受市场的考验。同时,关联企业的市场独立性确保了关联方交易的市场价格标准与其他交易相同。这种市场独立性还可以避免关联方交易成为上市的障碍。

关联企业	占采购额的比例	截至12月31日止年度			截至6月30日止6个月
		2015	2016	2017	2018
颐海国际	我们的食材及调味品的采购总额	16.8%	18.5%	20.7%	16.0%
蜀海供应链		55.1%	58.0%	59.8%	31.5%
扎鲁特旗海底捞		0.3%	1.9%	1.6%	1.3%
蜀韵东方	其他采购	2.5%	6.3%	77.1%	56.8%
微海咨询		0.2%	4.4%	2.2%	2.0%

图4-14 海底捞上市时关联方交易占比

你可能认为,只有大型公司才需要进行"部门转公司"的操作。其实,初创企业同样可以尝试。我第一次创业时,就选择了采用外包的方式进行IT开发。但第三方外包机构的配合度欠佳,让我们错失了大量商机。因此,我后来再次创业(创办群蜂社)时,组建了一个由六名员工组成的IT部门。虽然我们的IT部门需要的人手并不多,但IT开发人员在深圳的机会很多,要把他们从腾讯、华为这样的大厂吸引到我们这样的创业公司中,需要支付较高的薪酬和股权激励。为了养着这个团队开发我们的系统,我们每年花费上百万元,而且他们的薪酬每年都在增长。这是一个典型的成本中心。虽然对于群蜂社这样的以线上模式为主的公司来说,IT是非常重要的,一定有其特定的价值,但我们很难量化它为企业带来的价值。随着我们的系统逐渐成熟,似乎持续增加的IT成本显得越来越"划不来"。幸运的是,我们的CTO是个具有大局观、擅长换位思考且不甘平庸的人。几年后,在制订新的年度计划时,我们决定设立"群蜂科技公司",让 IT 部门转变成一家独立的公司,专注于做"低代码"开发平台。这样,我们就把公司的一个作为"成本中心"的部门,转变为作为"利润中心"的独立公司,自负盈亏。群蜂科技公司由群蜂社参股和孵化,并且以市场化的原则运作。群蜂科技公司不仅为群蜂社提供开发和维护服务,还为外部客户提供服务。群蜂社仅仅是群蜂科技公司的第一个客户而已。由于群蜂社聚集了许多创业者和初创企业,他们都有 IT 开发方面的需求,因此,群蜂社和群蜂科技公司协同作战,IT 开发成为我们投融资服务以外的另一项重要的创业服务。通过"部门转公司",我们将逐年增加的"工资"变成了逐年下降的"技术开发和维护费"。因为我们的系统已经相对成熟,不需要太多的开发和维护服务,支付的费用也应逐年减少,控制了成本。我们将"员工"变成了"创业合伙人"。群蜂科技公司提供的服务与之前作为我们的 IT 部门时并没有太大差异,但现在他们可以自主决策,为外部提供服务,甚至可以获得比原来更多的收入。

将部门转为独立公司不仅可以降低成本,还有很多其他好处。例如,可以节约管理成本(人员增多不仅增加直接用人成本,还会增加管人的间接成本),防止大公司病的发生,防止组织官僚化,有利于进行股权激励,等等。这里就不一一赘述了。

(4)轻资产型。对于大多数企业尤其是创业企业来说,资本金通常都是最为稀缺的资源。若将其用于一些重资产上,实为浪费资源。事实上,优秀的企业往往并不是凭借重资产而获得竞争力的,用钱就能获得的竞争力一定不是真正的竞争力。资产模式越重,企业的成长性就越差。因此,将企业打造成轻量化的状态,并运用"轻"装上阵的策略,企业才能获得更迅速的成长。在经营环境出现不利的情况时,企业可以根据需要进行灵活调整,从而更容易抵御风险。而采取重资产模式往往意味着要承担高负债率和高杠杆率的风险，房地产行业就是其中一个典型的例子。如果房屋无法及时处置，企业就很容易被资金成本和维护成本压垮。

在汽车出行领域，优步是全球车辆调度最多的公司，覆盖72个国家和地区的10500个城市[1]，但它本身却不拥有任何一辆汽车。然而，这并未妨碍它成为市值最高的出租车公司之一。在旅行住宿领域，爱彼迎平台提供了超过560万个物业供出租，覆盖了220个国家和地区[2]，比五大国际连锁酒店集团的物业总数还多。然而，爱彼迎本身不拥有或租用任何物业。在这种轻资产的经营模式下，即使面对2020年新冠疫情这样的全球流行病，公司依然没有遭受灭顶之灾。在新冠疫情尚未完全结束之前，爱彼迎就已经上市并且市值超过了国内最大的三家连锁酒店市值的总和。这充分证明，在同样的领域，解决同样的用户痛点，轻资产模式比重资产模式更有价值。

（5）自助型。自助型的成本控制模式是指通过优化业务流程，让用户自主完成一些易于实现但并不会破坏用户体验的工作，以节约用工成本。

我们最熟悉的快餐店麦当劳和肯德基是世界上最大的快餐连锁店之一。为了降低餐厅用工成本，它们采用了一系列的自助系统，让顾客提供举手之劳。他们鼓励顾客通过手机或店铺内的点餐机自助点餐。点餐后，顾客的手机上或店内点餐机的显示屏上会显示取餐号码。在拿到取餐号码后，顾客可自主前往柜台取餐。麦当劳和肯德基使用一次性餐盒、杯子装载食物，并在托盘上放置托盘纸，以避免托盘被弄脏。此外，他们把垃圾桶设计得整洁美观，放置在用餐区。顾客用完餐后，他们只需把托盘上的食物和包装一次

---

[1] 资料来源：优步年报。

[2] 资料来源："the Zebra"，https：//www.thezebra.com/resources/home/airbnb-statistics/#infographic。

性倒进垃圾桶并回收托盘便可完成清理工作。这一系列自助设计可以为餐厅节省不少的用工成本。一般的餐厅都会在端菜和清理餐台等事务上投入较多的人力。群蜂社的蜜圈投资人中有一位王总，他创办了自助牛肉火锅餐厅，按人头收费，每位顾客可在餐厅内享用2小时的自助餐，在餐厅内领取食材并自行烹调。餐厅只需要雇用切菜工和清洁工即可。

宜家家居是总部位于瑞典的一家跨国家居用品零售企业，在世界多个国家和地区都有门店，是全球最大的家居零售企业。宜家通常将其大型家具广场设置在城市租金较低、交通便利的边缘地带，并在店内设有餐厅和各种常常更新的展厅，这些展厅总会给顾客带来一些温馨家庭装扮的灵感，成为许多家庭周末出行的好去处。此外，每个宜家家居广场都配有宽敞的停车场，鼓励顾客开车前往，并自行将货物带回家，以此节约送货成本。对于大件的家具，宜家会将其分解为易于搬运的平整式模块，以节省空间，减少仓库管理成本。顾客可以在展厅中查看样品，记录模块的货架号码并前往最近的仓库自取，这也为仓库管理节省了不少成本。每种产品都附有清晰的组装说明，鼓励顾客自行组装家具，以节约安装成本。这些措施允许宜家将更多的成本投入设计和制造上，从而为顾客提供更高性价比的家居产品。

（6）众包型。"众包"（Crowdsourcing）一词最早是由《连线》（*Wired*）杂志的编辑杰夫·豪（Jeff Howe）在2006年的一篇名为《众包的兴起》的文章中提出的。现今，企业通过公开渠道或招标的方式，在企业外部寻求解决方案早已是司空见惯的做法。例如，公开征集一些解决方案、设计、创意等，但这种做法只能被视为"外包"（Outsourcing）。我所说的"众包"则特指基于互联网调动和激励更广泛的不特定人群参与和协作的做法，甚至在商业模式中承担核心角色。

这一点我深有感触，因为我第一次创业时做的"前图库"就是一个典型的以众包为主要特色的商业模式。这种商业模式在所在行业被称为"素材商业图片"（Stock Photo）。总部位于美国纽约的Shutterstock是这个行业的佼佼者，其他同行有Dreamstime、istockphoto等，但没有中国企业。Shutterstock拥有4亿张版权图片，可在商业领域进行授权使用，这些图片来自100多万创作者，其中包括专业摄影师、摄影爱好者、职业图片拍摄者以及业余玩家。他们都在Shutterstock平台上展示自己的作品或存储图片，创造自己的知识产权资产。随着摄影器材和技术的普及，越来越多的人能够拍摄满足商业需求的图片。同时，手机摄像技术不断提高，每个人都有可能在任何时候拍摄满足用户需求的图片，如新闻现场的图片，强调时效性和现场感。专业服务公司不能保证自己能够拍摄到满足用户需求的图片，即使可以，成本也可能非常高昂。然而，众包模式下的Shutterstock通过上传、编辑和分类关键词形成庞大的4亿张图片库，几乎可以满足用户各种各样的需求。这是一个庞大的工程，但Shutterstock并未为此支付任何费用，只有当图片被授权出去时，才会向创作者支付授权费。相同的众包模式也帮助Shutterstock从图片拓展到了音频、视频、音效、3D模型等多种素材创作领域。

将"众包"推向极致的最成功的网站之一，莫过于世界上最受欢迎的百科全书网站"维基百科"。Shutterstock上的创作者的创作动力来源于授权费。维基百科是全球最大的在线百科全书数据库，其绝大部分的内容都是由遍布世界各地的志愿者编辑的。他们出于纯粹的精神动力而编辑这些文章，而不是出于商业利益动机，真是不可思议。维基百科由"维基基金会"运营。维基基金会将自身定位为"非营利组织"，运营着13个庞大的人类知识库，包括维基百科、维基数据、维基书籍、维基大学、维基旅游攻略、维基字典等,平均每月有 18 亿用户访问这些网站。

维基基金会拥有伟大且无私的愿景,即"帮助全人类获得和分享知识,促进教育平权"。然而,要实现这一宏伟的工程所需的数据整理和内容编辑工作绝不是维基基金会区区 500 多名员工可以独自完成的。基于危机基金会的愿景,世界各地成立了 500 多个志愿者组织,并吸引了超过 30 万名活跃志愿者通过"人海战术"为其提供内容。这些志愿者组织被称为"维基社群"。维基基金会于 2021 年获得了 1.53 亿美元的捐赠,其中的资金来源涵盖了各类慈善团体、机构和个人用户。然而,维基基金会的捐赠收入并未用于招聘内容编辑,而主要用于管理人员的工资、网站系统的开发和维护以及提供法律保护,仅有 980 万美元的资金用于嘉奖、激励和协助维基社群。可以说,这是人类史上最伟大的全球协作工程之一。

人工智能时代已然来临,想必你一定经历过在登录一些网站时被要求辨认那些歪歪扭扭的字符填验证码或者识别一些图片,以帮助系统区分你是人还是机器。这个步骤很烦人,但作为用户,考虑到这个措施是为了保护我们的账户和密码,避免别人用机器人盗取我们的账户,我们也就释怀了。有一家名为 reCAPTCHA(Completely Automated Public Turing Test To Tell Computers and Humans Apart,区分人机的全自动图灵测试系统)的公司巧妙地结合了人机测试和人工智能数据进行标注。2009 年,谷歌以大约 2780 万美元的价格收购了 reCAPTCHA,开始利用它来帮助标注更多的数据。2012 年,谷歌开始将谷歌街景中难以识别的门牌和路牌加入验证码,请求用户协助标注。借助这种"众包"模式,reCAPTCHA 一天就完成了一个人花费几年才能完成的数据标注工作,而且谷歌不需要花费任何费用。显然,这将为谷歌未来提供精准的人工智能图像识别服务做出一份贡献。

在日常生活中,存在许多不知不觉中依赖于"众包"的例子。

举例来说，大众点评和淘宝的评价，抖音的点赞、转发和评论，以及其他互联网平台通过"众包"方式实现的筛选和排名机制。我们都用过导航软件，你是否想过这些导航软件为什么能够实时掌握道路的状况？肯定不是在每条路上都派个人蹲着吧。这些道路状况信息是地图软件系统综合了多个数据来源，然后利用算法进行计算得到的。其中一个重要的数据来源是一直在外面运行的出租车上安装的导航定位仪，而在普通用户使用导航软件时，手机发送的位置信号则可以提供更多的信息，从而完善数据的准确性。

（7）联合研发型。对高科技企业来说，产品研发和技术研发是支出的重要组成部分。科技领域的产品创新通常需要跨界创新，因此需要组建多学科的研发团队。每个企业都有自己的专业领域和专长，因此企业借助联合研发来强化协同，推出新产品，不仅可以节省时间和成本，避免走弯路，还能让自己专注于核心业务。

例如，谷歌与菲亚特克莱斯勒合作研发小型货车以及基于安卓系统的车载应用，开发自动驾驶汽车。这是硅谷科技公司首次与传统汽车制造商联合研发自动驾驶汽车的尝试。谷歌在自动驾驶算法方面处于世界领先地位，而菲亚特克莱斯勒并不具备这种技术研发能力。因此，与谷歌的合作使得菲亚特克莱斯勒能够进入自动驾驶汽车领域。同时，谷歌也得益于和传统制造商的密切合作，促使它的技术和算法得以实践，从而开发出适用于所有汽车的系统。

又如，华为与德国徕卡公司建立了长期的战略伙伴关系，共同开发植入了由徕卡公司校准的手机摄影体系的手机。徕卡相机最早问世于 1925 年，是世界上最早的 35mm 相机。徕卡相机在光学和影像领域闻名于世，并被视为高端相机的代名词。手机的拍照功能已成为消费者选择手机的首要考量，也是手机厂商宣传推广手机的主要宣传点。自 2016 年 2 月起，华为开始与徕卡公司合作，共同开发了华为 P9 手机，这款智能手机是全球首款采用徕卡双镜头的产品。它于发布当年成功出货1200万部,成为华为首款出货量突破千万的高端产品。此后,华为推出了多款畅销机型,包括P系列和Mate系列。每个系列手机的后置摄像头旁都标有徕卡的标志,徕卡与华为联袂创建了中国高端手机的传奇。㊀

我们投资孵化的澄实生物是一家专注于mRNA疫苗技术研发的公司。该公司拥有mRNA设计技术、新生抗原预测算法和LNP剂型研究能力,其终极目标是利用mRNA技术设计和制备个性化的肿瘤治疗性疫苗。这个目标非常高远,需要巨大的研发投入,至少需要10年时间。为了尽快验证技术、推出可商用化的产品并获得现金流来支持研发,澄实生物与中国农业科学院合作研发了基于mRNA的兽用疫苗。

4. 成长模式

(1)特许经营型。在商业发达的美国,每10家企业中就有1家是特许经营企业。㊁麦当劳、肯德基、7-11便利店、洲际酒店、可口可乐等全球知名的企业都是极具代表性的特许经营商。特许经营模式在各行各业都非常盛行。对特许经营商来说,特许经营不仅是取得收入的一种模式,更是业务扩张和增长的一种策略。通过特许经营模式,特许经营商可以快速扩张经营版图,而无须投入高额资金用于开设分支机构。

特许经营又称"加盟",是一种商业经营模式。在特许经营中,特许经营商(也被称为"总部")与加盟商以合同约定的形式,允许加盟商有偿使用其名称、商标、专有技术、产品及运作管理经验

㊀ 资料来源:《终于确认了!华为和徕卡已取消合作,小米能否复制华为崛起之路?》,万大叔来了。

㊁ 资料来源:*Understand Business*, William Nickels, James McHugh, Susan McHugh。

中的其中一项或多项,从而开展经营活动。

特许经营商与加盟商之间建立的是一种合同关系。该关系的设计非常灵活,几乎所有的行业和商业都可以采用特许经营的方式。加盟商应按照合同约定向特许经营商支付相应的费用,包括费用种类、数额和支付方式等。

有能力对外特许经营的企业,一般都经历了较长时间的积累,具有较高的品牌知名度、标准化的运营管理体系,甚至有些特许经营商拥有庞大的会员体系和价廉物美的供应链。加盟商使用这些现成的经营资源,能够省去漫长的市场导入期和顾客积累期,少走许多弯路,从而快速、便捷地开展经营活动并获得盈利。

特许经营的种类非常丰富,可以根据不同要素进行分类,如加盟商的投资比例、特许给加盟商的内容、总部参与经营的程度等。但加盟商都有一个共同的特征——它们在对外营业时使用统一的商标。换言之,在外界看起来加盟商都属于同一家企业。

我认为特许经营可以分成以下四类。

1)工作岗位的特许经营。加盟商通常是个人,只需投入少量资金,便可通过加盟的方式低成本开展业务,甚至无须拥有自己的经营场所。这些个人一般都是亲自经营,以特许经营商的名义提供服务,如物流快递点经营人员、出租车/网约车司机、外卖员和家政服务人员。虽然这些加盟商在对外提供服务时会呈现特许经营商的员工形象,实际上他们都在为自己工作。特许经营商采用这种特许经营模式可以降低公司的人力资源管理成本。

2)产品分销的特许经营。我们熟悉的汽车4S店、加油站、手机专卖店采用的都是特许经营模式。加盟商使用特许经营商的品牌,以特许经营商的名义销售产品。中石化的加油站,通常不是中石化所有,而是中石化的加盟商所有,它们只是用中石化的商标销售中石化生产的产品。有一些特许经营商不仅对外授权产品的销售,甚至有一部分的生产过程也授权给其加盟商,最典型的莫过于可口可乐。可口可乐在中国的加盟商向美国总部购买浓缩糖浆,自己在罐装厂里加水罐装成可口可乐,再对外分销。可口可乐总部则专注于生产浓缩糖浆,以及投放广告,从而维护品牌的知名度。

3)商业体系的特许经营。我们通常所说的特许经营指的是整个商业体系的特许经营。这也可以被认为是狭义概念的"特许经营",其占了特许经营模式的大部分,被广泛应用于众多的行业,如餐饮、零售、健身、商务服务等。在商业体系特许经营的模式下,总部为加盟商提供一系列服务,包括商标的授权、营销推广、员工的培训、运营流程、质量控制、公司管理制度、供应链资源等。总部对加盟商的介入和扶持程度可能不尽相同。

比如,肯德基的加盟模式,是由总部先开设一家新店并经营一段时间,待店面成熟并实现盈利后再将其交给加盟商来管理,同时还会定期进行指导。这样,肯德基总部就能够快速回流资金,用于开设另外一家新店。

再如,蜜雪冰城的加盟模式以单店加盟为主,需要加盟商全资运营,总部不参与分成。总部自建供应链体系,或者自建工厂制作核心原料,或者向上游集中采购,供应给所有加盟商。总部为加盟商提供强大的支持,包括选址评估、免费店铺设计、物流支持、经营培训、产品研发、季度产品更新、数字化系统等。蜜雪冰城除了赚取按年收取的加盟费,还有细水长流的供应链收入。截至2021年10月,蜜雪冰城在全国的门店数量已突破2万家![⊖]

4)投资型特许经营(全托管型特许经营)。有一些业态需要较大的资本投入和精细化管理,比较典型的是酒店业和餐饮业。在

⊖ 资料来源:《开出2万家店后,蜜雪冰城在焦虑什么?》,伯虎财经。

加盟模式中,加盟商通常需要提供全部资金,特许经营商则全权负责日常的运营管理。这时,加盟商就类似于公司的投资人,特许经营商则像公司的职业经理人。所有权和经营权相分离。对于特许经营商来说,这是一种"轻加盟模式"和"融资方式",能够非常有效地控制投资扩张的风险。

投资型特许经营模式的典型代表是华住集团旗下的汉庭酒店。华住集团2021年四季度报告显示,在集团7830家酒店中,经济型酒店占4786家,其中,汉庭占3027家,在集团内部被称作"国民品牌"。汉庭酒店的加盟商需要在总部官网进行申请,总部会对选址、物业状况和加盟商背景进行严格的评估。总部具备丰富的酒店运营管理经验,并只选择双方都能获利的项目进行合作。双方合作的期限一般为10年。加盟商需要按照每间房3000元缴纳一次性的加盟费,并支付一定的保证金、装修设计改造成本、系统安装费用以满足加盟运营的标准。加盟商的前期投入一般需要300万元。加盟后,总部会派驻经过培训的店长入驻,店长的工资在10000到16000元之间。店长会招聘和培训管理团队,其工资也由加盟的酒店承担。酒店正式运营后,总部还会从每家加盟酒店的营业收入中抽取约5%的比例作为加盟管理费。如果顾客是从华住客户系统预订房间的,则华住集团还会针对每间房收取一个订房费。

另一个采用投资型特许经营模式的成功案例是名创优品。该公司专注于销售日式简约风格的高性价比生活类产品,定位于年轻女性群体,她们对生活品质有一定的要求,但经济能力相对较弱。加盟商在此模式中扮演"财务投资人"的角色,仅需要负责店铺建设和期间费用,不参与具体的运营管理。加盟商需要一次性支付品牌使用费15万元、货品保证金75万元,以及按照2800元/m^2计算的装修预付款(按照店铺面积200m^2计算,装修预付款为56万元)。因此,启动一家名创优品加盟店需要的资金在150万到200万元之间。名创优品负责提供货物，承担货物成本，并且负责所有运营工作，包括店铺设立、员工招聘和培训、店铺管理以及其他方面的日常管理。在店铺的营业额中，62%归名创优品，38%归投资人。㊀

在我这个长期做投融资服务的人士看来，上面两个案例的特许经营权条款基本保证了特许经营商"旱涝保收"，加盟商承担了所有开店扩张的风险，看似是一种风险和收益不对称的不平等条约。也许这就是"品牌"和"管理"的价值，加盟者认可自然就合理存在。

当然，优秀的特许经营商会非常谨慎地挑选项目并评估项目的发展前景，以确保加盟商能够在 2 到 3 年内收回投资成本，从而回报他们的认可。如果以"割韭菜"的逻辑来看，这种加盟模式难以维持，短期收益虽高，但长期来看会破坏品牌形象。然而，市面上确实存在许多以"割韭菜"为目的的滥用投资型特许经营模式的加盟项目。这些特许经营商最大的问题在于，他们的直营店店铺的盈利性尚未得到验证，在店铺盈利很低的情况下还勉强做加盟，导致不少加盟商蒙受巨大的损失。虽然这些特许经营商通过收取加盟费获利了，但实际上他们会因小失大，因为加盟商的存活率极低。即使特许经营商幸运地实现了 IPO，并实现了盈利，加盟商仍然可能站出来曝光被"割韭菜"的情况，这将为特许经营商的发展增加很多障碍。在商业模式没有得到充分验证之前，接受加盟无异于饮鸩止渴。

（2）流水融资型。"流水融资"是一种获得开店所需资金的中间融资方式。它是指从新的分部（如店铺）的流水中提取一定比例作为回报，以换取投资人的资金。这种方式可以分散风险，同时投资人无须等到店铺盈利即可获得回报。一般来讲，经营主体需要通过借债或股权融资来获得融资。借债可能使经营主体面临定期还本

㊀ 资料来源：澜音基金周密，https://xueqiu.com/1041434998/160648402。

付息的压力，风险较大；股权融资则要求店铺盈利后才能给投资人回报，投资人面临的风险也不小。相比之下，"流水融资"则是一种折中的融资方式。这种方式让投资人与店铺所面临的风险均有所减少。

香港联交所前行政总裁李小加创立的"滴灌通"（见图4-15）就是专门为线下消费行业实体店提供开店资金的平台。该平台希望通过金融科技规模化地对接投资人的资金和开店的资金需求，并采用了"流水融资"的模式。滴灌通连接了两头：一头是追求稳定现金回报的国际资本；另一头则是有快速开店扩张需求的连锁消费企业，一般是小微企业。为确保资金流向稳定可靠，滴灌通会挑选经营标准受认可的品牌方，并将资金直接投入门店。同时，通过直接与连锁品牌方对接信息系统，滴灌通能够实时掌握门店的收入数据，并每天结算回收资金。据悉，滴灌通计划在2023年年底接入1万家店铺。1万家店铺的流水分成权已经足以进一步证券化，打包成

图4-15 滴灌通

一个可上市交易的金融产品,给投资人提供了很好的流动性,又可以进一步吸引更多的资金加入。此外,店铺数据的积累还将进一步完善他们筛选资产的标准,形成良性循环。滴灌通于2021年9月设立,截至2022年3月,已为100余家小微门店提供融资服务,并成功完成了"百千万计划"的首个里程碑。○

（3）裂变型。裂变型增长模式指的是在一个已经成熟的公司中,通过发现现有团队中的创业型人才,激励他们在公司体外开设新的分部。公司与之合伙协同,利用资金、资源和技术对其赋能和孵化,以实现扩张的目的。就像生物体的细胞一样,不断地裂变出新细胞。裂变既可以是复制型的裂变,也可以是变异型的裂变。复制型裂变是指新的分部的业务与公司现有的业务相同。例如,在不同地区开设新的连锁消费品牌店,开设针对不同区域的销售公司等。变异型裂变是指新的分部虽然与公司协同,但是其业务不同于公司现有的业务,如基于同一技术平台的不同应用场景。

喜家德是一家只做五款饺子的餐饮连锁店,来自黑龙江鹤岗这个五线城市。然而,连锁餐饮店的扩张一直受制于店铺管理人才的短缺。为了解决店长人才的培养问题,喜家德通过复制型裂变创办了"358合伙人模式"。3就是3%,即业绩增长全国排名为51%到80%的单店店长,无须自己投钱,可直接得到单店3%的股份分红；5就是5%,即业绩增长全国排名为11%到50%的单店店长,无须自己投钱,可直接得到单店5%的股份分红；8就是8%,即业绩增长排名在10%（含）以内的店长,无须自己投钱,可直接得到单店8%的股份分红。这种直营模式让喜家德迅速扩张,开出超过700家门店,覆盖了40多个城市,员工超过8000人。○据报道,喜

○ 资料来源:《国际资本入局小微金融,"滴灌通"模式跑通了没?》,零壹财经。

○ 资料来源:喜家德官网。

家德通过这种模式已经造就了十几个千万富翁和上百个百万富翁。

海底捞的师徒制开店模式也是一种复制型裂变。为了鼓励店长积极为公司培养新的店长,除了享有本店业绩提成,店长在其徒弟、徒孙管理的门店中还能获得更高比例的业绩提成。作为师父的店长的薪酬,除了基本薪金,还有以下两种财务奖励可供选择:第一种,其管理餐厅利润的 2.8%;第二种,其管理餐厅利润的 0.4% + 其徒弟管理餐厅利润的 3.1% + 其徒孙管理餐厅利润的 1.5%。在此薪酬体系下,店长的个人收入与其徒弟、徒孙是否成功紧密相关。因此,店长不仅具有充分的动力管理好其门店,还可以坚持公平公正的原则,尽可能多地培养出能力和品行都合格的徒弟店长,并指导他们开拓新门店,从而实现裂变式增长。从 1 个师父裂变出来的新店通常可以达到 5 到 18 家,并且这些门店通常会"抱团"成为一个"家族",共享信息、资源,具备处理当地问题的能力,有效实现一定程度的自我管理。截至 2018 年上市时,海底捞已经成功运营了 360 多家餐厅,其中 350 家存在师徒关系。㊀

> **低风险高胜率的第 4 条创业家规:**
> 将成功实践的商业模式融会贯通,以往鉴来,创新自己的商业模式。

第四节 如何设计商业模式

在前面的学习中,我们介绍了一些已经被成功实践的商业模型。这些商业模型可以被视为"套路""招数"或"思路",是我

㊀ 资料来源:海底捞招股说明书。

们设计一个完整的商业模式所需要的创新灵感。有一些商业模型只用于某些特定的行业,但我们可以跨界应用这些模型,改造、重塑并进行排列组合,从而构建创新的商业模式。本节我们来探讨如何设计一个完整的商业模式。这是创业前蓝图的制定,我们也可以将它称为理论验证。商业模式的理论验证可行,逻辑自洽,不一定能够保证商业模式在实践中顺风顺水。然而,若一个商业模式在理论上都不能成立,则几乎可以肯定它在实践中也不会取得成功。这也是"精益创业"的原则,即在实践验证前先进行小心谨慎的理论论证。我们先来"纸上谈兵",如果纸上都谈不清楚,那么我们在战场上只会大乱阵脚,损兵折将。

一、商业模式画布

提到商业模式设计,就不能不提商业模式画布(Business Model Canvas)。这个画布来源于亚历山大·奥斯特瓦德(Alexander Osterwalder)和伊夫·皮尼厄(Yves Pigneur)合著的《商业模式新生代》一书。它被全球的创业者广泛用来设计商业模式的思维框架。商业模式画布将商业模式分解成九个构成要素(见图 4 – 16)。

而《精益创业实战》的作者阿什·莫瑞亚认为这个商业模式画布对于初创企业的针对性不够强。他改变了四个要素(图 4 – 17 中画横线的部分),使之更适用于初创企业从 0 到 1 构建一个商业模式,称为"精益创业版商业模式画布"(Lean Canvas)。我建议创业公司在开干前设计商业模式时使用这个版本的商业模式画布。在创业的过程中,随着企业商业模式和核心假设的验证,画布的内容需要不断地修订、迭代。

关键伙伴	主要行动	价值主张	用户关系	用户细分
描述与企业相关的产业链上下游的合作伙伴有哪些，企业和他们的关系网络如何，合作如何影响企业等。	描述企业在有了核心资源后应该开展什么样的业务活动才能确保目前的商业模式有效运转起来。	我们提供【产品/服务】，以帮助【我们的目标用户】【满足他们的××需求/解决他们××的痛点】	描述企业与用户群体之间建立的关系。	描述企业的目标用户群体是谁，这些目标用户群体如何进行细分，每个细分目标群体有什么共同特征。
	核心资源 描述企业需要哪些资源才能让目前的商业模式有效运转起来，核心资源可以是实体资产、金融资产、知识资产和人力资源等。		渠道通路 描述企业通过什么方式或渠道与细分用户群体进行沟通，并实现产品或服务的售卖。接触用户的渠道有哪些？哪些渠道最为有效？哪些渠道投入产出比最高？渠道如何进行整合可以达到效率最高化？	

成本结构	收入来源
描述企业有效运转所需要的所有成本。应分清固定成本和可变成本、成本结构是如何构成的、哪些活动或资源花费最多、如何优化成本等。	描述企业从每个细分用户群体中如何获取收入。收入是企业的动脉，在这个模块应回答企业通过什么方式收取费用、用户如何支付费用、用户的付费意愿如何、企业如何定价等问题。

图4-16 商业模式画布的九个构成要素

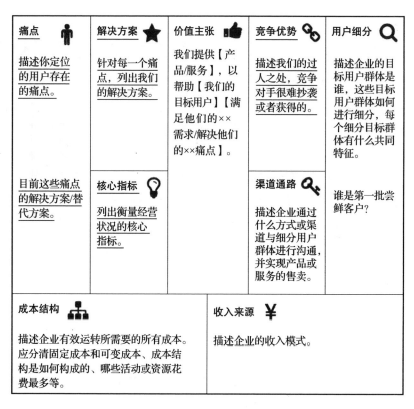

图4-17 精益创业版商业模式画布

在这个画布中有九个要素,下面我们以大家都非常熟悉的"滴滴"为案例来进行说明。

1. 价值主张

用简洁的语言描述你所能为用户提供的价值,让你与竞争对手区别开来。例如,我们提供【产品/服务】,以帮助【我们的目标用户】【满足他们的××需求/解决他们的××痛点】。我在本章前面已经做了详细的描述,在此不再赘述。

滴滴出行:我们提供全天候的网约车对接服务,让乘客可以获得性价比更高、体验更好的专车服务,让司机可以获得更高的收入。

2. 用户细分

描述企业的目标用户群体是谁，并对其进行细分，以了解每个细分目标用户群体的共同特征。在这里，我们需要注意区分用户和消费者。在一些商业模式中，用户不一定是消费者。例如，我们都是微信的用户，但是我们不是微信的消费者，广告商才是微信的消费者。

滴滴出行：我们的目标用户是乘客和司机。尤其是在偏僻地段打车不方便的乘客或者在出租车供不应求的时间段的乘客更容易成为我们的用户。司机包括职业出租车司机以及将其作为副业的兼职司机。最先尝鲜的用户应该是职业出租车司机。

3. 痛点

针对你定位的每一个细分用户群体，描述他们的痛点以及未被满足的需求。同时，介绍目前的解决方案以及潜在的替代方案，其中包括存在竞争关系的方案。

滴滴出行：对于乘客来说，行程费用难预估。出租车车况较差、服务态度不佳的司机更为普遍。在路边等待打车的过程中，不仅需要忍受日晒雨淋以及吸入废气等诸多不良体验，还存在安全隐患。对于职业出租车司机来说，无法有效规划自己的回程路线。路边获客随机性较大，空车找乘客经常徒劳无益。即使向乘客提供热情和优质的服务，也无法获得正反馈，无法积累信誉。对于兼职司机来说，做出租车副班司机不能灵活调度自己的工作时间。

4. 解决方案

针对目标用户的痛点，我们需要列出解决方案。

滴滴出行：对于乘客，平台会匹配距离最近的车辆，并实时显示车辆位置和到达时间，减少长时间等待情况的发生。平台会根据距离计算车费预算，乘客可以更好地预估乘车费用。平台只接受车价 7 万元以上、车龄 8 年以下、行驶里程 10 万公里以下的车辆接入网络，以保障乘客的安全和车辆状况的良好。另外，平台还引入针对司机的评价体系，确保服务品质。同时，平台提供多种不同的车型来满足不同乘客的需求，提供性价比更高的专车服务。

对于职业出租车司机，平台确保减少其在路上寻找乘客的时间，并增加订单数以提高其收入。司机可以主动选择规划回程订单，由于良好的服务质量得到了认证，司机的美誉度也能不断提高。同时，平台也拥有乘客信息，可以为司机的安全提供更好的保障。

对于兼职司机，平台为其提供一个自由自在的副业，让其能够灵活地利用自己的闲余时间提高收入。

5. 收入来源

描述企业的收入模式。

滴滴出行：从每一单交易中提取 20%~30% 的佣金，并通过各种机制将其中一部分佣金返还给业绩优秀、服务记录良好、在高峰时刻和节假日愿意加班的司机。此外，滴滴出行前期也对乘客进行了一定程度的补贴，以提高用户的使用频率。

6. 渠道通路

描述企业通过什么方式或渠道与细分用户群体进行沟通，并实现产品或服务的售卖。

滴滴出行：通过红包补贴实现用户裂变和病毒式传播，同时通过公关宣传快速在用户心中树立良好的企业形象，将滴滴出行打造成网约车领域的头部企业。

7. 核心指标

列出衡量经营状况的核心指标。

滴滴出行：日订单量，每日提供服务的司机数，日活乘客数量，平台的总营收。

8. 成本结构

在描述企业有效运营所需的所有成本时，应该区分固定成本和可变成本，并确定成本结构的构成。需要分析哪些活动或资源需要的成本最高。分析结束后，建议结合收入来源做一个大致测算，即需要多少业务量才能达到盈亏平衡点。

滴滴出行：固定成本包括平台的开发维护成本、平台运营的成本、公司管理成本，变动成本包括地推成本、对司机和乘客的补贴、获客成本、平台宣传成本。按照目前的成本状况，每日需要××元流水即可达到盈亏平衡点。

9. 竞争优势

描述我们的过人之处，这些过人之处替代方案/竞争对手很难抄袭或者获得。

滴滴出行：相较于传统出租车，基于移动互联网科技为乘客提供更佳的乘坐体验，为司机提供更高效的服务；相比于其他网约车竞争对手，滴滴出行有更强的融资实力，能够快速形成规模效应。

对于把"竞争优势"作为初创企业商业模式画布的一个要素，我持保留态度。在创业初期就能识别竞争优势的也许只限于一些科技类的创新项目，而大部分企业在设立的初期是无法识别自己的竞争力的。核心竞争力并不是与生俱来的，而是在实践中不断磨炼出来的。很多企业能够胜出，更重要的原因是管理得更精细，运营得更有效率，创始人更专注，商业模式能够快速迭代。这些都是创业过程中形成和体现出来的竞争力。所以，一开始大多数企业在这个画布里都填不出什么内容，或者填一些似是而非的优势，如"创始人经验丰富""创业团队很专注""团队执行力很强"。我建议开干前，这个选项可以先跳过。

二、创业蓝图

投资人要全面了解一个拟投的创业项目也会使用商业模式画布进行分析。硅谷知名的孵化器 Y Combinator 在其官网声称，他们选择项目时，除了与创始人交谈、看产品样本，从不看商业计划书，他们更倾向于与创始人一起勾勒出简洁而全面的商业模式画布。我作为投资人也看过不少商业计划书，确实相当多的商业计划书虽然很长，但是无法让人找到快速掌握一个创业项目全貌的关键信息。

就在我写这部分内容的这几天，一个朋友带着他的一位创业者朋友过来找我，他的朋友已经创业五年了，研发了一款铝空气电池。一开始交谈时，他的朋友就滔滔不绝地介绍铝空气电池的原理、优点和用途，以及他们团队的实力有多强……我终于有点不耐烦了，打断了他。因为听了十几分钟，我还是找不到我最想要的信息：他要做的这款产品能解决什么问题。

我问了一句："这款产品主要是在什么场景解决什么问题？"

他回答道："铝空气电池其实是一个发电装置，利用金属发电，可以脱离电网产生电能。"

我说："你说的还是它的优点，而我问的是你的项目的具体应用场景。"

他说："作为发电装置，你可以想象得到只要需要用电的地方就是它的应用场景。"

我说："你的这个商业场景太宽泛了吧？等于没说。"

他补充道："例如，它可以作为户外露营的电源，相当于大号充电宝。"

我接着问："目前盛行的锂电池户外露营电源有哪些解决不了的问题或者满足不了的需求？"

他说："铝空气电池不需要充电，只要带上铝块就行。而锂电池户外电源要充电。"

我又问:"大部分人去户外露营前都会在家里把户外充电宝充满,或者租用户外电源。绝大多数的户外露营活动都不会连续几天脱离无处不在的电网,找不到地方充电。"

....

你看,其实这位创业者连自己的创业项目要解决什么样痛点、满足什么样的需求都没有想透彻。虽然他已创业五年,做了各类实验,攻克了很多技术难关,验证了技术的可靠性和可行性,但是技术和商业是两码事。从商业角度来看,这个公司的产品的需求都尚未得到验证,是一个风险很高的项目。技术很牛但产品没有需求、不解决现实痛点的项目在科研院校和科研机构中很常见。在技术创新项目中,我们更关心的不是科技本身,而是这个项目能解决什么问题,其商业应用场景是什么。解决同样的问题,往往有许多不同的技术方案,不同的技术方案总是各有千秋。即使是采用前沿的技术来开发产品,也不一定具有商业可行性。因此,技术越新、越"高端",并不一定就越好。商业模式画布可以帮助技术型创业者将关注点放在"商业"上,而不是技术研发上。

商业模式画布是创业者向投资人快速展现其创业想法的思维框架。我认为一家初创企业在设立之初的商业场景和商业模式应该是简单明了的,不应该是复杂难懂的。关于如何赚钱和如何开展业务,创业者应该用简洁的语言就可以讲明白。如果商业模式本身过于复杂或难以理解,那么很可能存在问题。

我曾经创办了两家企业。第一次创业我做的是商用图片库,因为没有经验,因此走了不少弯路,踩了不少坑。第二次创业我创办了群蜂社,有了第一次创业的教训,第二次创业时我明显更有章法,也取得了成功。除了创办群蜂社,七年来,我还参与了几十家企业的创业过程。我帮助了很多群蜂社的会员构思他们的创业项目,甚至参与了有些企业从 0 到 1 的策划过程。每次设计和策划创业项目时,我都会想明白一些重要问题,然后逐渐形成创业项目的设计框架,我将它称为"创业蓝图"。创业蓝图是每个创业者将创业点子付诸行动前需要考虑的重要问题,是创业项目整体规划的重要组成部分。其中,商业模式的设计至关重要。在本节中,我主要介绍我总结的"创业蓝图"——开干前的创业设计图。

制作创业蓝图不需要过于详细,可以采用和商业模式画布类似的框架(见图 4-18)。在正式开干前,详细的执行细节可能并不

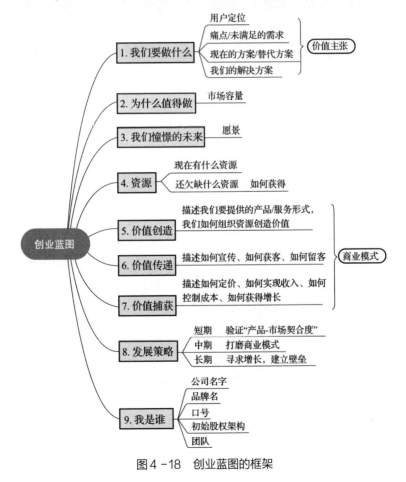

图 4-18 创业蓝图的框架

确切,但需要全面考虑。建议你使用一些"思维导图"软件工具,如 WPS、Xmind 或亿图,来制作创业蓝图。细节可以在执行的过程中逐步填充和调整。从粗略的思维框架出发,随着创业的推进,各项细节会逐渐丰富和完善,形成各种标准业务流程、团队分工、奖惩激励制度和企业管理制度等。

○ 案例 ○

创业蓝图案例:群蜂拼拼

群蜂社是一家基于互联网和社群的创业服务机构,主要致力于投融资的对接。经过六年多的运营和完善,我们的服务模式和流程已经很成熟了。然而,投融资对接很难实现规模化,因为每一个项目都是独一无二的,特别依赖于项目经理的专业能力。一个合格的项目经理需要具备全面的知识结构和技能,同时需要长期的实践和锻炼。因此,这是实现规模化的主要瓶颈。

"群蜂拼拼"是群蜂社正在构思的新的业务线,也是我们正在谋划的"第二曲线"。在我撰写本书时,我正好在构思这个项目。我将此作为真实的案例,来讲解我如何使用创业蓝图来设计一个创业项目。在你看到这本书的时候,如果你登录群蜂社的网站看到了这个项目,则表明我们已经在实施了,你可以好好了解一下,对比一下;如果没有看到,则可能意味着我们没能把商业模式走通,已经放弃了。彼时,我应该也会有所感悟。

群蜂拼拼的创意源自群蜂社的投融资业务。自 2015 年起,"无人值守"的新业态开始兴起,其中最为人熟知的便是共享单车、共享充电宝、共享汽车等。虽然本质上我们可以将其归类为一种租赁业务,但是很多人习惯性地将它称为"共享经济"。共享经济是指在智能手机、移动支付和物联网得到广泛应用后,以"设施投放""无人值守""自助服务""远程管理"为主要特征的一种新型商业模式。一旦"共享经济"的潘多拉之盒被打开,传统的生活设施几乎都可以被重新打造成共享经济模式下的产品。无论是在街边的共享单车,还是商店内的共享充电宝,抑或是写字楼内的共享雨伞,都是这种转型的典型代表。以这种创新思路为基础,几乎所有行业的各种产品都有可能尝试着"去人化",并用"智能化"加以重塑。每一种产品背后都是一个细分市场和商业机会。

我们曾经收到不少类似的创业融资需求,如"无人值守共享健身房""无人值守共享童车""无人值守共享储物柜""无人值守共享电动车""无人值守共享练琴房""无人值守零售柜""无人值守陪护床"等。然而,我们认为大部分项目都不具备风险投资价值,无法立项并提供投融资服务。通过深入分析,我们发现这些项目采用的商业模式往往是用自有资金或者利用风投的资金来投放设备,通过招商或自建地推团队占领点位。这种商业模式太重了,成长性有限,设备投放风险过高。对于这些共享经济业态,成功落地需要解决三大问题:设备投放、点位占领和后期维护。其中,点位占领是最关键的,因为在没有"人"这个成本的情况下,如果点位的规划合理,就可以获得可观的收益。然而,对于一家初创企业来说,同时解决"物权、点位、维护"这些问题需要投入巨大的人力和物力资源。因此,很多企业采用了利用风投资金的模式来投入设备并招募大量的地推团队,同时负责设备的维护。而对于这类需要投入大量资源才能成功的企业,我们为何不采用群蜂社的"众筹、众包、共享、共治"的组织方式来为其提供服务呢?我们可以利用遍布全国各地的会员资源,发挥当地资源优势来抢占点位。也就是说,采用线上的组织模式将"有钱出钱、有资源出资源、有力出力"的会员有效地组织起来,用一个平台来解决设备投放、点位占领和后期维护等问题。于是,"群蜂拼拼"这一创新的商业模式应运而生。

下面我就借助这个创业点子来讲解创业蓝图。看到这里,你可能会有疑问:"这个作者是不是太冒失了,在还未着手实施之前,就毫无保留地向所有人公开自己的创业点子和野心,难道不怕招来一批竞争者吗?"这一点我还真不怕,因为我从来不认为"创业点子"和"商业计划"有很大的价值。从来没有人仅凭一个创新的创业点子便制订出一个漂亮的计划,然后在家躺着睡大觉就能够取得成功。我想到的点子,大部分人都可以想得到。一个创业计划能否成功,关键在于持续的"试错—思考—迭代(甚至转型)",以及对执行过程和管理细节的高度重视。那些谁都能完成的项目,估计没有什么门槛,也就没有什么价值可言。下面我们从九个方面来思考和描绘群蜂拼拼的创业蓝图。

1. 我们要做什么

我将从以下四个维度分析"我们要做什么":客户定位、现在的解决方案、客户目前的痛点/未被满足的需求、我们的解决方案,如表4-1所示。

表4-1 "我们要做什么"分析

客户定位	现在的解决方案	客户目前的痛点/未被满足的需求	我们的解决方案
无人值守设备厂家	用自有资金投放、组建地推团队、自建团队维护	资金压力大、管理半径大而且分散,不具有成本经济效益,难以实现盈利	通过我们的平台对接资金和资源,找到愿意投资设备的人、有当地点位资源人和能够提供维护服务的人

（续）

客户定位	现在的解决方案	客户目前的痛点/未被满足的需求	我们的解决方案
追求细水长流被动收入的投资人	要获得10%以上的年化回报率，要么冒高风险（如投资股票），要么有大资金（如投资信托，门槛100万元起）	有闲置资金且想创造细水长流的被动收入的投资人缺少投资或者参与创业的渠道；底层资产不透明，难监管；结算过程不透明、不及时	一台无人值守设备可能低至几千元，如果能够匹配到精准的位置，则可以持续获得细水长流的收入。随时掌握机器的收益情况，按笔结算
有本地资源的人	有本地人脉资源，能够把点位谈下来，但缺乏"拿来即用"的项目；就算有项目可能也需要前期投资	要自行研发设备，自己出资采购，前期投入巨大	通过我们的平台获得"拿来即用"的设备，获得融资，把自己的资源变现
找灵活就业机会的人	主要在一些招聘网站找	目前不存在专注提供"无人值守设备"领域灵活就业机会的平台	一些品类的设备需要有人维护，维护需求为灵活就业者提供了就业机会，让其把自己的时间变现

我们的价值主张：提供一站式资源协作平台，汇集层出不穷、拿来即用的无人值守设备方案，使得设备厂商、投资人、有资源的人、能出力的人在平台上达成合作，实现收益。

2. 为什么值得做

虽然市场容量目前难以估算，但可以明确的是，这类设备的市场足够大。以四大共享充电宝厂商之一的"怪兽充电"为例，其2022年的收入就达到28.38亿元。

3. 我们憧憬的未来

- 愿景：未来会有这样的一群人，他们除了有一份稳定的正职工作，可能还有一大批无人值守设备来为他们创造被动收入。在群蜂拼拼，每个人都可以找到与自己的资源相匹配的方案。
- 壁垒：平台效应。

4. 资源

我们拥有的资源：

- 群蜂社已经运营了六七年，汇集了上万名创业者和投资创业的会员，可以作为启动用户。
- 群蜂社积累了不少在无人值守设备项目方面的资源。
- 我们孵化的群蜂科技公司可以提供IT研发服务。

我们缺乏的资源：

- 资金储备不够充裕——把商业模式跑通后寻求股权融资以解决资金问题。

5. 价值创造

- 开发和运营网站平台，组织项目所需的物权、点位和维护方。
- 协调各个合作方的合作，提供法律和结算服务。
- 通过外包生产方式提供自营的智能设备。
- 通过谈判接入第三方的无人值守设备，做到拿来即用。

6. 价值传递

- 利用群蜂社会员作为种子用户，通过"拼"的方式自然裂变。
- 制作推广软文和视频，并让团队成员在朋友圈中宣传。

- 利用投放出去的设备机身做广告。
- 建立私域流量池,使项目运营社群化。

7. 价值捕获

- 平台不从设备上赚钱,但会从每笔收入中抽取10%的佣金。
- 先接受订单,再订购设备,采取零库存模式。

8. 发展策略

- **开干**:先从已经普及的而且不怎么需要管理运营的设备切入,如无人值守充电宝、陪护床、按摩椅等,通过MVP验证我们的解决方案是不是市场想要的。
- **短期**:把商业模式跑通。
- **中期**:将无人值守设备扩展到需要更多运营的领域,如钢琴房、洗头机、洗车机、红酒零售柜、无人零售柜等。同时,接入第三方运营方案,不断迭代商业模式。
- **长期**:与各行业的合作伙伴联手,共同开发无人值守设备方案;在东南亚地区加强业务拓展;在获得足够多的数据支持后,考虑将收益权证券化;持续稳固平台效应和竞争壁垒。

9. 我是谁

- 群蜂拼拼:赚钱机器,拼一拼。
- 初始架构:群蜂社持有51%的股份,动态股权激励股权池持有49%的股份。
- 团队:蔡聪+两名助手+群蜂科技公司。

三、商业模式必须逻辑自洽

一个逻辑自洽的商业模式需要在实践中得到检验，但并不意味着一定能在实践中行得通。然而，逻辑混乱甚至前后矛盾的商业模式必定会失败。执行一个逻辑不自洽的商业模式只会浪费宝贵的创业资源，导致创业失败。所以不论创业还是投资，对商业模式的逻辑性判断都显得至关重要。下面我们来看一个真实案例。

○ 案例 ○

Xi 人工智能数据标注公司

目前人智能已经被广泛应用于人脸识别、无人驾驶、企业安防、智能家居等领域。我们都知道，人工智能的算法需要用标注好的数据训练，只有通过数据标注，给数据加上合适的标签，才能使得人工智能的算法完成自我学习，具有自主识别的能力。优质数据越多，算法越精确。如图4-19所示，摄像头能够获得海量的影像数据，但计算机无法识别这些数据的含义，也就无法实现自动驾驶或者辅助驾驶。在这种情况下，需要有人把人、物以及汽车等在街道上出现的各种物体勾勒出来，并且加上标签，告知计算机：哪些是小轿车，哪些是货车，哪些是行人，哪些是斑马线，哪些是灯柱

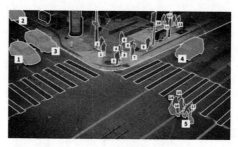

图4-19 标注后的影像数据

等。这样人工智能下次看到类似的物体时就可以进行识别，从而辅助驾驶者或驾驶程序进行决策。

因此，就诞生了一个新的行业——数据标注业，以及一种新的职业——人工智能训练师，为下游人工智能研发和应用的公司提供数据标注服务。数据标注人员根据客户的要求，在图片中标注出需要人工智能识别的场景和图案。

Xi 人工智能数据标注公司是一家专注于数据标注服务的企业，从自动驾驶领域的数据标注切入，同时横跨覆盖计算机视觉、语音等多应用场景服务，已服务包括上汽集团、美团、禾赛科技、中国科学技术大学在内的多个行业客户。公司已经完成天使轮以及 Pre-A 轮融资，正在进行 A 轮融资。

以下是公司商业模式的描述。公司的产品和业务一共有四项：

（1）为客户提供标注服务，收取服务费。数据标注是一个人力密集型行业，行业中的企业大部分使用人海战术。公司业务中有 60% 的成本是人工成本。为了节省人工成本，提高工作效率，公司开发了专门用于标注的应用软件实现辅助勾勒、标注、质检，提高人工标注的效率。

（2）标注软件销售。对于已经搭建数据标注团队且希望由内部人员实施数据标注的客户，公司向其销售自行开发的标注软件，并将其部署到客户内部系统中。该公司已经入选为华为的供应商。

（3）自动驾驶专业应用软件。公司还围绕自动驾驶领域，基于其在数据标注过程中积累的大量数据开发出汽车终端数据采集与识别系统、模型后验系统、多传感器校准系统等专业应用软件，深度赋能自动驾驶行业。

(4)黄金数据销售。公司在实施数据标注的过程中积累了大量的案例,比如自动驾驶领域的边缘场景,特殊情景中的小语种音频,这些数据可以快速帮助人工智能模型识别典型案例,对于模型训练有巨大的价值。公司计划同步采集这些数据,形成黄金数据并销售给有需要的客户。

在我看来,这个公司的商业模式是有问题的。这几个业务相互矛盾,公司需要的资源和工作的侧重点也各不相同。一个客户把数据交给公司,并且支付数据标注的服务费。公司标注完后,用数据训练自己的软件卖给他的竞争对手,还开发自己的自动驾驶专业应用软件与客户竞争,甚至直接卖掉数据,购买者很可能也是客户的竞争对手。这种商业模式如何持续?如何能让客户放心地把数据给你?

我们回想一下上一节讲到的各种成功的商业模型,我尝试改造一下,为这公司制定一个逻辑自洽的商业模式:SaaS 型软件服务+众包型+计量式收费型+轻资产型。

(1)公司把其数据标注能力 SaaS 化,既不卖软件,也不卖自己的算法,这样才有可能使自己成为标注能力最强、最专业、效率最高的玩家。

(2)不保存客户的数据且不会将其用于其他用途,消除客户因担心资料被竞争对手利用而犹豫不决的顾虑。

(3)客户可以直接使用公司提供的 SaaS 平台实施数据标注。在收到客户的服务请求后,公司会利用自己的软件对数据进行初步的勾勒和标注,然后采取众包的方式,让平台的兼职数据标注员进一步校正和核对。

(4)客户按照数据量支付标注服务费,公司按数据量结算人工标注费,先有收入再产生成本,不养人,把模式做轻。

(5) 将标注流程、标注培训标准化，确保任何人接受完培训后，都可以高质量地完成任务。发展众多众包渠道和人群，以自由职业者、灵活就业人群和想做副业的宝妈为主。

(6) 公司可以采用两种定价方式，让客户选择：如果不允许公司保存数据再利用，则采用正常价格；如果数据共享给公司，则价格可以打折。

这样的商业模式在我看来更逻辑自洽，更具有资本投资的价值。

四、商业模式的迭代

初创企业面对的创业环境瞬息万变，有时规划难以跟上变化。创业就是一个不断"假设—验证—试错—调整—迭代"的过程。很多企业在创业之初的商业模式与成熟期的商业模式截然不同。

即使已经非常成熟的公司也需要根据经营环境的变化调整商业模式。甚至那些看上去一招鲜吃遍天的商业模式，也无法使公司高枕无忧、基业长青。IBM公司在成立之初经营的是穿孔卡片机，它是一种把数据通过打孔的方式记录在一张张卡片上的商业机器。在第一代掌舵人老沃森的领导下，IBM曾经占有90%的市场份额，长期享受高额利润，没有遭遇重大挑战。1946年，世界上第一台通用电子计算机在美国宾夕法尼亚大学诞生。凭借第二代掌舵人小沃森的远见卓识，IBM投入巨大的研发费用，抓住了电子工业重大技术变革带来的发展机遇。由于在S/360计算机方面的技术领先于对手，IBM成为全球最大的计算机公司，在1990年市值排名全美第一。但从1991年开始，日本的日立和富士通公司等竞争对手推出了性价比更高的产品。IBM的经营情况急转直下，连年亏损，被认为是"一只脚已经迈入坟墓"的公司。直到新总裁郭士纳临危受

命，带领 IBM 全面转型为 IT 服务和软件商，为客户提供系统集成方案，才扭转了颓势。[一]

> **案例**
>
> ### Q 公司——从 SaaS 工具到内容平台
>
> Q 公司是我们于 2016 年投资孵化的初创企业。因为对 Q 公司商业模式迭代的准确预判，我们获得了不错的投资收益。
>
> **初次接触 Q 公司**
>
> 群蜂社设立之初，我经常会在微信群里做一些关于投资和创业的主题分享，但是微信群本身并不是为知识分享、线上讲座这一场景开发的，用起来有几大痛点：太过于开放，群友随时都可以发言，可以任意拉人进群，信息量不能沉淀，新加入的成员看不到前面的内容。
>
> 我们在找解决方案时，注意到了 Q 公司开发的基于微信的线上分享和讲课工具。当时这款讲课工具刚刚上线没多久。Q 公司首先解决了内容沉淀的问题。这对提高我们的效率非常有用。我们不仅在上面讲案例、做分享，还把我们的团队培训内容沉淀下来，让以后加入的员工可以轻松地学习，做到一劳永逸。渐渐地，我发现用这款工具的公司越来越多。
>
> **巧妙借力讲师端汇集流量，与讲师共赢**
>
> 众多从事线上知识分享的公司或者讲师（以下简称"B 端"）使用 Q 公司的讲课工具替代一直广泛使用的微信群和转播小助手。这款讲课工具的功能非常接地气，易于使用，让 B 端用户用起来感觉就像量身定制的一样。
>
> B 端用户还是用他们自己的传统方法（利用微信群、朋友圈和微信公众号等推送信息）把学员引导到他们在 Q 公司

[一] 资料来源：《谁说大象不能跳舞?》，郭士纳。

的讲课工具上,学员在直播间收听主题分享。然而,这些学员根本没有觉察到他们被引导到其他平台,在他们进入课程页面的过程中,他们不会看到其他"大V"的内容,也不会受到其他主题的干扰。Q公司前期把自己"隐藏"得很好,没有以一个"中心化"的平台出现在受众面前。

有趣的是,在我们使用Q公司的讲课工具后,我们的学员还专门找我咨询,问我花了多少钱开发了这套系统,能不能帮他们也开发一套。他们居然以为这套系统是我们自己开发的!这种产品的设计细节让B端用户很放心,B端为自己"打工",同时也顺便为Q公司"免费打工",成千上万的B端不但在这里沉淀优质的内容,还不遗余力地把流量带到Q公司的平台上。

预判Q公司的收入模式

这款工具当时是一款免费的SaaS工具,虽然平台上已经有巨大的课程费用流水,但都是Q公司代收讲师的收入,归讲师所有。Q公司暂时没有任何收入。然而,只要能聚集流量就不愁未来没有收入。Q公司未来的收入模式有以下多种可能。

- 免费+增值型:SaaS工具的基本功能免费,高端功能(如引流工具、分销工具)收费。
- 订阅型:当讲师的内容都沉淀在平台上时,开始按照时间收取SaaS服务费。
- 版税型:SaaS工具不收费,而是从平台的流水中收取提成。
- 流量广告型:工具免费使用,做广告联盟。
- 自营型:通过平台的数据,发现平台中的优质内容和优质讲师,赋能讲师,联合讲师开发优质课程。

- 会员型：运营学员端的会员体系。比如，成为会员可以畅听课程，Q公司则按照一定的比例与课程的版权方分成。
- 交易市场型：建立一个知识分享的交易平台，对接学员和讲师，促成双方的交易。只要有擅长的领域，每个人都可以当讲师开课，学员可以找到各种各样的课程。Q公司通过为交易双方提供赋能型的服务（如课程推广、课程详情页设计）而获得收入。

Q公司绝对不会只满足于做一款免费的"SaaS工具"，它未来很可能会迭代成为一个知识服务平台。SaaS是一个流量聚集模式，也许不是收入模式。如果它开发了一款很棒的有海量用户的工具，通过增值功能收费并实现盈利，那么它的估值应该是亿元级别的；如果它成长为一个平台，通过平台上买卖双方的流水实现盈利，那么它的估值应该是十亿元级别的；如果它未来能成长为知识服务的生态平台，众多公司和讲师围绕着平台创业，那么它的估值应该是百亿元级别的。这三种商业模式给企业带来的成长性是逐级递增的。每一次商业模式的升华迭代都能为投资人带来超额的回报。

发现和体验了Q公司的讲课工具后，我们随即与创始人取得了联系，并且表达了我们的投资意愿。在大部分人都认为Q公司只不过是开发了一个工具而且没有任何收入的时候，我们以2亿元的投后估值投资了这家公司。

Q公司商业模式的迭代

我们投资后，随着时间的推移，一传十，十传百，百传千……Q公司讲师端用户和学员端用户呈指数级增长。Q公司与讲师实现了共赢！随着越来越多优质的内容沉淀在平台上，Q公司在一个不起眼的地方悄悄地放了一个"正在直播"的链接，好奇的用户点击进去："哇，好多精彩内容正在直播！"他们便会再翻一翻，看看其他直播间的内容。Q公司就这样巧妙地把每个B端的用户汇集起来成为平台的用户，使得所有直播间可以精准地共享平台的用户，完成了从工具到平台的迭代。在整个过程中，Q公司没有花一分钱从第三方购买流量。互联网创业公司的第一大杀手——买不起的流量，就这样被巧妙地解决了！

随后，Q公司将工具和平台进行了拆分。独立运营线上课堂的讲师可以购买Q公司的SaaS工具，但不和Q公司共享他们的学员。而想加入Q公司的平台分享流量的讲师可以免费使用其SaaS工具，讲师为平台做贡献，平台为讲师赋能。Q公司赋能一些优秀的讲师，辅助他们开发和运营高质量的课程和高单价的特训营。目前，Q公司已经成为年盈利数千万元的平台，估值高达10亿元。商业模式的升级迭代大大提升了公司的成长性和盈利性，公司的价值也进一步得到了提升。

低风险高胜率的第5条创业家规：
　　逻辑自洽的商业模式不一定在实践中行得通，但逻辑混乱、各个持份者利益相冲突的商业模式大概率会浪费人力和物力。

第五章
有限公司的游戏规则

在我开始写这本书的前几天,群蜂社的一名蜜圈会员杨女士向我提起她刚刚大学毕业的儿子正打算创业,并希望在今后的创业路上可以向我请教一些问题。杨女士是一个成功的创业者,"创而优则投",创业成功后她多了一个"创业投资人"的身份。从杨女士的口中,我可以听出她为儿子能够像自己一样不甘平庸、具有创业精神而感到骄傲。她非常支持儿子能勇于尝试,迈出第一步。然而,对于一个缺乏社会经验的大学生来说,创业失败的可能性也许会更高。我相信杨女士也有心理准备。作为儿子的第一个天使投资人,她想让儿子去闯一番。她说:"我为他准备了一笔资金,他可以尽情发挥,亏光了就停止。"

如果我的孩子将来想创业,我也会像她那样感到骄傲,无论他们能否取得成功。这至少证明了他们是有上进心、有追求的人。只要有上进心,人生就不会差到哪里去。年轻人即使失败了也没有什么大不了的,只要有能力承受这种风险,就没有什么问题。几乎没有人在第一次创业时就会成功,失败是成功之母。亚马逊的创始人贝佐斯公开说过:"我做成的每一件事,不管是有趣的、重要的还是有意义的,前期都经历了无数次试验、错误和失败,我的身上充满了失败的烙印。"

如果在创业前,只允许我给孩子讲一章内容,那么我会选择讲述"有限公司的游戏规则",因为它决定了创业的最糟糕的底线。在此,我给杨女士的儿子的第一个建议是:"做好个人资产和公司资产的隔离,注册资本尽量设小点,全部实缴到位。这样,就可以放心干了。"

在本章中,我们将深入探讨作为一位创业者和公司创始人,在开始创业之前需要了解的有限责任公司的游戏规则。请记住,这些规则将决定你的创业最差的结果会有多么糟糕,即你的创业风险底线。创业的初衷是想让自己和家人生活得更美好,但如果创业失败后却威胁到你和家人的基本生活,甚至让你陷入困境,那么就本末倒置了。精通了有限责任公司的游戏规则,我们就可以控制创业的风险。虽然我们的投资款有可能会打水漂,但是我们不能负债累累,更不能被卷入官司。

第一节 有限公司:人类史上最伟大的制度发明

众所周知,现代文明的爆发式发展始于第一次工业革命。在此之前,经济发展非常缓慢。个人小作坊和家庭式的组织形式可以满足农耕业和手工业的需要。第一次工业革命爆发后,个人小作坊、家庭式组织方式的集资已经很难满足工业生产所需要的初始资本投入。为了扩大合作范围、筹集资金,当时创业者普遍采用的创业组织形式是"合伙企业"。例如,蒸汽机改良者瓦特和他的投资人博尔顿合伙组建的博尔顿瓦特公司就是一家合伙企业。在合伙企业的组织形式下,合伙人对企业的外债承担无限连带责任。

第一次工业革命后,蒸汽机的应用促进了大规模制造业、轮船和铁路运输业的发展。这些行业都需要巨额资金的投入,因此企业需要向更多的人集资。然而,在有限责任这种组织形式出现之前,那些参与投资创业的人需要对企业的外债承担无限连带责任。那谁愿意冒这么大的风险去投资一家不由自己完全掌控的企业呢?大规模生产需要更多的资金,然而在合伙人承担无限连带责任的企业组织下无法满足这一需求。

于是就有了"有限责任公司"。我们今天所说的公司、有限责任公司、有限公司、股份公司等生活或者法律概念都属于广义上的"有限责任公司"的组织形式。有限责任公司的股东以自己的出资额为限对企业的外债承担连带责任。通俗地讲,就是假设公司对外举债经营,如果无力还债,那么债务就不会追溯到作为股东的创业者个人。这大大降低了创业者的风险,把创业者的个人财产与企业财产做了隔离。创业者不会因为创业失败而负债累累,倾家荡产,最多就是投资到公司的资本金打水漂罢了。创业失败,企业倒闭了,创业者可以再次开始新的创业项目。

这种制度安排现在看起来理所当然,但在那个时代,开设一家有限责任公司不是一般人可以办到的。有限责任公司借了钱,股东不用还!这样的特权需要国王或议会的特许才能享有。普通人可没有资格这么"耍赖"。

有限责任公司的组织形式大大促进了工商业的蓬勃发展。但直到1844年,英国才通过《合作股份公司法》,规定允许自由成立股份有限公司。有限责任公司的普及让创业者能够放开手脚,发挥创意大胆冒险干,为人类经济的发展做出了巨大贡献。哥伦比亚大学校长尼古拉斯·默里·巴特勒曾经说过:"现代社会最伟大的发明就是有限责任公司!即使蒸汽机和电气的发明也略逊一筹。"马克思曾做过形象的比喻:"假如必须等待积累,以使某些单个资本增长到能够修建铁路的程度,那么恐怕直到今天,世界上还没有铁路。但是,通过股份公司转瞬之间就把这件事完成了。"这些说法毫不夸张。人类文明的巨轮正是由一家家伟大的公司前赴后继地推动着滚滚前行的。

第二节 注册资本:"责任上限",越小越好

有限公司是创业者创业时经常使用的主流组织形式。在中国,有两种类型的有限公司:有限责任公司和股份有限公司。有限责任公司属于"人资两合公司",其运作不仅涉及资本的结合,还要考

虑股东之间的信任关系。在这一点上，我们可以认为它是一种基于普通合伙企业和股份有限公司之间的组织形式。而股份有限公司完全是资合公司，是股东的资本结合，不基于股东间的信任关系。在有限责任公司中，股东的股权不是等额划分的，而是通过认缴的出资额比例确定的。股东在表决和偿债时，享有的权利和承担的责任与他们认缴的出资额成正比。而在股份有限公司中，全部资本分为若干数量相等且金额相等的股份，股东的表决权按照他们认缴的出资额计算，每股拥有一票表决权。

有限公司股东的"有限"责任主要体现在认缴公司"注册资本"或者"股本"时所承担的风险上。因此，我们应该理解注册资本并不是越多越好。注册资本越多，意味着股东需要承担的风险就越高。

从2014年3月1日开始实施的新《中华人民共和国公司法》（以下简称《公司法》）已经将"注册资本实缴登记制"修改为"注册资本认缴登记制"，这是与国际接轨的制度。该项制度规定，公司股东或发起人可以在公司章程中自主约定认缴的出资额、出资方式和出资期限等内容。在申请注册登记时，公司先定下承诺的注册资金，但不一定要实际缴纳到企业银行账户，也无须提供专门的验资证明。在办理工商登记手续时，工商部门只登记公司认缴的注册资本总额，不再登记实收资本，也不再收取验资证明文件，公司的注册资本为在工商机关登记的全体股东认缴的出资额。公司的实缴出资比例和时间表完全由公司自治。

我国已经实行了与国际接轨的"认缴制"，这意味着"认缴不用实缴"，因此许多朋友想钻这个空子，在开设公司时为了显得公司"实力雄厚"，动不动就认缴1000万元，甚至1亿元。这是我在投资过程中看到的初创企业的创业者常犯的"错误"。作为投资人，我们更希望创始人能够认缴更高的资本，毕竟这意味着他们愿意真金白银投入到公司的钱，这很能彰显其创业的信心。然而，我们也会善意地提醒创始人,确认他们确实能够将这笔资金投到公司,而不只是为了面子。我们并不想利用专业知识的不对称性来取得合作优势,正如我们也不想他们利用我们对其所处领域的认知误区忽悠我们投资一样。

在一些行业监管部门设定准入门槛或某些单位设定招投标资格时,仍然存在沿用"实缴制"思维,以注册资本衡量公司实力的情况。例如,在互联网企业要申请 ICP 证书时,有些部门就要求企业的注册资本达到 100 万元以上。这导致创业者被迫提高注册资本。但是,有不少行业并没有这方面的需求,创业者之所以提高企业的注册资本,要么因为"太任性",要么因为缺乏风险意识。

> **案例**
>
> ### Q 公司的注册资本
>
> 我们在种子轮投资阶段孵化的 Q 公司是一家位于广州的面向大众的线上财商教育平台。Q 公司的创始人是注册会计师出身,能力很全面,她把理财教育做得很接地气。在设立公司专注于这个事业之前,她就已经在许多平台上小试牛刀,并取得了不错的成绩。我们很看好她。于是,她出力,我们出钱,一起设立了这家初创企业。
>
> 我们给她投资了 300 万元,占 49%(四舍五入,下同)的股权。在公司注册时,注册资本按理应该设定为 300 万元/49% =612 万元。我们实缴到位,而她可以不实缴(见表 5–1)。
>
> 表 5–1 认缴与实缴资本测算
>
> | 注册资本
股东 | 认缴资本 | | 实缴资本 | | 资本公积
/万元 | 总投资额
/万元 |
> |---|---|---|---|---|---|---|
> | | 金额/万元 | 比例 | 金额/万元 | 比例 | | |
> | 创始人 | 321.00 | 51% | 13.26 | 4% | 0.00 | 13.26 |
> | 群蜂社 | 300.00 | 49% | 300.00 | 96% | 0.00 | 300.00 |
> | 合计 | 612.00 | 100% | 313.26 | 100% | 0.00 | 313.26 |

但是,她并没有这么做,而是按照她能出资的金额13.26万元和要求占到股比51%,倒推出公司的注册资本为26万元。这样做的结果是,她和我们都实缴了我们认缴的所有资本金。她实缴了13.26万元,我们实缴了12.74万元,而我们多出来的出资额287.26=(300-12.74)万元进入了公司的"资本公积",作为全体股东享有的资本溢价(见表5-2)。她不愧为注册会计师出身的创业者,很有风险意识。

表5-2 调整后的认缴与实缴资本测算

股东\注册资本	认缴资本		实缴资本		资本公积/万元	总投资额/万元
	金额/万元	比例	金额/万元	比例		
创始人	13.26	51%	13.26	51%	0.00	13.26
群蜂社	12.74	49%	12.74	49%	287.26	300.00
合计	26.00	100%	26.00	100%	287.26	313.26

上面这个案例展示了创业者设定注册资本时的正确做法:在满足公司所需要的前期投入的情况下,高额注册资本并不会带来任何好处。因此,创业者应尽可能降低注册资本,增加实缴比例。

理由1:认缴未缴的注册资本是股东对公司的负债

注册资本是股东承诺承担公司外债上限的金额。然而,创业之路充满了风险,谁能保证创业者一定不会面临缺钱和举债经营的局面呢?有些人认为,初创企业很难获得银行贷款或者债权人的借款,因此不需要考虑外债。实际上,"外债"不仅是指银行或者债权人的借款,还包括欠员工的工资、预收客户的款项以及因诉讼而需要承担的对外赔偿等。因此,没有负债的公司几乎不存在。如果公司经营不善,资不抵债,债权人在破产程序中会追缴股东没有实缴完全的股本,作为清算资产。这部分认缴但未缴的资本相当于企业应收股东的债权,是股东个人对企业的负债。因此,对于认缴1000万元但只实缴了10万元的创业者来说,他们实际让自己背上了990万元的个人负债,也为他们未来成为"老赖"和"失信人员"埋下了伏笔。

理由2:降低成功获得后续融资的概率

群蜂社曾经投资了一家机器人公司 R 公司,其注册资本为1000万元,创始团队一共实缴出资了 100 万元,还有 900 万元未实缴。群蜂社决定按照投后 2 亿元,增资 1000 万元获得 R 公司投后 5%的股权。

完成工商变更后,公司的股东投资状况如表 5-3 所示。

表 5-3 R 公司的认缴与实缴资本

注册资本 股东	增资前				增资后				资本公积/万元
	认缴资本		实缴资本		认缴资本		实缴资本		
	金额/万元	比例	金额/万元	比例	金额/万元	比例	金额/万元	比例	
创始团队	1000.00	100%	100.00	100%	1000.00	95%	1000.00	66%	
群蜂社	0.00	0%	0.00	0%	52.63	5%	52.63	34%	947.37
合计	1000.00	100%	100.00	100%	1052.63	100%	152.63	100%	947.37

在创始人把资本金补足之前,创始团队的实缴率只有10%,但是群蜂社作为投资机构的实缴率是100%。在投资机构内部评审投资标的时,创始团队和投资机构实缴率不同会被视为一种不规范的做法。股东的认缴比例和实缴比例不一致,日后还会引起公司治理的混乱。这种不规范做法是一个减分项,降低了公司成功获得投资的概率。

在上述案例中,为解决实缴率不同引起的问题,在投资协议上,我们约定了创始团队必须在一定期限内将其认缴资本的实缴率提高到与投资机构一样,即100%。这种约定给创始团队带来了很大的资金压力。因为公司当时还处在亏损阶段，短期内不会有分红，他们不得不同意在后续的融资中，出售部分原始股来补足未缴的资本金。如果在一定期限内未能出售原始股，他们得想办法自筹资金把资本金补足。

理由3：分红默认按照实缴资本比例分配，而非认缴资本比例

在上述R公司的案例中存在一个问题：在创始股东补足注册资本之前，如果公司有红利需要分配，那么是按照实缴资本比例分配，还是按照认缴资本比例分配？根据《公司法》第三十四条的规定，股东应按实缴资本比例分配红利。此外，当公司新增资本时，股东有权优先按照实缴资本比例认缴出资。不过，当全体股东约定不按照出资比例分取红利或不按照出资比例优先认缴出资时，则除外。如果在投资协议和公司章程中没有特别约定，那么公司的分红默认应按照实缴资本比例进行。群蜂社实际上取得了34%而不是5%的股权，在增资过程，其有权保持按照该比例增资以保持其股权比例。

理由4：表决权与实缴资本比例对应，而不是认缴资本比例

虽然《公司法》中没有明确规定表决权的条款，但根据上下文的推断和理解，我们可以得知表决权与分红权一样，是按照实缴资本比例而不是按照认缴资本比例计算的，除非全体股东另有约定。

理由5：增资容易减资难

相信很多人都做过公司增资的工商变更手续，但并没有做过"减资"的变更手续。二者我都做过，增资非常容易，也很便捷，而减资非常麻烦。不少地方要求登报45天，没有收到异议方可减资。提出异议的主要是公司的债权人。

为什么呢？增资容易减资难是出于对债权人的保护考虑。举一个简化的例子，假设一家新成立的公司的注册资本为100万元，且股东实缴的资金为0元。公司向某债权人借了50万元来开展业务。如果公司经营不善，把借来的50万元亏光了，无法偿还债务，申请破产清算,则债权人有权要求认缴了 100 万元注册资本但是没有实缴的股东个人归还 50 万元的本金和相应的利息。注册资本为 100 万元表明股东承诺承担公司 100 万元的债务限额,只要不超出这 100 万元,债权人都可以追到股东个人头上。

假设收到债权人的 50 万元的借款之后,股东再增加 100 万元注册资本,这不但没有损害债权人的利益,反而使得债权人的投资更加安全。因为债权人可以追溯的资金上限从 100 万元变成了 200 万元。

反之,如果不是增加注册资本,而是减少注册资本,如把注册资本从 100 万元减少到 10 万元,那么债权人的利益就会受到严重损害。因为一旦公司无法偿还债务,那么债权人只能向股东追偿的上限从 100 万元变为 10 万元。

可见,增资容易减资难是对债权人的合理保护措施。正因为减资较为困难,所以创业公司不宜将初始的注册资本设得过高,而应该随着公司业务的扩展和规模的扩大逐步增加注册资本。增资还可以向外界传达公司"蒸蒸日上,越做越大"的信号。在很多地方的市场监督管理局,办理增资手续非常便利,只需要 1~2 周即可完成,减资则需要数月,如果有债权人反对甚至减不了。

理由 6:延迟股东获得分红的时间

过高的注册资本会延迟公司股东获得分红的时间。《公司法》第一百六十六条规定,在分配当年税后利润时,公司应提取 10% 的利润列入法定公积金。若公司法定公积金累计额超过注册资本的 50%,则可以不再提取。若股东会、股东大会或董事会违反上述规定,在公司弥补亏损和提取法定公积金之前向股东派发利润,则股东必须将违规分配的利润退还公司。这意味着,1000 万元注册资本的公司在有盈余时,每年必须提取 10% 的利润列入法定公积金,直至法定公积金累计额达到 500 万元,方可停止提取。在此之前,股东每年就少了 10% 的分红。

第三节　不是每个人都能当法定代表人

在日常生活中,甚至在政府的一些行政管理部门,很多人会这样问:"公司的法人是谁?""公司法人的身份证带了吗?"这些问法都是非常不严谨的。他们所说的"法人"其实是指公司的"法定代表人"。

在法律意义上,"法人"是相对于"自然人"的概念。法人是社会组织在法律上的人格化,是法律意义上的"人",而不是实实在在的生命体,其依法产生和消亡。自然人是基于自然规律出生、生存的人。自然人的生老病死遵循自然规律,具有自然属性,而法人不具有这一属性。"法定代表人"就是一个实实在在的人,是代表公司行使职权并承担一定法律责任的自然人。

《公司法》第十三条规定,公司法定代表人依照公司章程的规定,由董事长、执行董事或者经理担任,并依法登记。也就是说,能够担任公司法定代表人的要么是公司的董事长(或执行董事),要么是公司的经理。然而,有些创业者为了规避法律责任,会找一些农村里的老人来担任公司的法定代表人,这种做法并不可取,这样做会限制企业的发展。创业应当以合法经营为前提,创业者应当勇担责任。

第四节　重视公司章程的个性修订

如果说在公司中有哪一个文件最为重要,那么一定是公司的章程。它相当于公司的"宪法",是公司的根本规则。但是,在实际操作中,许多公司会直接采用工商局提供的标准模板。这些模板是针对传统公司制定的,《公司法》默认的规则无法跟上组织形式的创新，也不支持管理机制的创新。

大部分公司使用标准模板的原因主要有两个：第一，很多创业者并没有意识到公司章程的重要性；第二，在实际操作中，许多地方的工商登记部门不允许公司做个性化的设计。这主要取决于执行层面的人。

《公司法》赋予了公司许多的灵活性，创业者可以利用这种灵活性，制定更符合公司实际情况的规则。例如，一些公司利用我倡议的动态股权分配机制在合伙人之间分配股权，并对公司章程进行相应的修订，使得动态股权分配机制更具有法律效力。又如，群蜂社投资一家公司时经常设定的保护外部少数股东的优先偿还权、优先清算权、优先分红权，就需要修订公司章程。

除了对公司章程进行个性化的设计，股东还可以另行签订股东协议，并在协议中规定"公司章程与股东协议冲突时，以股东协议为准"。还有一种方法是，公司在注册时采用监管部门提供的标准模板，个性化的内容则通过"章程修正案"来实现。通常情况下，审核几句话的修正比对整个公司章程进行判断更容易让监管部门接受。

第五节　有限责任公司中重要的股权比例

经常有人问我："如何合理地分配公司的股权呢？"其实这不是一个可以通过数学公式解答的问题，而是一个涉及艺术与理念的问题。股权分配方法因创始团队的组成以及每个人的诉求和格局的不同而有差异。不同的股权分配方法都有其适用的应用场景，而没有对错之分。作为创业者，不论采用何种股权分配方法，你都应该明确股权比例中的一些重要分界线所代表的含义和意义。在公司组织形式方面，有两种常见形式：有限责任公司和股份有限公司。因为大多数创业者创立公司时采用的都是有限责任公司的形式，所以我们这里主要讨论有限责任公司中重要的股权比例。

一、66.67%的绝对控股线以及33.33%的捣蛋线

一个股东如果持有公司股权的2/3（即66.67%）以上，我们一般将它称为该公司的"绝对控股股东"。《公司法》第四十三条规定，股东会的议事方式和表决程序应由公司章程规定。一般情况下，公司一般事项的议事规则可以由公司自行决定。然而，股东会会议做出的修改公司章程、增加或减少注册资本的决议，以及公司合并、分立、解散或者变更公司形式的决议，必须经过代表2/3以上表决权的股东表决通过。这些事项属于公司的重要决策，无论章程如何规定，都必须符合《公司法》，即需要经过持有公司2/3以上股权的股东表决通过。换言之，如果某一股东持有公司2/3以上的股权，那么他或她可以对公司章程进行制定或修改，并改变公司的运营规则。反过来说，如果某一股东持有超过1/3的股权，那么该股东可以左右公司的重要决策，甚至阻碍公司的正常运营。

然而，绝对控股的比例线并非不可变动的。如果股东们达成共识，就可以通过修改公司章程来将2/3的表决权提高至更高的门槛，如3/4或4/5。实际上，这类案例已经存在。

二、51%：相对控股线

除了上述明确需要2/3表决权的股东同意的重大事项，其他一般事项均以"少数服从多数"的原则进行决定。持有公司半数以上表决权的股东可以决定公司股东会的一般决议，如经营方针、分红方案、对外投资、董事和监事的选举和薪酬、审议预算以及对外担保等事项。

除了一般股东会决议，持有股权51%以上的股东被视为对公司

的经营和财务政策拥有控制权。如果该股东是一家公司，则称其为"控股公司"或"母公司"。在编制财务报表时，控股公司会将其所拥有的子公司的财务报表合并到自己的报表中，即所谓的"合并报表"。具有"并表权"的母公司可以将子公司100%的资产、负债、收入和成本汇总到整个集团的数据中。这种做法的好处是扩大了整个集团的资产规模和收入规模。

三、25%：外资待遇线

在中国改革开放后的很长一段时间，引入和利用外资一直是中国发展经济的重要战略。因此，在中国，外资企业享有超过国内企业的待遇。那么，什么样的企业才能算作外资企业呢？通常，它是指外资股东持股比例达到25%及以上的企业。

四、20%：重大影响线

20%的"重大影响线"主要对公司股东有意义。在会计核算上，有一个"联营企业"的概念。如果A公司持有B公司20%以上的股权，但达不到能够控制B公司的过半数股权，那么A公司一般被认为只能够对B公司实施重大影响，在会计核算时B公司很可能会被认定为A公司的"联营企业"。

在会计核算中，A公司需要使用"权益法"来核算其对B公司的长期股权投资。实际上，权益法是按照股权比例将B公司的盈利和亏损计入A公司的利润表，而不管B公司是否分红或者盈利亏损情况如何。"联营企业"意味着"同命相连"。也就是说，B公司赚钱了，A公司就按照比例赚了钱；B公司亏钱了，A公司也按照比例亏了钱。这也是很少有上市公司会将其对不盈利的初创企业的投资比例超过20%的原因之一，因为被投企业的亏损情况可能会严重影响其业绩。

继续上述例子，当 A 公司持有 B 公司的股权不到 20% 时，按会计处理，不会将 B 公司定义为"联营企业"，二者不会产生相互影响的情况。在会计上，A 公司将 B 公司视为一项金融资产，并按照公允价值计价。需要注意的是，公允价值的变化并不一定与 B 公司的盈亏情况严格对应。

五、10%：提议线

股东会会议分为定期会议和临时会议。《公司法》规定，公司应该定期召开会议，以满足公司章程的要求。通常，公司每年都应至少定期召开一次股东会议。如果代表 1/10 以上表决权的股东，1/3 以上的董事、监事会或不设监事会的公司的监事提议召开临时会议，则公司应当召开临时会议。

持有公司 10% 以上股权的股东有权提议召开临时股东会。若公司董事长或监事未能履行召集和主持股东会的职责，则持有 10% 以上股权的股东可自行召集和主持临时股东会。召开临时股东会能够让股东们商议和表决公司的许多事项。如果你的提议是为了维护股东的利益，则很可能会得到其他股东支持并成功通过。

反过来想，假设一方股东持有不到 10% 的股权，而他又没有超过 1/3 的董事席位以及监事身份，如果其他股东都不与他联合，那么这个股东基本上不会对公司产生实质性的影响。

第六节　低于 10% 股比的股东的"一票否决权"

前文提到，拥有公司股权不足 10% 的股东难以主动影响公司决策。通读《公司法》和公司章程，你都无法发现持股比例不到 10% 的股东能够凭借一己之力对公司发展施加影响。

然而，在某些情况下，小股东缺乏整体意识或对公司、大股东存在不满，可能会以"不合作"的方式影响公司决策，从而阻碍公司的发展。具有讽刺意味的是，这并不是被"立法者"授予的"权利"，而是由"执法者"赋予的权利，这也与我国部分地区的执法水平不高有关。这种事情也是我作为投资人亲身经历过的。

○ 案例 ○

大消费领域的 N 公司

我们曾经投资了一家大消费领域的公司 N 公司。N 公司除了创始股东 F 先生拥有绝对控股权，还有几个外部个人股东，这几个外部个人股东的股权总计不到 10%。他们之前与 F 先生都是一家成功的快消品公司的创业元老。F 先生离开原公司创业后，他们都看好他，并投资了 F 先生的公司，成为 F 先生公司的外部个人股东。接着 F 先生引入了群蜂社的投资。

投资后，由于 F 先生的经营策略过于冒进，N 公司的发展不符合我们的预期。最终，N 公司的现金流出现了断裂，公司陷入了困境。这时其他股东都无意再给公司输血。创始人 F 先生决定放弃经营，承认失败。为了挽回投资，我们深入 N 公司，试图找出问题所在并且协助 N 公司渡过现金流困境。

为了能够盘活 N 公司，F 先生与我们达成协议，由我们接管公司，他的股权全部转给我们作为补偿。我们用这些股权做股权激励，重建了公司的团队。N 公司最终从倒闭的边缘被拉了回来，慢慢地恢复了正常经营。

当我们按照与 F 先生的约定，无偿受让他的股权时，几个外部个人股东觉得"不公平"：为什么 F 先生的股权都转给了群蜂社？原来是资助老朋友 F 先生创业，现在变成资助群蜂社创业了，他们的心理很不平衡。他们还在股东会上表示宁愿对公司进行清算，也不能让我们主导这家公司。这几个股东都非常不理性，也很意气用事。F先生把自己的股权转给我们和后来的团队，并不影响他们的利益，反而是挽回了他们的投资损失。

我们所做的一系列股权安排以及公司的议案都在股东会上顺利通过了，因为接受F先生转让的股权后，我们持有了超过2/3的公司股权，绝对控股。但是，在做股东工商变更时，这几个股东都不配合，工商变更要求签署的变更材料都不签署。

《公司法》第七十一条规定，有限责任公司的股东之间可以相互转让其全部或者部分股权，根本无须经过转让双方以外的股东同意。所以，即使N公司这几个股东不配合签署工商变更所需要的文件，也不应该影响股权转让。但是，事实并非如此。

具体执行监管职责的部门害怕担负"损害小股东利益"的责任，要求所有股东都签署工商变更文件，而且需要提供身份证原件。但是，那几个股东就是不配合。我们与当地工商部门进行交涉，表示我们的安排都严格根据《公司法》召开了股东会，并且有相关的决议，决议也获得了持有股权超过2/3的股东的认可。其他小股东不签署文件，可以视为弃权或者不同意，不影响决议效力。但工商部门要求我们做"公证"。

而当我们去公证部门问询如何办理时，他们要求那些小股东拿身份证原件到场说明，这样才能出具公证文件。这不是一个"死循环"吗？我们相当无奈，但这个事实是我们无法改变的，我们最后采取了另外的折中方案，绕开了这个障碍。

所以，极小的股东有时候还真的有"一票否决权"。这很可笑，但确实是真实存在的。

第七节 公司的哪些人是"高管"

"高管"这个词的全称是"高级管理人员"。在公司的日常业务中,我们通常用"高管"来指代 CXO(如 CEO、CMO、CTO)等高级管理人员。然而在法律层面,"高管"的定义则是指公司的经理、副经理、财务负责人、董事会秘书(如果是上市公司),以及公司章程中明确规定属于"高管"的人员。需要注意的是,法律上不存在"总经理"或"CEO"这些职位名称,它们在法律中对应的是"经理"一职,而 CMO、CTO 可能对应的是"副经理"一职,具体可以在公司章程中约定。

例如,在一家公司中,CTO 可能只是一个受雇于公司的员工,而他受到的法律约束主要是劳动合同。如果公司章程明确将他列为"高管",那么在他与公司的合同关系之外,公司章程也会对他产生约束力。这时,他就成了公司的高管。相反,如果公司章程没有将他列为高管,那么他就不属于公司高管,并且不会被相应的法律条文约束。

此外,许多初创企业因规模较小、业务相对简单,财务方面可能只有一位刚毕业不久的小职员来负责。如果在公司注册时填写的"财务负责人"正是这位小职员,那么他或她就属于公司的"高管",虽然他或她实际上只是一位刚刚入职不久的员工。

从法律意义上讲,"高管"具有以下含义。

- 董事和高管都不得兼任公司监事。这样做有助于监事拥有独立性,从而有效地监督公司的运营。
- 董事、监事、高管的薪酬都需要向股东披露。
- 公司不得向董事、监事、高管提供借款,这一规定明文写在《公司法》第一百一十五条中。

- 禁止同业竞争，包括自营或为他人经营与所任职公司同类的业务。
- 对于违反公司章程和《公司法》的高管，如果给公司造成损失，股东可以对其个人进行起诉。

第八节 实际控制人

实际控制人是指虽然不是一家公司的股东，但通过投资关系、协议或其他安排，能够实际支配公司行为的人。实际控制人与控股股东是不同的概念。二者的共同点是，它们都可以控制一家公司，拥有的话语权过半，并在公司日常经营事项中发挥决定性作用。二者的不同点是，控股股东是通过持有的股权实现控制力的，而实际控制人并非完全依赖股权，还可以通过其他的非股权形式（比如协议控制、一致行动人协议、间接股权关系等）实现控制力。实际控制人是一个实质重于形式的概念。

第九节 表决权和分红权必须与出资比例一致吗

一般来说，股东在公司事项上的表决权、享有公司盈利分红的权利以及股东的出资比例在《公司法》中被默认为是一致的。需要说明的是，这里所说的"出资比例"，具体指的是"实缴资本的比例"，而不是"认缴资本的比例"。在许多企业中，创始团队联合创业，并等比例出资。通常情况下，认缴出资比例等于实缴出资比例，这也符合《公司法》中默认的公平原则。

但在实际运营中，可能会出现表决权和股比存在不一致的情况。例如，当公司发展到一定阶段，引入外部的财务投资人时，创始人可能会因此稀释自己的股权，但创始人又不希望为此失去对公司的控制力。同时,外部的财务投资人可能并不需要获得公司的表决权,他们只是希望获得公司的分红和财务权。因此,他们可能愿意将一部分表决权让渡给创始股东,以便让创始股东更好地管理公司。那么有没有方法可以同时满足他们的需求呢?

很多创业者可能不知道,在有限责任公司中,公司股东会的表决权、公司利润的分红权可以与股东实际缴纳资本金的比例不同。在我国,股份有限公司要求股东"同股同权",而有限责任公司的机制要灵活得多,给予股东充分的弹性。创业者可以利用这种灵活性来构建"同股不同权"的股东关系,以满足股东在控制权和分配收益方面的不同诉求。在需要持续投入资金开展用户积累和规模扩大的新兴行业,同股不同权的股权架构已经变得很普遍。例如,在互联网行业中,阿里巴巴、京东和小米都采用了同股不同权的股权架构。这些公司的创始人在股东会中拥有比实际持股更大的表决权比例。

《公司法》规定,在有限责任公司中,只要全体股东同意,股东可以约定不按照实缴资本比例来分配公司的表决权和分红权。公司章程规定拥有 2/3 表决权的股东几乎可以修改公司章程中的任何条款。但如果修改而导致股东不按照实缴资本比例来分配公司的表决权和分红权,且该修改没有取得全体股东同意,则这个修改是违反《公司法》的。

第十节 合规实缴才能实现"有限责任"

股东在认缴了注册资本后,需要根据公司章程的规定进行实缴。一般来说,实缴主要是以货币出资为主,除了货币,还可以采用实物、知识产权、土地使用权或对其他公司的股权等形式进行实缴。《公司法》规定,使用非货币财产出资时应评估其价值,并核实财产，不能高估或低估作价。此外，股东不得以劳务、信用、自然人姓名、商誉、特许经营权或设定担保的财产等作价进行实缴出资。

以深圳的工商部门为例，实际情况是工商部门在进行股权登记时并不要求股东对非货币出资提交相关的评估报告。关于实缴和非货币资产如何作价的问题，都属于公司内部的事情。如果股东们约定使用非货币出资，就需要确保这样的决定是规范的，只有这样才能确保自己已经履行了出资责任。

规范的非货币出资需要满足以下几个条件：①资产的所有权可以被转移。不能转移所有权的资产无法用于实缴注册资本。②资产必须是可评估的，并且需要经过评估机构确认其价值。不能进行评估的资产不能用于实缴注册资本。③需要经过全体股东的确认。例如，通过签署股东合资合作协议、股权转让协议或增资协议等方式，约定全体股东都认可的实物出资的方式和标准。④公司章程中也清楚地列明了出资方式。

如果某一方股东没有按照约定出资，除了应当向公司足额缴纳，还应当对已经按期足额缴纳出资的股东承担违约责任。这意味着该方股东不仅需要按照认缴金额承担有限责任，还要担负对其他股东的违约责任，至于要承担多少责任就看其不合规出资所导致的后果和损失了。

○ 案例 ○

不规范的实物出资带来的风险

我们继续以前文中提到的 N 公司为案例。N 公司的创始人 F 先生在创业前是一家上市公司 M 公司的高管和创业元老之一。为了实现人生更高的追求，他选择创业。为了更好地融资，他邀请 M 公司的创始人 S 先生成为其设立的新公司的股东。S 先生在消费领域是一位赫赫有名的创业传奇人物，他能够成为公司的股东，对公司产生强有力的背书作用。F 先生能够邀请到S先生成为公司股东感到非常荣幸,哪里还敢要求其出真金白银投资,这份股权送给他也值。因为缺乏对"游戏规则"的认识,F先生做了一个很愚蠢的安排:让S先生用一批别人赠送给他的70多箱白酒出资,替代章程中约定的400多万元的"现金出资"。

随后,原来跟随S先生一起创业的另外几位创业元老和我们也一起投资了N公司。但是,在我们投资一段时间后,N公司因为经营和管理的问题陷入了困境,有清算的风险。公司要清算,首先要做的就是看公司股东在注册资本方面的实缴情况。没有实缴出资的股东需要在清算前进行实缴,从而作为公司的清算资产。在检查过程中,我们发现了S先生的违规出资问题。公司章程约定是"现金出资",实际上是"实物出资",而且实物出资没有任何估价和股东确认的程序。为了维护投资人的利益,我们找到了S先生的助手,表示我们会追究S先生违规出资的法律责任。按照《公司法》第二十八条的规定,股东如果不按照约定出资,除应当向公司足额缴纳外,还应当向已按期足额缴纳出资的股东承担违约责任。我们希望S先生收回那些白酒,认缴出资,这样我们就不予追究。最终,S先生没有选择,支付了400多万元的现金。我们为全体股东追回了400多万元的现金,成为解除公司困境最关键的资源。

S先生真是被F先生害惨了,赔了夫人又折兵。S先生原本只是为了支持老部下创业,帮他背书,让他能更顺利地融资,结果却投入了400多万元,还损害了自己的名声,差点还要向其他股东承担违约责任。而这个违约责任,如果被追究起来,就会超出他所认缴的注册资本的上限。这样看来,其承担的就不是"有限责任"了。

> 这就是不懂得"游戏规则"所面临的实实在在的损失和风险。认缴需要兑现承诺，实缴要合法合规，这样才能做好个人风险和公司风险的隔离，实现"有限责任"的意义。
>
> 如果你有朋友在创业，设立公司后"送"股权给你，你可要小心。他也许真的是出于好意，并不是存心害你，但有可能你接受了这个股权，对你来说未来就是负债，而不是资产。谁能保证这个公司以后不会"资不抵债"，当公司"资不抵债"时，你认缴而未缴的注册资本就是你对公司的负债。

第十一节　有限责任不代表可以为所欲为

前文提到，有限责任公司设立了"防火墙"，保护股东的私人财产和公司财产，避免因公司经营失败而让个人承担责任。然而，这里有一个关键前提，那就是股东需要遵守游戏规则，合法经营和管理企业。只有在遵守法律的前提下，防火墙才能真正发挥作用。如果股东发生违法行为，损害了第三方的利益，那么防火墙将不能够阻止法律的追责。

公司制度发明的初衷在于集资做大事、分散经营风险，以及共享经营收益。然而在风险投资领域，投资标的中有很多是由创始人个人实打实地投入了数百万元，其他外部股东和小股东（通常是一些机构财务投资者）则投入了数千万元的资金。初创企业的创始人作为内部股东，牢牢地掌握着公司的控制权，支配着公司的全部资产，从而感觉其他股东的出资与自己的投入没有任何区别。这样的情况非常考验人性和一个人的道德标准。

我见过不少案例，创始人真的就把这些钱当作自己100%拥有的资产，随意支配，无视游戏规则。创始人滥用自己的内部管理者和大股东的地位，凌驾于公司章程和公司法规之上，结果被告上了法庭，陷入了牢狱之灾。创始人不一定对公司法规非常熟悉，但遵循以下的处事原则，可以帮你规避无意触犯法律的风险。

原则1：必须搞清楚哪些权限属于经理的职责

公司章程和公司法规都明确规定了经理的权限。一般来说，经理负责的是执行和日常管理的工作，制定一些管理流程和管理制度。正常的业务开展，如向哪些供应商采购、向哪些客户销售产品、招聘普通员工、制订经营计划和购置资产计划，这些一般都是经理的权限。经理做的是"执行"和"提议"的工作，负责"日常的小决策"，不负责"大决策"。

原则2：大决策一般都要走公司的决策程序

在公司的重大事项，如合并、分立、投资、购置和处置重大资产方面，决策流程是必不可少的。这些决策要么由董事会决定，要么由股东会决定。对于一些获得外部投资机构投资的公司来说，有一些事项还受投资协议或股东合资合作协议的限制，需要获得投资机构的同意。例如，我们曾经投资了一家产后康复连锁诊所，其上一轮机构投资者有约定，公司必须通过董事会表决后才能开设新的诊所。如果创始人违反了这一规定，则投资机构有权要求其回购自己的股权。

原则3：瓜田不纳履，李下不整冠

当公司的利益与管理者的个人利益发生冲突时，一定要采取"避嫌"措施，以避免利益输送、贪污挪用公司财产的嫌疑。在管理公司的过程中，创始人应始终保持此方面的警觉，无论公司章程和公司法规有没有明文规定，当可能产生嫌疑时，要主动向股东会或者董事会做"保护性"备案，把事情摊在阳光下，做到光明磊落。例如，公司与创始人关联的公司进行交易，公司与创始人之间的往来，这些都是比较容易产生嫌疑的地方。不少创业公司为了节省成本或者应交易对方的要求，采用创始人个人的账户收款。这种操作是不合规的，有偷税漏税的嫌疑，甚至可能触犯"职务侵占"罪，使创始人陷入险境。如果公司经营不善，某一股东对创始人不满，则很可能挑刺找茬，揪出私人账户的款项，让创始人留下"把柄"。当出现款项进入私人账户的情况时，公司应该提前向董事会、监事、财务部或股东会做好备案，并充分说明款项的性质，获得授权。

总之，作为一个执掌公司管理权的人，你可能被所有人听从，你也可能因为至高无上的控制权，不经意间就凌驾于游戏规则之上，给自己埋下隐患，最终导致创业失败，并招致一系列的官司。我见过很多这样的案例。

○ 案例 ○

工业级无人机公司 B 公司

B 公司与一家公司联合投资了一家子公司 Y 公司，专注于消费级无人机的生产。Y 公司引入机构投资者 L 资本，投资 1000 万元。但是，L 资本与 Y 公司签订了对赌协议，若 Y 公司无法达到 L 资本的业绩要求，Y 公司要回购其股权，并且要求 Y 公司的母公司 B 公司承担回购担保。

B 公司要对外担保，且金额巨大，这绝对不是创始人可以独自做出决策的。然而公章掌握在创始人手上，作为公司的法人代表，他很容易就可以在公司股东会不知情的情况下，把这份担保协议签署出去。创始人信心满满，认为 Y 公司一定可以达到 L 资本提出的业绩要求，不会触发回购的条件。为了顺利地获得 L 资本的 1000 万元的投资，他直接绕过了股东会，签署了担保协议。

不幸的事情还是发生了。Y 公司无法实现其对 L 资本的业绩承诺，L 资本要求 Y 公司回购其股权，而且一并把 Y 公司和 B 公司告上了法庭。B 公司被冻结了账户，替 Y 公司赔偿了这笔投资款，再加上其他原因，B 公司也陷入困境。

> B 公司在其他股东不知情的情况下承担了担保责任。B 公司的创始人越权操作，无法对抗 L 资本的赔偿主张。在法律上，L 资本被称为"善意第三者"，即 L 资本不清楚创始人是未经过内部授权就签署这份担保协议的。如果能够证明 L 资本明知道创始人是在没有授权的情况下签署担保协议的，仍然继续投资，那么 B 公司的股东就可以主张这个担保无效。然而，要举证 L 资本是知情的太难了。
>
> B 公司最后只能按照协议向 L 资本赔偿，而 B 公司的其他股东则向创始人索偿。创始人这时担负的就不是"有限责任"了，这一笔款已经超过创始人实缴的资本金。

股东及公司的管理层可能要向其他股东承担赔偿责任的情况还有：

- 如果股东没有按照章程规定缴纳出资，并导致公司最终经营失败，那么按时足额缴纳出资的其他股东受到的损失应由该股东承担。因为公司失败的原因是该股东不按照章程规定缴纳出资。因此，该股东应当承担违约责任。
- 如果董事会做出的决定违反了法律、行政法规、公司章程的规定或股东大会的决议，导致公司遭受重大损失，则参与该决策的董事需承担赔偿责任。
- 如果董事、监事或高级管理人员在履行职责的过程中违反法律、行政法规或公司章程的规定，给公司带来损失，那么他们应当承担赔偿责任。上面提到的 B 公司就是其中一个典型的例子，管理人员违反公司章程的规定给公司带来了直接经济损失。
- 公司的控股股东、实际控制人、董事、监事、高级管理人员利用其关联关系损害公司利益，给公司造成损失的，应当承担赔偿责任。这就是"利益输送"。

第十二节　如何实现"人脉"或"名誉"入股

有些人拥有丰富的人脉和知名的美誉，对公司未来的发展非常有帮助。创业者都希望这些人成为公司的股东，以便为公司背书，并可以考虑向他们赠送股权。但在法律上，"人脉""名字""声誉"等无法转让的无形资产是无法用作"实收资本"的。有些股东可能具备能力、资源和精力，但手头没有足够的资金。如果他们想使用"人脉""名字""声誉"等入股，而其他股东都认可其价值，如何操作呢？

举例：A 与 B 联合创办了一家企业，双方约定成立一家公司，注册资本为 100 万元。根据协议，A 认缴 70 万元，B 认缴 30 万元。A 出所有的资本金 100 万元，B 不出钱，投入其行业资源和能力，运营和管理公司。

方法 1：注册时直接约定

公司可以直接通过章程约定上述安排，公司的实缴资本全部由 A 出，而分红权和表决权按照各自认缴的注册资本比例分配。这是最好的方法。即使公司经营不善被债权人清算，也能够证明公司的认缴资本 100 万元已经足额实缴，由谁来实缴，这是公司内部的分配问题，属于公司的自治范围，并不影响债权人的利益。但需要注意的是，监管部门是否承认《公司法》所赋予的自治权和灵活性，是否接受此类个性化设置，这需要进一步向当地市监局了解。

方法 2：先注册然后再通过公司章程修订案修订

这是方法 1 的延续，如果在注册时遇到阻力，不要浪费时间与监管部门争论。你可以用标准模板制定公司章程，然后再通过修正案修改为股东之间想要的安排。

方法 3：A 先注册公司，再把股权转让给 B

A 先注册公司，实缴 100 万元，再转让 30% 的股权给 B。当然这有一定的税务风险。如果是 0 元转让，那么当 B 出售股权时，其成本价就是 0 元，股权转让的利润就增加了，税负也会相应增加。如果是"平价"转让，而 B 又没有给 A 支付对应的款项，则会有一些小瑕疵。

方法 4：A 把 B 实缴部分的资金转账到 B 的个人账户，然后再由 B 实缴到公司

这种方法也有一些瑕疵：A 以什么名义把资金支付给 B，是赠予吗？那么 B 是否需要交纳个人所得税？

最糟糕的做法：A 出资 100 万元，其中 70 万元进入实缴资本，30 万元作为"投资溢价"进入资本公积；而 B 出资 30 万元，然后再把 30 万元借出来。这种做法经常被许多初创公司使用。我在投资过程中就见过两个这样的案例，因为用了这种"抽逃"注册资本的方法虚假实缴，最终的结果都是在公司申请破产清算时，被其他股东追缴。这种做法与认缴而没有实缴的做法是一样的。

第十三节　股权分红由谁决定

投资一家公司做股东，主要谋求的就是公司的资本性增值和股权分红。我们在股票市场看到，有一些企业虽然有盈利但是几乎从来不给股东分红，而有一些企业坚持只要有盈利就每年都给股东分红。这与公司所采取的发展策略有关。前者追求成长性，希望通过不断地把利润转化再投资，从而扩大规模，建立长期的经营优势；而后者的业务规模已达到一定的水平，行业成长性有限，它们希望回馈股东从而获得认可。二者没有好坏之分，这是一个公司长期发展和股东短期收益之间的权衡，同时受制于所处行业的特性。

在香港上市的汇丰控股以其出色的现金分红能力赫赫有名。这也是投资者买进并持有其股票的重要理由之一。2006年到2020年的14年间，汇丰控股一直坚持分红，即使是在全球金融危机爆发的2008年也未曾中断，并且当年股息派发金额高达524亿元。2006年到2019年，汇丰控股累计实现净利润1.45万亿港元，累计现金分红高达1.08万亿港元，现金分红比率高达75%，而汇丰银行的市值仅8000亿港元（截至2020年4月底）。事实上，过去14年汇丰控股分给股东的钱超过了自身的市值。理性的理财投资者也纷纷对其表达了肯定。2020年新冠疫情爆发后，为了留下足够的现金储备来应对可以预期的经济衰退，汇丰控股宣布不派发股息。这一决定震惊了整个金融圈。

作为投资人，我们有时候会投资到这样的企业：这些企业"半死不活"，没有很大的成长性，一直达不到上市的门槛。我们想卖掉股权，也没有人接盘，退出不了。而这些企业又死不了，每年都有盈余，但大股东就是不给股东们不分红。作为小股东的我们又没有足够的表决权要求公司分红。那这种股权就基本上变成"僵尸股权"，名存实亡。

股权投资和债权投资最大的区别就是，债权的利息不与公司的业绩挂钩，而是具有刚性兑付的性质。即使公司经营得不好，债权人也有权要求公司还本付息。而股权的股息不具有刚性兑付的特征，而是受到多种因素的影响，股东无权单方面要求公司支付股息。

《公司法》第八十一条规定，公司章程中应该载明公司利润的分配方法；同时第一百六十六条也约定了分红的一些原则。

分红是分配当年的税后利润。对于那些当年亏损的公司，是否可以进行分红呢？虽然这些公司没有利润，但是也不代表就没有现金。有时候，这些公司会预收一大笔现金款。在这种情况下，即使公司在账面上是亏损的，但是其现金很充裕。然而，《公司法》规定,这些公司是不能进行分红的。《公司法》中规定分红分的是公司税后利润,而公司税后利润是按照会计准则核算出来的,所以当年亏损的公司是不能分红的。

公司当年实现盈利,也不一定可以分红。还要看公司是否已经"补亏",即弥补以前年度的累计亏损。有累计亏损的企业不具备分红的资格。

我们经常投资一些初创企业,这些初创企业在前期都是大量投入,收入不多,一般都积累了很多亏损。投资这些企业,我们基本上不奢望近期会有分红,后面多以转让股权的方式退出。

如果上述两个条件都满足了,即公司当年是有盈利的,而且以前年度的累计亏损也全部弥补了,则可以进行分红,但是不能将全部利润都分配了。《公司法》规定,必须将 10% 的利润提取作为"公司法定公积金"。此处的"法定"是指《公司法》规定的要求。当累计提取的法定公积金达到注册资本的 50% 时,就可以不再计提了。除了法定公积金,有些公司还会提取"任意公积金",通常为 5%。是否计提、计提多少由股东大会决定,而非法律强制规定。在计提完公积金后,理论上公司就可以将剩余的利润全部分配给股东。当然,也要考虑到公司未来是否需要投资新项目。

《公司法》第四十六条规定,公司的利润分配方案和弥补亏损方案的制定是董事会或者执行董事的职权之一。因此,在履行完前面讲的分红程序(即补亏和计提公积金)后,公司就具备了分红条件,但具体的分配数额并非由小股东来决定,而是由公司的董事会依照议事规则制定,然后提交给股东会审议并批准。制定权在董事会手中,审议权则在股东会手中。通常情况下,仅需股东会过半数同意即可通过。小股东不能仅凭自身力量强制公司进行分红。

如果股东会、股东大会或者董事会违反上述规定,在公司弥补亏损和提取法定公积金之前向股东分配利润,那么股东必须将违反规定分配的利润退还公司。

如果公司符合分红条件,但连续五年未向股东分配利润,则反对不分红决议的股东可以请求公司按合理价格收购其股权。虽然《公司法》并未明确定义合理价格及计算方法,但双方可以进行协商并达成可接受的交易。如果在 60 天内没有达成共识,该股东可以向法院起诉。然而,这种情况在实际生活中并不常见。大股东与公司可以轻松规避被起诉的风险。例如,在第 5 年象征性地分 1 万元给全体股东,那么反对不分红的小股东就没有起诉的理由。因此,小股东在分红决策上几乎没有影响力。

第十四节 外部股东更需要被保护

我人生的第一份工作是审计师。一般来说,会计是指在公司内部负责财务核算工作的人,审计师则是指公司外部负责审核财务核算的专业人员。审计师是一个古老的职业,伴随着公司制度发展起来。当今的公司制度不是一蹴而就的成果,而是经过不断的迭代和修订,逐步形成了严密的法规体系。

你可能很难想象,早在 19 世纪的美国,公司的董事会可以在外部股东毫不知情的情况下随意发行公司股票,导致外部股东的利益被无限稀释。这在今天看来,不管发生在哪个国家都是不可思议的。

由于所有权和经营权可能分离,所以公司的所有权和管理权很可能不属于同一人。对于许多成熟的、规模较大的企业而言,他们或许会请职业经理人来打理,但对于很多初创企业来说,公司管理权就在大股东手中。这些管理者被称为内部股东,小股东则不参与公司经营,被称为外部股东。

在从事投融资工作的过程中,我发现投资方和融资方在股权合作中都会有一些顾虑。创始人担心引入外部股东会给公司带来阻碍，损害公司利益；投资方则担心投资后大股东会利用其地位损害自己的利益。那么，究竟谁更应该担心呢？在我看来，外部股东更应该担心自己的利益被侵犯。外部股东投资了一家公司，相当于把钱交给了内部股东，这是一种信任和委托。如果内部股东缺乏职业道德、心术不正，就会采用各种手段损害外部股东的利益。

不管是《公司法》还是《证券法》，如何保护外部股东的利益都是这些法律的重点内容。即便有这些法律，公司内部股东仍有非常多的手段侵害外部股东的利益。这些手段有时甚至可以合法合规，又非常隐蔽，就算是审计师也不一定能够发现。举一个很简单的例子，内部股东可以通过为自己多开点工资、虚假报销费用、进行关联方交易等手段，轻易地把公司的资产输送给自己，而要发现其中的问题，举证难度很大。相反地，外部股东侵犯内部股东的手段就少得多了，占股低于 10% 的小股东要搞破坏，充其量也就是在工商注册时不配合。

第十五节　如何退股

在群蜂社的 VIP 蜜圈会员群中，有一位名叫刘总的成员，他是一名成功的物流 SaaS 软件行业的创业者。他的公司被并购后，他实现了财务自由，开始过上了退休生活。但是创业精神一直深深根植在他的心中，因此他开始投资并孵化身边熟悉的朋友的创业项目。有一次，他与我们分享了两个失败的案例。在这两个案例中，他发现他投资的公司或者团队与他先前想象的不同，最终他要求公司退回他的投资款，实现退出。我当时很惊讶，对他说："刘总，你做的是股权投资，最后拿回了本金全身而退，不算失败了。"但是刘总并不认同，他说："我和他们都是比较熟悉的朋友，我投资支持他们，后面大家理念不合，把本金退回给我不是理所当然吗？"

刘总很幸运，因为他的朋友有这样的能力也愿意给他退股。但是，他误认为这是他的权利、别人的义务，把幸运当作理所当然。

在群蜂社成立的几年中，我们做了不少股权投资。我们偶尔会遇到一些投资人投资了项目后，因为个人原因急着用钱，希望我们退出项目收回资金。又或者因为被投资项目的估值水涨船高，我们的账面上有高额的浮盈，投资人希望我们退出兑现收益。然而，退股并不是一件轻松的事情。如果每个股东都可以随意要求退股，那公司岂不是会乱套？此外，这样的话，具有优先清偿权的债权人的利益就无法得到保障。

作为一家公司的股东，投资入股就意味着你做出了与其他股东同甘共苦的承诺。除非有特殊约定，股东通常没有权利要求公司和其他股东购买自己的股权或者提前退出。然而，《公司法》为了保护小股东的利益，避免大股东滥用自己的控制权损害小股东的利益，也设立了一些退股机制。这些规定可以让股东退股，以确保他们的权益得到保护。

《公司法》第七十四条规定，如果出现以下情况之一，投票反对该决议的股东有权要求公司按合理价格收购其股权：

（1）公司满足了分红条件，但连续五年未向股东分配利润。这一点很容易理解。如果一家公司运营得好，赚了钱，那么其内部股东可能获得各种报酬，但小股东或者外部股东就只能指望分红。如果公司赚了钱却一直不分红，则小股东或者外部股东相当于没有获得任何投资回报，这不符合合股的精神。

（2）公司合并、分立、转让主要资产。公司与其他公司合并、分立，或者转让主要资产都会对公司股权价值产生重大影响。这种决策一般需要代表2/3股权的股东同意才可以实施，而不同意这个安排的小股东或者外部股东则可以要求公司回购退股，从而保护自己的权益，免得最后自己持股的公司就剩下一个壳，名存实亡。

（3）公司章程规定的营业期限届满或者章程规定的其他解散事由出现后，股东会会议通过决议修改章程使公司存续。股东投资入股一家公司，承诺与其他股东一起合股，也是有时限的，该时限在公司章程中有明确记载。一旦时限届满或者章程中规定的清算条件出现了，公司就应该进行清算，将剩余价值分配给各方股东。如果不进行清算，继续经营，那么原股东有重新选择的权利。对于不愿意继续参与的股东，公司需要收购其股权。

出现上述情况，公司如果与要求回购的股东达成协议，则应支付股权回购款项，并申请减少注册资本。如果双方达不成协议，要求回购的股东可以自股东会决议通过之日起90日内向人民法院提起诉讼。

第十六节　全面了解股权的代持

群蜂社的主要业务是对接个人投资者和创业者，让个人投资者的闲置资金支持中国的创新创业。在群蜂社中，有不少会员有自己的正职工作，为了让自己可以分享到其他新兴行业的发展红利，他们通过群蜂社进行投资。然而，有些会员处于保护自己私隐的考虑，不方便做显名登记，因此他们选择委托他们信得过的家人或者朋友代为持有股权。

假设A向公司实际出资，但将B登记为股东，则B就是A的股权代持人。在工商登记时，需提交B的身份信息并将其登记为公司股东，但实际出资义务应由A承担。也就是说，A找了一个"马甲"B。在行使股东权利时，B需要依照A的意思参加股东会进行表决，或者由B授权A进行表决。在公司进行分红时，B还需将分红所得向A实际移交。

我先讲一下A、B和公司三方之间在法律关系上的本质和效力，如图5-1所示。只要把握住这个要点，大家就能自行解答许多问题。

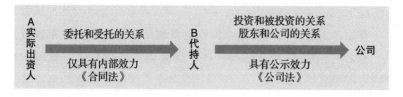

图5-1　A、B和公司三方之间在法律关系上的本质和效力

A通过B代持了公司的股权。A和B就是委托和受托的关系，适用于《合同法》，但仅具有内部效力。B代持了A的股权，如果因为自身原因使得股权的价值受损，那么A只能向B追偿。

B在法律上是公司的实际股东。A和B的内部约定不影响B作为公司股东的身份。对于第三方和法院来说，B是公司的股东，这涉及投资和被投资以及股东和公司之间的关系，并且适用《公司法》。此外，这种关系已经由工商局公示，具有公示效力。公示效力意味着如果任何人认为B是公司的股东，法院都会支持并认为这是合法的。

举例来说，如果B因离婚而被要求将持有的股权平分给妻子，或者因债务导致其持有的股权被查封冻结并被拍卖，或因去世而被其法定继承人要求继承其股权，法院都将视B为实际股权持有人，而不会考虑A作为实质出资人的权利。如果因为B的问题导致其代持A的股权受到损失，法院将认为A只能在事后根据代持协议向B寻求索赔。已有大量的判例印证了这种处理方式。

其实仔细思考一下，大家都能明白，谁知道A和B之间的代持协议是真是假呢？可能B为了逃避追偿找A补签了代持协议，这就只有他们两个人知道真相了。但是B已经在工商局登记并进行了公示，这一点是可以确定的。

这就是A作为被代持人的风险：可能因为B自身的问题，导致自己的股权受到损失。同时，B也会面临风险。回顾之前我们所讲的注册资本的法律内涵以及股东有限责任的内涵，假设B代持的股权是认缴而未足额实缴的，那么如果公司被清算，未足额实缴的部分就成了B的债务，债权人会去向B追讨而不是向A追讨。在这种情况下，B 就只能事后向 A 索偿了。

在搞清楚股权代持的法律内涵后，如果确有必要实施"股权代持"，以下是我为大家提供的一些考虑要点，以最大限度地减少股权代持的风险。

被代持人需要考虑的风险点和规避手段如表 5-4 所示。

表 5-4　被代持人需要考虑的风险点和规避手段

风险点	规避手段
代持人是否有个人债务或者经济纠纷，导致股权有被主张的风险	不能选择有频繁经济活动的人或者公司作为代持人
代持人是否有婚变或者身亡的风险	这些风险都不可预测。所以，可以通过签订协议的方式确认代持人的配偶与法定继承人也清楚知悉股权代持的安排
代持人是否自己还拥有公司的股权	通过合伙企业持有公司的股权，如果合伙企业后续卖掉公司股权获益，则合伙企业的合伙人可能按照超额累进税率计算个人所得税。如果把代持人本人以及被代持人的收益放在代持人头上，则税率会大幅度提升。代持人最好只持有被代持人一个人的股权

代持人需要考虑的风险点和规避手段如表 5-5 所示。

表 5-5　代持人需要考虑的风险点和规避手段

风险点	规避手段
所代持的股权是不是未实缴到位的股权	不代持未实缴到位的股权
自身是否会有很多经济活动和业务往来，帮别人代持的股权会因为你被起诉而成为被冻结和执行的目标，可能导致你需要对被代持人赔偿	如果你有频繁的经济活动和业务往来，尽量不帮别人代持，避免你多了一项可被人执行或者冻结的资产。实际上，这份资产不归你所有

> **低风险高胜率的第 6 条创业家规：**
> 决定你的创业结果下限的是你对有限公司游戏规则的理解，避免将创业的风险引入家庭。

第六章

创业企业的资本之路

第一节 投资人类型与投资轮次

投资人和创业者通常使用的术语包括天使投资人、VC、PE、天使轮、Pre-A 轮、A 轮、A+轮、B 轮、C 轮等。这些术语是什么意思呢？它们与创业企业的发展阶段有何关联？图 6-1 对此进行了解释。

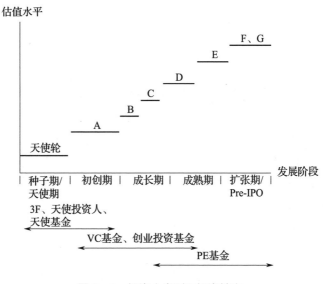

图 6-1 投资人类型和投资轮次

图 6-1 的横轴代表一家典型的创业企业随着时间推移的发展阶段，左侧的纵轴则表示其估值的高低。图 6-1 中标出了天使投资、风险投资（VC）基金以及私募股权（PE）基金参与的投资阶段。它们之间有一部分是重叠的，这三种类型的投资人的界限并不十分明确。它们的划分主要取决于其愿意承受的风险程度。创业过程中有五个关键假设需要验证，每完成一个假设的验证，企业都会

达到一个里程碑，与之相对应的创业风险和投资风险都会有所下降，如图6-2所示。

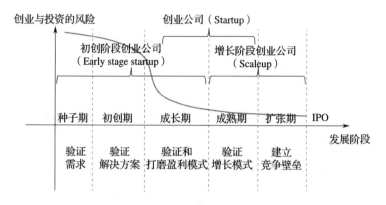

图6-2 创业风险与投资风险的变化

虽然说这三种类型的投资人面临的风险不同，但实际上它们的"风险水平"不会相差很大（见表6-1）。风险水平不仅与风险率有关，还与风险敞口有关，即：风险水平=风险敞口×风险率。举个例子，你买彩票的风险率极高，但是你可能就买一注，只花2元，你的风险敞口就是2元。如果没中，那么你最大的损失也就是2元。你所承受的风险水平很低。没有人认为买2元彩票是一个风险很高的行为。

表6-1 三类投资人的风险敞口和风险率

	风险敞口	风险率
天使投资	低	高
VC	中	中
PE	高	低

一、种子期与初创期的投资人：天使投资人

创业企业在种子期的投资主要来源于3F和天使投资人。所谓

3F，是家人（families）、朋友（friends）、傻瓜（fools）三个英文单词的首字母组合。当你有一个创业点子，但尚未实施时，你可以向这些最信任你的人寻求资金支持。这些人会给你资金支持，而不需要经过严格的专业判断，只是出于对你的信任和想要帮助你的目的。这往往就是创业企业的第一笔外部资金来源。尽管3F能够提供的资金量不大，但你背负的是一种比较沉重的人情债。有时候"傻人有傻福"。比如，贝佐斯创办亚马逊网站时，他的家人和朋友出资支持了他，其中贝佐斯的父母投资了30万美元，用掉了一大半的退休金，如今他们都成了亿万富翁。

天使投资人通常由一些拥有丰富行业经验和创业经验的高净值个人组成。这些人中有不少是专职从事这项工作的，也有不少是兼职的，如在一些科技巨头中任职的产品经理、工程师、高管等。

美国拥有全球最发达的天使投资市场，市场主要参与者是个人天使投资人。相比之下，中国的早期投资市场主要由投资机构占据。2017年，美国的天使投资案例数为63353起，涉及投资金额2004.80亿元；而中国同期投资案例数为2832起，涉及投资金额252.92亿元，投资案例数和投资金额分别约为美国的1/23和1/8[一]。作为全球第二大经济体，我们的独角兽企业只相当于美国的1/4。相比之下，中国早期投资市场的活跃度和市场规模远低于美国。

在美国，像AngelList这样的创业企业生态网络平台运营得非常成功。这些平台不仅为创业企业提供了募集资金的渠道，还能够提供对接资源、招聘合伙人和高管以及寻找顾问等服务，对美国早期投资的活跃度做出了巨大的贡献。

[一] 资料来源：《2017中国早期创业投资行业发展报告》，中国证券投资基金业协会，早期投资专业委员会。

美国的创业企业习惯于在这些天使投资人众筹平台中寻求他们的第一笔融资。美国的顶尖投资机构也习惯于在这样的天使网络募集他们的投资基金或者撬动跟投资金。鼎鼎大名的推特、优步早期都是在 AngelList 中寻求融资的。

在美国,天使投资人群体的重要性远大于风投机构。早在 2011 年,天使投资人就投资了近 6.5 万家公司,总投资额为 220 多亿美元,而风险投资机构仅投资了 3700 家公司,投资额为 280 亿美元。㊀天使投资人投资公司的数量是风险投资机构投资公司数量的 17 倍之多,而且这个差距还在不断加大。

我创办的群蜂社致力于成为中国的 AngelList。我们希望打造一个投资人网络,帮助创业企业高效融资,并且提供全方位的创业服务。然而在中国,天使投资仍然不成规模,投资主要还是由机构投资者主导。政府的引导基金在推动社会资本扶持早期创业企业方面发挥着重要作用。例如,深圳的政府引导天使母投资基金规模高达 100 亿元。中国很多地方的政府也推出了类似政策来扶持当地的创业生态。这无疑是正确的道路,创业者和企业家在经济发展和社会进步的过程中起到了关键作用。

二、从初创期到成熟期的投资人:VC 与 PE

在中国,VC 和 PE 也许是大部分创业者常听到的投资者。创业企业对外融资时,首先想到就是 VC 和 PE。一般来说,VC 主要投资于早期或成长期的创业企业;而 PE 主要投资于成长期和成熟期的企业,尤其是那种投资之后没多久就可以谋划上市的 Pre-IPO(首次公开发行前)创业企业。VC 的管理人以产业中人和成功的企业家居多,他们要做的是在各项数据都缺乏的情况下,对行业趋

㊀ 资料来源:《哈佛商业评论》增刊:创业者手册《别迷信风险投资 关于 VC 的六大谎言》,Diane Mulcahy。

势以及创业团队未来的表现做预判。而 PE 的管理人以具有投资银行和金融背景的人居多。在 Pre-IPO 阶段，企业的各项经营数据都已经呈现出来了，他们主要是评估企业上市后能够达到多高的市值。他们对资本市场的认识以及对财务、法律的熟悉使得他们能够更好地胜任这份工作。

作为创业企业的创始人，你只需要记住你在大部分的时间中都在和 VC 打交道。因此，在后文中我们主要探讨 VC 的投资逻辑。当你的企业到达找 PE 的阶段时，你已经是一个很成功的创业者了。

第二节　中国风险投资发展简介

知己知彼，百战不殆。要想获得 VC 的青睐，我们首先要对这个行业有足够的认识。这个行业在中国的发展历史并不长，而我过去十几年都在和这个行业的人打交道。下面我结合个人经历给大家介绍一下。

图 6-3 源自清科研究中心，把中国 VC 的发展阶段划分为三个阶段：萌芽期，从 1992 年 IDG 进入中国到金融危机；起步期，从 2009 年创业板推出到 2014 年"大众创业，万众创新"口号首次公开提出，国内投资机构逐渐崛起；发展期，从 2015 年至今，国资和企业风险投资（Corporate Venture Capital，CVC）入场，国内市场退出渠道日渐成熟。

我的划分方法和清科研究中心略有不同。

一、VC 1.0：2009 年创业板推出前，外资主导

VC 是一种源自美国的商业模式，最早可以追溯到 200 年前美国的捕鲸业。随着石油业的崛起，捕鲸业开始没落。一些有远见

第六章 创业企业的资本之路 195

萌芽期

1992年IDG进入中国
中国股权市场长期以美元基金为主导

1992—1997年
- IDG资本进入中国，创业投资在中国萌芽，市场的参与者以美元基金为绝对主导

1998—2006年
- 1998年，成思危提交"一号提案"
- 2005年，《创业投资企业暂行管理办法》出台
- 2006年，《中华人民共和国合伙企业法》颁布

2007—2008年
- 这一时期，外资机构渐渐崭露头角，本土机构也开始提升活跃度

起步期

2009年创业板推出，人民币基金投资活跃度稳步上升，"VC2.0"开始涌现

2009—2014年
- 2009年，中国创业板正式上市
- 2012年，境内新股发行审核工作暂停
- 2013年，中央编办会发《关于私募股权基金管理职责分工的通知》
- 2014年，国内IPO审核重启
- 2014年9月，"大众创业、万众创新"口号首次公开提出

发展期

近年来，国资和CVC入场，市场竞争加剧，疫情下进入调整期，催生新的市场排位赛

2015年至今
- 在"双创"大发展和"供给侧改革"的推动下，国内优质可投资产不断涌现，民营机构、国资机构、金融机构、战略投资者等纷纷入场，为股权投资市场注入活力，行业竞争也日益激烈
- 2018年4月，"资管新规"正式发布
- 2019年7月，首批25家科创板企业正式发行交易，VC、PE退出市场迎利好
- 2019年至今，在复杂多变的国际环境和监管升级下，中国股权投资市场进入调整期，市场回归价值投资，机构更加注重提升自身风险控制和投后管理能力

1992年	2009年	2015年	2020年
活跃机构10家	活跃机构500家	活跃机构2500多家	活跃机构4000多家
以美元基金为主，个别国资逐渐入场	VC2.0开始涌现		越来越多的国资CVC入场

1992年			2009年		2015年		2020年	
IDG	达晨	联想投资	九鼎投资	真格基金	高榕资本		国新基金	百度风投
江苏高科	联创	赛富	国信弘盛	华盖资本	源码资本		诚通基金	滴滴出行
	深圳创新	鼎晖	建银国际	中信产业	弘晖资本	愉悦资本		国中创投	今日头条
		弘毅	红杉	华控基金	梅花创投	蜂瑞资本			
			金沙江					

图6-3 中国VC的发展阶段

的投资人将风投模式应用于棉纺、银行、铁路和航空等新兴产业。20世纪50年代末，有限合伙制的广泛使用以及养老基金被允许出资风投，使得风投行业得到了爆发式发展。风险投资的门类也越来越细分，出现了融资顾问、投资银行和IPO承销商等中介机构，逐渐形成了资本生态。进入信息时代后，风投已经成为创业生态中不可或缺的重要角色，几乎所有上市公司背后都接受过风投的支持。

中国的VC行业起源于20世纪90年代，第一波投资浪潮主要集中在互联网行业。中国VC行业萌芽期主要以外资为主。互联网在中国兴起后，外资机构成了中国VC行业萌芽期的主要投资者。这些外资机构带着大量美元来到中国，寻找能够复制美国成功创业故事的创业者。雅虎在1996年上市，他们就投资中国版的雅虎——网易、搜狐；亚马逊在美国成功，他们就投资中国版的亚马逊——阿里巴巴、当当、易趣；谷歌在美国成功，他们就投资中国版的谷歌——百度；Youtube在美国成功，他们就投资中国版的Youtube——优酷、土豆网；脸书在美国成功，他们就投资中国版的脸书——人人网、开心网……这种投资策略非常成功，因为美国引领着世界的创新，从某种意义上来讲，美国企业的今天就是中国企业的明天。中国互联网科技公司的发展壮大为美元基金提供了寻找美国"复制品"的机会。

美元基金的加入确实对中国互联网科技的发展起到了很大的促进作用。如今，新浪、腾讯、百度、京东、阿里巴巴等众多巨头已经成为在海外资本市场上市的公司，并不断壮大发展。这些公司极大地改变了中国人的生活方式，推动了中国互联网的繁荣。此外，像IDG、红杉、经纬等美国风投机构还充当了中国VC界的黄埔军校，从它们中裂变出了很多活跃的中国本土风投机构。如今，中国本土的风投机构已经开始接过支持中国创业创新的接力棒。

二、VC 2.0：2009—2017 年，中国 VC 崛起

随着 2009 年创业板的推出，中国 VC 行业进入了蓬勃发展的阶段。正是在这个时候，我获得了在分享投资实习的机会，并进入了 VC 这个行业。我还清楚地记得，当时我作为 MBA 的实习生在分享投资进行了一个多月的实习。期间，我参与了两个项目的尽职调查：金信诺与和信园（也就是现在的上市公司蒙草生态）。结果几年后，这两个项目都成功 IPO 了，而且回报率还不低。如果放在现在，这样的成功率实在是太高了。

当时，风险投资资金并不多，但遍地都是很成熟的 pre-IPO 企业。这些企业的创始人显然都比较单纯，很多创始人的要价都比较克制，认为让投资人赚大钱是理所当然的事情。他们相信，一旦投资机构进来后，就可以带来很多资源，帮助企业上市。

当时，我还记得我的一个 MBA 同学加入了一家投资机构。他们投资了一个项目，那是一家有一定规模的生物科技企业。然而，令人惊讶的是，这家企业居然是按照注册资本来作价引入投资的。最终，这家生物科技企业上市了，我同学的公司拿到了上百倍的投资回报。显然，这家生物科技企业的创始人完全不懂投融资的游戏规则。

VC 行业很快就迎来了蓬勃发展，很多人蜂拥而至。一些老投资机构的合伙人只要有能力募集到资金，就可以出来单干，成立一家新的投资机构，自己做 GP（General Partner，指基金中负责管理的专业人士）。同时，许多年轻人也认为风投行业非常酷炫，纷纷加入其中。事实上，投资行业的入门门槛并不高。很多新的年轻投资管理人甚至没有创业经验，没有在创业公司工作过，也没有在大公司担任过管理者，但凭借着自己的关系募集到资金，直接成了 GP。有些上市公司的老板甚至自己招聘几个管理人员，组建了自

己的投资管理机构，管理自己的投资资金，"肥水不流外人田"，省去了管理费和利润分成。此外，政府引导基金以及大型科技企业的 CVC 进入市场为该行业提供了充足的资金。由于资金充足，创业公司的估值也随之上涨。整个行业出现了非理性繁荣的现象。

三、VC 3.0：随着科创板的推出和创业板的注册制改革，行业将再次迎来新机会

VC 行业在 2017 年开始调整。但从 2019 年开始，行业又有了新的发展机会。科创板的推出和创业板的注册制改革为 VC 行业带来了前所未有的宽松的退出环境。资本市场也对创新企业越来越宽容，这也为 VC 行业带来了更多的机会。因此，不少 VC 机构进入了丰收期，上市案例频频出现，投资人的信心也逐步恢复。经过一轮大洗牌后，能熬过阵痛期的 VC 机构也会比以前更注重提升自身的风险控制能力和投后管理能力，这将有助于行业的健康发展。

总而言之，中国的 VC 行业经过近 30 年的发展，伴随着中国资本市场的改革已经走向成熟，已经成长为仅次于美国的、世界第二大的风险投资行业。未来，如果企业要做大，几乎都避免不了要借助 VC 的力量。先好好把生意做好，再思考如何成为一家能够获得风投青睐的企业，插上资本的翅膀，助力企业的发展。所以，创业企业了解风投的发展历史、判断逻辑和思考方式至关重要。

第三节　投资人的决策逻辑

创业项目要争取获得风险投资的支持，首先需要了解投资人是如何做出投资决策的。无论投资何种类型的资产，包括股票、房地产、债券或公司股权等，投资人都会考虑所冒的风险与潜在的收益是否匹配。这也是通用的投资决策逻辑。具体来说，投资人会比较

项目的内部收益率（Internal Rate of Return，IRR）和必要收益率（Required Rate of Return，RRR），如图6-4所示。IRR是对项目收益的预测，RRR则是对风险的定价。如果评估出来的IRR大于RRR，那么这个项目就值得投资；如果评估出来的IRR小于RRR，那么这个项目就不值得投资。

图6-4　投资决策逻辑

一、内部收益率

IRR是在投资之前，投资人通过对项目进行分析和评估，计算出该项目能够给他们带来多少回报的一种指标。这个回报通常用年化收益率来表示。例如，如果一个项目的年化收益率为10%，那么就相当于把钱存入银行，每年可以获得10%的回报。当项目结束后，投资人将一次性收回本金。当然，我们做的投资项目的现金流并不像银行存款那样有规律，可能每年获得的现金流都不一样。但是，财务上有一种公式可以将这些现金流折算为年化收益率，作为衡量项目优劣的准绳。

为了评估一个创业项目的潜在IRR，投资人需要做尽职调查工作，从而做出判断。不同投资项目有不同的评估方法。

表6-2展示了我们所做的一个典型的VC项目的投资分析，包括未来几年的收入、净利润等。我们根据经验估算出该项目的估值，并考虑两种退出场景。在这个案例中，我们测算在2020年投资这个项目500万元，如果在2026年以卖老股的方式退出了，那

么可能获得43%的内部收益率；如果以登录科创板上市的方式退出，那么可能获得47%的内部收益率。

表6-2 某个VC项目的投资分析

重要指标	2020年	2021年	2022年	2023年	2024年	2025年	2026年
收入（万元）	900	1800	3600	7200	9600	13400	18800
净利润（万元）	-750	-1050	-940	680	1700	3150	5090
股权指标							
轮次		融资	融资	股权转让	股权转让	股权转让	股权转让
融资估值（万元）	7000	10000	13000	20000	30000	80000	200000
股比稀释比例		10%	10%	10%	10%	10%	10%
股权占比	7.14%	6.43%	5.79%	5.21%	4.69%	4.22%	3.80%
场景1：股权转让退出：							
现金流	-500	514	602	833	1125	2699	6074
年数	1	2	3	4	5	6	7
IRR		1%	6%	14%	18%	32%	43%
场景2：科创板退出：							
IPO退出估值							200000
现金流	-500						7592
年数	1	2	3	4	5	6	7
IRR							47%

预测企业未来的现金流是一项极具挑战性的任务，尤其是在早期阶段。很少有创业企业能够按照最初的规划发展。对早期阶段的投资人来说，也许只能估算未来你的企业能够成为一家多大市值的上市公司，是几十亿元级别的、百亿元级别，还是千亿元级别的，以此判断投资你的企业给他们留了多少回报空间。

二、必要收益率

RRR是投资人对风险的评估和定价，即投资人投资创业项目时所冒的风险最低应该获得多少回报。RRR由两部分构成：

RRR = 无风险回报率 + 风险补偿回报率

无风险回报率，顾名思义就是没有风险时，投资人可以获得的收益率。当然，绝对无风险的投资是不存在的（把钱存在银行，银行也有可能会倒闭，还不了钱）。在这个公式中，我们一般选择风险极低的品种的收益率作为无风险回报率。在国际投资中，美国国债被认为是无风险的参照物，美债的孳息率被认为是无风险收益率。如果在中国做投资，那么我们很可能选择的就是人民币资产的无风险参照物：中国国债。中国国债的风险就是中国政府债务违约的风险。这听起来似乎不太可能发生。如果投资人认为你的创业项目大概是5年期，他也许就选择5年期国债的收益率作为无风险回报率。

有了这个无风险收益率作为基准之后，投资人就会对比你的创业项目的风险和这个无风险参照物（如国债）的风险差异，从而计算风险补偿回报率。投资一家初创企业的股权相较于投资国债的风险要高出很多。国家倒闭的风险几乎为零，远小于你的企业倒闭的风险；国债有成熟活跃的市场，随时可以套现，而作为非上市公司，你的公司的股权可不是想卖就能卖的；国债的收益率非常明确，而投资你的公司的收益完全取决于公司的发展前景。投资人冒了这些额外的风险就需要获得相应的回报来补偿。这就构成了RRR的另外一部分"风险补偿回报率"。在这个世界上，有太多的人希望赚钱比别人快，而冒风险就是实现这一目标的一个途径。然而，赚钱比别人快的另外一面是亏钱也比别人快。

风险补偿回报率很难套到一个公式中计算出来。但我总结出了一些规律，我认为投资人要求的风险补偿回报率受到以下四个因素的影响。

风险补偿回报率 = f(投资人对风险的认识，投资人的风控手段，
    投资人对风险的态度，投资人的视野或投资范围)

1. 投资人对风险的认识

投资人在对项目进行调查时,主要关注的问题是风险。初创企业的投资风险就是投资本金损失的风险。当被投企业现金流断裂、无法继续经营时,投资者的本金就有可能受到损失。企业获得现金流有两种方式:自己造血和外部输血。我们把前者称为经营性现金流,把后者称为融资性现金流。初创企业失败的风险就是,自己创造不了现金流,同时也无法从外部融资渠道获得资金。如果你的项目能够自己"造血",那么投资人的风险就小很多。如果你的项目短期内自己不能"造血",那么投资人会评估项目的持续经营能力以及下一轮融资的成功率。投资一个短期内现金流就断裂的企业,投资人将面临巨大的压力。因此,作为一家初创企业的创始人,你需要清楚地认识到现金流断裂风险是投资人面临的主要风险。如果你的项目已经能够自主"造血",那么你就可以争取到较高的估值;如果你的项目短期内不能自主"造血",那么你可能需要降低对估值的要求,甚至寻求以低估值获得融资来维持生存。

2. 投资人的风控手段

在投资过程中,创业者可能会对各种条款感到困惑,如优先清偿权、估值保障、业绩对赌以及回购等。这些条款都是为了降低投资项目的风险,从而提高"风险补偿回报率",有利于投资人做出"决定投资"的决策。因此,创业者也需要理解,对于处于初创阶段的企业来说,如果要外部投资人与你同股同权,那么大多数人可能会望而却步。因此,投资人会在一定程度上设计一些降低他们所承担风险的条款,以获得额外的保障,降低投资风险,确保你的项目在未来的收益率能够回报他们的投资。

3. 投资人对风险的态度

每个人对风险的承受能力和定价是不一样的,一些人偏向于激进,而另一些人偏向于保守。偏向于激进的人属于风险偏好型,他们对风险的定价不高。而偏向于保守的人属于风险厌恶型,他们对风险的定价很高。举个简单的例子,我的父亲就是典型的风险厌恶型投资者,他只把钱存入银行。如果你想让他将钱投入你的创业项目,你可能需要向他展示一个高达万倍回报的预期收益,否则他宁愿将钱放在银行里也不会冒这个险。而对于我这种长期冒风险投资的人来说,可能100倍的回报就能让我狠狠地砸一笔钱。

因此,在寻找投资者时,你需要做一些调查和研究,了解投资人或投资机构过往的投资案例,并与投资行业的朋友交流,找出哪些投资人或投资机构比较激进。对于同样的收益水平,这些投资人或者投资机构可能愿意承担更高的风险,这样更容易达成交易。在资本市场中,有一些"财大气粗"的投资人或投资机构被称为"接盘侠",他们敢于投资那些巨额亏损、高估值但无人问津的项目。

4. 投资人的视野或投资范围

风险补偿回报率不是用一个精准的公式算出来的,人们常常使用"比较法"将其量化。例如,在中国A股市场中,许多人喜欢炒创业板的股票,但我从不这样做。这是因为许多创业板股票的价格非常高,市盈率动辄100倍,而增长率仅有20%。相比之下,有一些行业龙头蓝筹股在行业中处于垄断地位,估值水平只有20~30倍市盈率,年增长率20%~30%,市值大、流动性足,那么有什么理由让投资人放弃这些股票而选择创业板的股票呢?

选择用什么样的比较基准,取决于一个人的视野以及其资金的属性。一个人的视野越广,其比较基准的选择就越多,选择多自然基准就高。如果一个投资人从来不关注境外的股票,就不会把创业板的股票和境外的股票进行比较。当然,如果他是一个境内基金的管理人,而这个基金设立时的投资范围仅限于国内,那么他也不应该拿境外的股票来做基准。

因此,初创企业在进行融资时,应该选择与自身项目相匹配的投资机构。例如,如果你的企业是一家医疗行业的早期创业企业,那就寻找专注投资早期医疗企业的投资机构。因为他们选择的比较基准较少,不会与互联网行业的标的或其他成熟的投资标的做对比,从而更容易选上你的项目。

三、获得投资的策略

在投资时,投资人的通用逻辑是比较 IRR 和 RRR。

一方面,提高投资人对你的项目测算出来的 IRR。你可以展现你的项目的增长前景,以历史业绩作为佐证;另一方面,降低投资人的决策门槛 RRR。你要:①证明你的项目的风险水平在下降或者即将下降;②给投资人一些保障条件,人为降低风险;③找激进的、见惯了大风大浪的投资人;④找投资领域狭窄并且与你所在领域相匹配的投资人。

当 IRR 大于 RRR 时,投资人将会愉快地给你一笔投资。

第四节 资本逻辑与生意逻辑

尽管现今的融资渠道相较于过去更为丰富,但股权融资和债权融资仍是主要选择。初创企业面临巨大的创业风险,这使得债权融资并不适合它们。首先,创业风险巨大,很少有金融机构愿意在没有抵押和担保的情况下向初创企业提供借款。尽管近年来国家已要求金融机构为小微企业提供贷款支持,但在实际操作中,仍存在"当铺思维",要求创始人提供连带责任担保,甚至提供房产作为抵押品。其次,即使有债权人愿意向初创企业提供借款,到期还本付息的刚性兑付制度也难以帮助初创企业应对经营环境的不确定性。

一旦业务发展未按计划进行，则可能导致企业面临现金流断裂的风险。因此，从长远来看，股权融资仍然是初创企业的最佳选择。

但是，如果你只有获得风险投资才能解决持续经营所需资金的问题，那么你多半是在等死。因为能获得风险投资的创业项目凤毛麟角。

股权投融资有两种逻辑：资本逻辑与生意逻辑。

拥有一家公司的股权可以获得两种类型的收益：股权分红收益和股权溢价收益。股权分红是指公司根据其盈利情况，按照一定比例向股东分配利润。这种收益是内生性的。股权溢价收益则是指公司股票价格上涨所带来的收益。

我们可以将以赚取可持续分红为主要目的的股权投资称为"生意逻辑"。在我们周围，大部分人投资做生意、开公司都是出于这种逻辑。他们希望自己的公司生意兴隆、基业长青，这样公司每年都可以给自己和家人带来稳定的收益，如开一家餐厅、烘焙店、商业咨询公司、中医推拿馆等。这些人并不指望通过短期内炒高公司股权的价格来获取利润，他们创业或者投资时就没有想过日后要通过卖掉公司的股权来赚钱。

我们可以将以赚取股权溢价为主要目的的股权投资称为"资本逻辑"。天使投资人、VC、PE等投资机构的投资都是基于这个逻辑。他们寻找有"资本运作"价值的公司，即股权能够在股票市场内外获得增值溢价的公司。他们希望通过在股票市场外获得高估值，然后在股票市场内将其出售，从而实现投资收益。这些投资人通常会将股权卖给后续投资者或在公司上市后将股权卖给股票投资者。从投资的那一天起，投资人的初心就是通过股权溢价来获得利润，而不是以获得分红为目的。他们更关注公司的规模、创新、增长、行业地位以及公司的故事等方面。无论如何，这类投资人都希望找到那些能持续获得增值溢价的公司。实际上，作为投资人，我们在很大程度上也是在"炒股权",与大多数在股票市场中炒股的散户并无二致。

面对秉持"生意逻辑"投资人,描绘一家按照"资本逻辑"设立的创业公司的创业梦想和未来的愿景会得到什么反馈？1999年的马化腾恐怕感受最深。1999年11月,腾讯的账上还剩下1万元现金,马化腾不得不硬着头皮寻求出售。他前后找了6个买家,但得到的反馈却不尽如人意,要么是"这玩意儿看不明白,怎么赚钱啊",要么是"你们讲了一个不太好笑的笑话",甚至有买家按照腾讯"有多少台电脑和服务器,有多少桌椅"来评估,最多出价60万元。最后没办法,创始人之一的曾李青对四处碰壁的马化腾说:"现在要去找一些更疯狂的人,他们要的不是一家现在就能赚钱的公司,而是未来能够赚大钱的公司。他们不从眼前的利润中获取收益,而是通过上市或者再出售,在资本市场上去套利。他们管这个叫VC。"[一]曾李青的这一番话道出了VC的投资逻辑：以追求资本溢价为投资目的,而不是眼前的利润。腾讯后来获得IDG和李泽楷的投资,共投资220万美元获得40%的股权,估值550万美元。据说李泽楷当时投资腾讯是因为李嘉诚和马化腾的爸爸有合作,送一个人情,其实当时他并不看好腾讯。真正深入调查并看好腾讯的是南非的一家大型传媒投资集团MIH,其以3200万美元的公司估值接走了李泽楷20%的股权、IDG 12.8%的股权以及其他团队成员的部分股权,成为公司的第一大股东[二]。IDG和李泽楷终于脱手了这个"烫手的山芋",还大赚了一笔。经过20多年的发展,腾讯市值曾一度高达9000多亿美元。

回想一下我们在前文中提出的"生意"与"创业"（狭义的）

[一] 资料来源:《中国VC流派的前浪、后浪和破浪》,远川研究所（戴老板,徐玲）。

[二] 资料来源:《腾讯传》,吴晓波。

的概念。对于生意，我们应该采用生意逻辑进行股权融资，这可以提高成功率，而融资对象一般是非风险投资机构。相比之下，创业则适合寻求基于资本逻辑的融资，即向风险投资机构寻求资金支持。

然而，在风险投资界中，有时候投资机构只顾追逐热点，而忘记了基本的常识，给了创业者一些博傻的机会。他们对不具备资本价值的"生意"，按照资本的逻辑进行高溢价的投资。这种行为不仅会浪费投资者的资金，也会对整个行业产生负面影响。

○ 案例 ○

医生集团

2014年，在医生多点执业的改革趋势下，医生集团逐渐走红，很快就受到资本的青睐，成为资本投资的风口。在那几年，全国医生集团"野蛮生长"，数量超过1000家。许多医生集团轻松地拿到了上千万元的融资，估值高达几亿元。但不少医生集团在获得投资时，账面年收入只有数百万元，其商业模式还在探索期，尚未盈利。估值高达数亿元的天使轮融资堪称疯狂。这就是名副其实的"资本逻辑"的投资。

例如，某医生集团获得了VC机构3000万元的投资，投后估值高达3亿元，投后投资人所持股权占公司股权的10%。如果投资人要靠分红获得回报，且该公司每年将50%的净利润用于分红，那么该医生集团每年的净利润要达到1800万元，才能与投资无风险的中国国债收益率（约3%）相当。要知道，中国半数上市公司的年净利润都达不到1800万元！所以，投资人明显不能指望将分红作为回报模式，其预期是未来会有人以更高的估值买走他们的股权。

医生集团采取的是一种以人力资源为核心资源的商业模式，其产能在很大程度上受限于人。而且医生还不是普通的

> 专业人士，医生的培养需要很长时间，好医生全国都很缺。如果一个企业的成长要依赖于好医生，那么其成长速度可想而知。医生集团除非能像麦当劳把专业度最高的厨师砍掉那样把医生砍掉，让护士也可以提供服务，否则这根本不是一个可规模化的创业。然而，让护士执行医生的工作显然不可能，那就等于非法行医了。我们前面讲到，资本追逐的创业企业是兼具创新性和可规模化的创业项目。在那几年，医生集团在中国是一个新的模式，具有创新性，但成长速度很有限，难以规模化。
>
> 很快，医生集团被证明了是一个资本"伪风口"。以专业人士为核心资源的初创企业都不应该用"资本逻辑"来进行投资，它们（至少在发展的前期）都只是一个生意。你见过有资本投资会计师事务所或者律师事务所吗？

第五节　不是每类企业都适合找 VC

在我多年的投资经历中，我发现许多创业者都渴望获得资本的支持。市场上有很多创业培训机构教导创业者如何进行融资，这也反映了这一需求的普遍性。然而，许多创业者参加这些培训的主要目的实际上并不是学习创业和管理，而是拓展人脉并寻找投资人。当然，寻找投资很重要，尤其是对于初创企业来说，股权融资是成本最低的融资方式。例如，前文提到的医生集团获得了 3000 万元的投资，仅仅是卖出了公司 10% 的股权。这几乎是全世界最好的买卖了。

每次我以投资人的身份去见创业者时，几乎无一例外地被他们视为"钱多人傻"的投资人。他们总是按照创业培训机构教授的套路出牌。例如，在天使轮融资中，公司估值大概在 2000 万到 3000

万元之间；到了 A 轮，公司估值就上升到 5000 万元左右；而到了 B 轮，公司估值则可能达到 1 亿元以上。这种现象在资本最疯狂的 2015 年和 2016 年尤为明显，每轮融资的估值比上一轮大概翻了一番，而且每次都会增发 10% 的股权。然而，这些估值与公司的基本面并没有太大关系，似乎更多是行业惯例。

对于不同的行业、不同的企业，能否按照相同的逻辑进行投资呢？例如，A 企业和 B 企业的年利润都是 1000 万元，A 企业的产品是电子产品，而 B 企业的产品是人工智能产品，在对它们进行投资时，能采取同一个思路吗？显然是不能的。因此，每次与创业者见面时，我都会先明确表示自己是一个投资人，但并不是他们所理解的天使投资人或 VC。这意味着，在开始讨论融资事宜之前，创业者不要一开始就提出上亿元的估值要求。但是，我会为他们规划一个更适合他们的可行融资路径，这个路径不一定符合 VC 的投资逻辑。

你可能会想："其实就是价格问题。低溢价的投资是生意逻辑，即使只靠分红也能获得不错的回报；高溢价的投资是资本逻辑，只有通过卖股权才能实现盈利。如果用资本逻辑无法获得融资，只要降低估值就可以用生意逻辑获得融资了。"是这样吗？如果是这样，那就不会有那么多的创业者无法获得融资了。如果你去找一家传统的 VC 机构进行融资，但是被告知投资你的企业不符合他们的投资逻辑，你会怎么做？你可能会提出降低估值的建议，如将估值从 1 亿元降到 1000 万元。但是，我可以保证，他们更不敢投资了。他们会认为这是一个巨大的"坑"，并且不知道应该给你的企业投多少钱合适。传统投资机构的投资经理并不想花太多时间做一笔 100 万元的投资，他们更愿意一次投资 1000 万元或更多。

传统投资机构通常会寻找适合资本逻辑的标的，他们没有耐心与创业者做生意。如果他们认为你的企业没有资本投资的价值，那么即使你提供高额的分红，他们也不会感兴趣。传统投资机构只有一个逻辑：资本逻辑。很多创业公司的创始人并没有意识到，他们的企业并不适合用资本逻辑来进行融资，而到处按照那个资本投资的套路找"资本"，最终都会竹篮打水一场空。

图6-5是我做股权投资的理念和策略，或许可以在如何获得融资、寻求怎样的融资以及如何设计投融资条款等方面给创业者提供一些指导意义。我相信这也代表了相当一部分投资人的观点。对于传统行业的创业企业或者商业模式创新的创业企业，我认为在验证其增长模式之前，不能使用资本逻辑来投资，但可以用生意逻辑来投资。只有当这些企业展示出高成长性时，才适合用资本逻辑来投资。而对于新兴行业的创业企业和科技创新领域的创业企业，则都适合使用资本逻辑来投资。

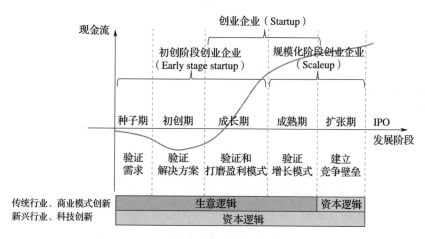

图6-5 我做股权投资的理念和策略

传统行业的创业企业和商业模式创新的创业企业一般没有什么门槛，因此很容易被抄袭。这些企业会面临很多竞争对手，最终比拼的是创业者的执行能力、管理能力和资源整合能力。然而，在创业企业规模较小之时，这些能力往往难以体现出来。如果一个产品或服务不具备稀缺性，那么它就不具有炒作估值的价值。

以开连锁水果店为例，在全国，能开几家水果店的个体户估计有上万家。对于一家拥有几家店铺的水果店来说，即使这个水果店的运营团队经验十分丰富，他们向我阐述他们的水果店与其他水果店有什么不一样，我也不会以资本逻辑来按照几千万元的估值进行第一轮的投资。但是，我愿意给他们投资，只不过是以生意逻辑来投资。如果创始人找到了让水果店快速扩张的窍门，并且已经验证了其成长假设，那么这个公司就具备了以资本逻辑来投资的价值。这种连锁扩张的能力具有稀缺性，可以用资本逻辑获得高溢价。与此类似，传统餐饮企业如真功夫、俏江南、海底捞等在获得今日资本、鼎晖或高瓴投资之前，都已经具备了一定的连锁规模。

对于新兴行业的创业企业和科技创新领域的创业企业来说，情况就不一样了。由于产品和技术具有较高的门槛，因此往往只有几家企业能够进入市场。这些企业往往具有较大的竞争优势，即使营销比较弱，产品也能够卖得出去。因此，这类企业从创业的最早阶段就适合以资本逻辑来做投融资。这些企业前期的现金流往往都不好，从短期看都不是好生意。例如，研发新药的企业可能前十年都只有现金流出，无法以生意逻辑做投融资。

应用资本逻辑的风险投资是伴随着信息科技产业的蓬勃发展而兴起的。风险投资的投资热点也是伴随着科技热点和趋势的切换而不断变化的。从PC时代的芯片设计制造、操作系统和软件应用，到互联网时代的门户网站、网络游戏、电子商务，再到移动互联网时代的各种类型的app、移动通信技术，风险投资对各行各业进行了重塑。这些能够让人类生活产生巨变的科技类创新最适合用资本逻辑进行投资。

说到这里，你可能会拿瑞幸咖啡、喜茶、奈雪的茶来反驳我。这些企业不是在早期都获得了资本的投资吗？确实有一些投资机构在早期投资了一些消费品牌项目，并通过资本运作迅速"催熟"这些企业，使它们的估值非常高。然而，一些投资机构有自己的资本运作方法，不具有普遍性。

图6-6是2017年（也就是资本最疯狂的一年）中国早期项目的投资案例数分布情况，这能够佐证我的观点。其实你随便找任何一年，基本上都是这样的分布。从图6-6中可以看出，TMT（科技、媒体、通信）以及BT（生物技术）是投资机构热衷的领域，投资案例数基本上占了80%左右。

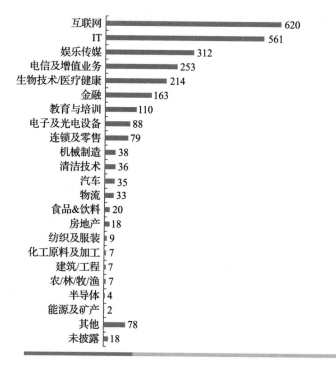

图6-6　2017年中国早期投资市场一级行业投资分布

如果你的创业项目不是在这些技术含量较高的新兴行业中，而且刚开始，你就想找风投机构，那么你的成功概率极低。你还不如专心地先把生意做好。但你也不用灰心，因为当传统行业的企业和模式创新的企业展现出成长性和规模时，它们的估值一点都不会比科技企业逊色。

图 6-7 是 2020 年 9 月海底捞、海天味业、农夫山泉这几家消费行业巨头的市值，其市盈率都高于科技企业腾讯、小米和阿里巴巴的市盈率。这意味着市场上的投资人认为，这些企业的成长性比腾讯、小米和阿里巴巴更大。大消费和大娱乐行业被认为是永恒的朝阳行业，不管科技如何迭代，这些行业都不会消失。但是，这些企业上市并不容易。同样是年利润 1000 万元，这些行业的企业要上市可能门都没有，可能没有券商和保荐人愿意接手。相比之下，如果是生物科技或人工智能行业的企业，年利润达到 1000 万元就可以引起轰动，甚至可以吹上天。传统行业的企业要上市可能没有什么"故事"可讲，只能靠业绩说话。与科技行业的企业相比，传统行业如果没有过硬的业绩支撑，只是靠"画饼，讲故事"蒙混上市，就很容易露馅。

海底捞	海天味业	农夫山泉
市值：2800亿港元	市值：5400亿元	市值：3700亿港元
PE：150倍	PE：86倍	PE：67倍
腾讯、小米：PE40倍；阿里巴巴：PE30倍。		

图 6-7　海底捞、海天味业、农夫山泉的市值和市盈率（2020 年 9 月）

我创办的群蜂社并不是一家传统的风投机构。我们采用"精益投资"的理念，服务广大踏实做事、追求商业本质的创业者，帮助他们匹配投资人。所谓"精益投资"，就是在一家初创企业还不具备资本价值的时候，我们为其设计生意逻辑的投融资方式；当其具备资本价值时，我们又为其设计资本逻辑的投融资模式，让其走上资本路线。我们的腾骏马术、群蜂绿乡农庄采取的就是这样的投融资模式，在发展初期，它们基本不太可能获得风投的资金。

创业者的融资观念也要做一些改变。如果你提出的资本逻辑不被认可,那么你大可看看是否可以用生意逻辑进行融资,等你的企业的亮点得以充分展现后,再做切换。这样会大大增加你获得资金支持的可能性。据统计,截至 2020 年年底,国内居民个人持有的可投资资产总体规模达 241 万亿元。这些资金都在寻找投资机会。如果你告诉他们,只有你成为独角兽或者上市才有不错的收益,那么他们可能都会望而却步。对于非职业长期投资者来说,偶尔投资一两个项目,碰到独角兽或上市公司的概率是很低的;但是,碰到一个能够赚钱、能够分红的生意的概率要大得多。

第六节 创业九死一生,为什么还有人投资

哈佛商学院的讲师施克哈尔·高希(Shikhar Ghosh)在华尔街日报的一篇报道中指出,他追踪研究了 2000 家获得风险投资的创业企业的发展情况,发现 75% 的企业从未给予其投资人现金回报,30%~40% 的企业的投资人损失了全部的投资本金。需要强调的是,他所追踪的这些企业都是已经渡过了高死亡期的初创阶段,进入了增长期阶段的创业企业。如果追踪的是初创阶段的创业企业,那么结果可能会更惨淡。

既然创业的失败率这么高,那为什么还有人乐此不疲地投资初创企业呢?因为风投行业是一个追求"命中率"的行业,追求的是独特的回报方式。与股票和基金的回报不同,风投的回报不遵循正常的正态分布,而是呈现高度倾斜的长尾模式(见图 6-8)。位于右侧长尾上的少数优异的项目带来了绝大部分的收益。

谷歌、脸书、阿里巴巴、基因泰克、亚马逊、奈飞、美团、京东、爱彼迎、优步、滴滴等成长为超级巨头的企业,为它们背后的投资人奉上了百倍、千倍甚至万倍的投资回报,让它们的投资人一战成名。

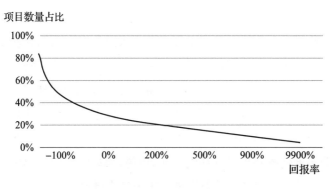

图 6-8 回报率的长尾分布

2012 年，王刚出资 70 万元，程维出资 10 万元○，共同成立了滴滴。程维担任 CEO，王刚则是公司的天使投资人。在 2017 年 4 月，滴滴获得了日本软银、阿布扎比慕巴达拉公司等投资者的 40 亿美元投资，估值高达 560 亿美元。○按照这个估值，王刚的 70 万元股份市值 70 亿元，升值了 1 万倍。

《从 0 到 1：开启商业与未来的秘密》的作者彼得·蒂尔在 2004 年向脸书投资了 50 万美元，获得了 10.2% 的股权。当时脸书的估值为 490 万美元。脸书于 2012 年 5 月上市，市值达到 1000 亿美元。在上市前和在锁定期结束后，彼得·蒂尔卖了他所有的脸书股票，共获得了约 10 亿美元的收入。投资 50 万美元，8 年收回 10 亿美元，升值了 2000 倍。

《富人思维》一书作者贾森·卡拉卡尼斯在优步成立初期按照投后估值 500 万美元向优步投资了 2.5 万美元。当时优步只是一个只在一个城市运营、只有几辆汽车注册的公司。如今，优步的市值

○ 资料来源：《滴滴天使投资人王刚：做投资人，4 年获万倍回报》，创享智库。

○ 资料来源：《滴滴艰难的 2018：被曝估值大跌、投资人抛原始股 如何破局？》，财经社。

已经超过了900亿美元。

这些成功的创投案例成了人们津津乐道的财富故事，正是促使风投机构前赴后继投资高失败率的初创企业的"长尾诱惑"。风投机构采用的这种投资模式叫作"长尾投资"，是一种利用专业领域的知识，将资金系统地配置到初创企业，以求命中优异项目的投资方法。越是投资早期创业项目的投资基金，越是追求"长尾命中"。正如众多天使投资人说的那样："广撒网，你只需要对一次。"

优步的天使投资人贾森·卡拉卡尼斯在他的《富人思维》一书中做了一个简单的统计，他指出全球每年只诞生2家独角兽，在过去的10年诞生了十几家"十角兽"（市值超过百亿美元的公司），大概每10年左右就会诞生一家市值1000亿美元的超级巨头。要成为独角兽，需要团队优秀、机遇和新技术平台的出现，或者新的基础设施的普及。5G、VR、元宇宙、区块链、机器人、基因技术、3D打印等划时代的技术不断涌现，为独角兽的孕育提供了土壤。风险投资人的工作日程就是泡在这些新兴领域中，寻找新时代的巨人，希望"对一次"。只要能"对一次"，那么众多的失败将变得微不足道。

因此，我建议创业企业要争取获得风险投资人的投资。即使你的项目最终未能给支持你的投资人带来回报，实际上是与你同在投资组合中的其他优秀项目补贴了你。这种失败可能给你带来的压力最小。想想看，如果是你的同学、家人或朋友给你的创业入股投资，可能都是基于对你的信任，而不是商业上的公平交易。谁也不能保证创业路上一路坦途。那些珍视自己信誉的人，如果创业失败了，往往会把这种完全基于感情和信任的入股投资转变为自己的负担。然而，风险投资对你的投资不同，它是基于商业规则的。你的失败对风险投资人来说并不是"天要塌下来"的事情。你的人情债会相对较小。但是，你要搞清楚，你的项目是风险投资人要找的"长尾诱惑"吗？值得他们将其纳入自己的投资组合吗？

第七节　初创企业的估值窘境

一、如何理解估值

我们经常会听到一些初创企业获得融资的新闻:"某某企业完成天使轮 500 万元的融资,估值 5000 万元。""某某企业完成 A 轮融资,融资 2000 万元,估值 2 亿元。"……很多人都会有这样的疑问,一家初创企业还没有开始赚钱,前途未卜,为什么会估值几千万元甚至几亿元?为什么创始团队加起来不过投了 100 万元,却占有公司大部分的股权,而风险投资机人投资了 1000 万元,却只占 10% 的股权?这就是前面我提到的生意逻辑和资本逻辑的区别。资本使用的是资本逻辑。用生意逻辑的估值框架看,风险投资人都有点"钱多人傻"。实际上,风投投资人一点都不傻。

首先,"估值"并不代表公司股东在出售公司后就能获得这些资金。就像上市公司的市值一样,是由边际交易价格决定的。所谓"边际交易价格",就是最近一笔交易的价格。如果一家公司最近一笔股票的交易价格为 100 元/股,总共发行在外的股份为 1 亿股,那么这家公司的市值就是 100 亿元。如果大股东持有 5000 万股,即一半的股权,想要把这 5000 万股卖掉套现,他绝对拿不到 50 亿元。如果大股东大幅度套现,这将释放出不好的信号,导致公司的股价大幅下跌,甚至变得一文不值。因此,估值与公司股东最终能够获得的资金不能画等号。

其次,风险投资人给出的估值的背后还附带了很多权益。实际上,风险投资人所获得的股权的性质与创始团队的股权的性质并不相同。在公司分红、出售套现和清算时,风险投资人所获得的股权通常比创始团队的股权拥有更高的优先权,甚至附带了要求公司或创始人回购的权利。这种权益介于公司的普通债权和普通股之间，是一种特殊股权，正式名称是"可转换优先股"（Convertible Preferred Stock）。意思是在被投企业上市前，这类股权优先于普通股收回其投资资金，而在公司上市后，这类股权可以转化为普通股（目前在中国，企业 IPO 时一般要求所有股权都同股同权，上市后优先权就不存在了）。

举个简单的例子，风险投资人给一家初创企业投资了 1000 万元，获得了这家企业 10% 的股权。投资后，这家企业被一家上市公司以 2000 万元的价格收购。那么，风险投资人最后分得的不是 2000 万元 × 10% = 200 万元，而是优先拿回自己的投资成本 1000 万元，剩下的再由其他股东分配。如果用 1000 万元 ÷ 10% 得到公司的估值为 1 亿元，而创始股东持有 90%，价值 9000 万元，显然不合理。因为风险投资人的股权和创始人的股权性质不同，二者所拥有的权利也不同。

二、初创企业的估值难题

我们都知道，一项资产的内在价值等于该资产未来能够给资产持有人带来的现金流折现的总和。因此，公司的内在价值是公司估值的最佳估计基础。折现现金流（Discounted Cash Flow，DCF）模型是我们在估计一家企业的内在价值时常用的模型。

$$DCF = \frac{CF_1}{(1+r)^1} + \frac{CF_2}{(1+r)^2} + \cdots + \frac{CF_n}{(1+r)^n}$$

CF：每年的现金流；

r：折现率，也就是我们前文提及的 RRR；

n：表示第 n 个折现周期。

这个模型看起来简洁明了。但是，对于还在探索商业模式的初创企业来说，要准确估计自己在整个生命周期中每一年的现金流几乎不可能。因此，初创企业使用DCF模型面临很大的挑战。

所有企业都会经历一个生命周期，从最初只有创意的初创企业开始，逐步探索和打磨商业模式，逐渐实现高成长，进入成熟期并最终衰退。随着公司进入生命周期的不同阶段，确定估值变量的难度也各不相同（见图6-9）。

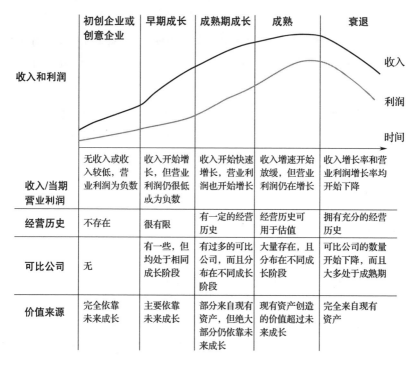

图6-9　企业不同生命周期的估值问题⊖

可以看出，DCF估值模型更适合用于业务已经成熟的企业。这些企业的收入和利润开始稳定增长，有较多的历史数据和可比公司，行业数据可作为预测参考。而处于初创阶段的公司则没有收

⊖ 资料来源：《估值：难点、解决方案以及相关案例》，达莫达兰。

入、没有利润,甚至没有行业数据,基本上所有数据都是拍脑袋想出来的,感觉就像是数字游戏。难怪有人说初创企业的估值靠的是创始人"讲故事"的能力,只能用"市梦率"来计算。

给初创企业定价一直是一个难题,因为存在很多不确定性。有些人喜欢使用更大或更复杂的模型来应对复杂性和不确定性,但参数设置越多并不意味着估得越准。反正都是估算,因此有些投资人选择采用"经验法则"作为解决方案。例如,一家企业的估值在第一轮为3000万~5000万元,第二轮估值翻一番,即6000万~10000万元;第三轮再翻一番,如果无法获得融资,则估值增长50%再谈一谈。当然也有一些初创企业不是简单地按照融资轮次定价,而是将融资轮次与一些里程碑事件相结合,如产品研发成功、推向市场、获得一定收入等。虽然第一轮估值仍然是按照经验法则想出来的,但后续的估值增长似乎与进展相匹配,具有合理性。每一轮融资的价格都会成为下一轮融资的估值基准。还有一些经验法则比较简单,如按照流水的1.5倍或按照收入的3倍来确定初创企业的估值,因为他们认为这是公司被收购时并购方可以接受的价格。只要投资人认可这种方法就是合理的。

然而,按照这种经验法则给初创企业估值很容易出错。因为这种机械式的定价模式几乎忽略了不同行业、不同商业模式对企业价值的影响。实际上,不同行业、不同商业模式对企业的价值有非常重要的影响,如果忽略了这些因素就会面临潜在的风险。

虽然DCF模型在套用于初创企业时可能显得无力,但它为我们提供了一个很好的估值思维框架。我们很难估计初创企业生命周期中每年的现金流量,但至少我们知道哪些变量会影响初创企业的价值。根据我的经验,初创企业的价值与以下因素密切相关。

- 赛道容量。赛道容量决定了企业未来估值的天花板。假设其他条件都一样,一家企业所处的赛道是数百亿元级别的,另一家企业是数十亿元级别的,在第一轮融资时,如果两家企业的估值都是 5000 万元,那么毫无疑问应该选择前者,因为其成长空间要大得多。

- 成长性。初创企业在前期往往缺乏数据,因此我们只能从公司的商业模式中获得一些判断。例如,一锤子买卖的收入模式一般不如订阅式收入模式;自营的一般不如做平台的;普通商品销售方式,不如吉列模式的"刀把+刀片"产品搭配销售模式;缺乏网络效应的企业,一般不如具备网络效应的企业;只具备跨边网络效应的企业,一般不如同时具备跨边、同边网络效应的企业。(备注:具备跨边网络效应的平台类似于阿里巴巴这种平台,卖家越多就会促进买家越多,买家越多就会促进卖家越多。卖家和卖家、买家和买家很少发生链接。而同时具备跨边、同边网络效应的平台则类似于拼多多这样的平台,除了卖家和买家相互促进,买家和买家也相互促进,一起砍价。)

- 盈利性。在初创阶段,我们主要关注的是产品/服务的门槛和议价能力。如果一个领域缺乏门槛,那么最终的利润率很可能会趋近于市场平均回报率,趋于平庸。

- 生命周期的跨度。贵州茅台、海天味业、农夫山泉等公司的产品看似没有技术含量,但它们的市值却远超许多高科技公司。例如,贵州茅台的市值超过 2 万亿元,海天味业的市值超过 2000 亿元,农夫山泉的市值达到 4000 亿元,而它们的市盈率也高达几十倍,不亚于其他科技公司。为什么呢?因为这些行业的企业的生命周期要远远长于科技公司。科技发展日新月异,技术更新迭代很快。科技公司面临技术和产品被淘汰的风险。今天流行的科技和技术产品,可能在 5 年后就不复存在了。因此,在科技公司的 DCF

模型中N（折现年数）可能是5~10年。而像酒、酱油、矿泉水这样的产品可能会在我们有生之年都经久不衰，生产这类产品的企业的N似乎"无穷大"。在企业初创阶段，我们就可以预测一家企业的生命周期跨度的长短。例如，网红带货依赖于网红个人的影响力和表现，注定是一个短暂的行业。这个行业的企业的价值会大打折扣。

- 竞争度。一个行业的竞争度越激烈，该行业企业的价值就越低。我们继续以消费行业与科技行业为例进行对比。消费行业由于产品门槛比较低，竞争往往非常激烈。消费行业的初创企业要打造品牌非常不容易，在做出名头之前，其估值水平一般远低于有技术门槛的科技行业的企业。在消费行业中，如果一个企业有12%的毛利率，那么就会有其他企业复制这个企业的做法而只要求10%的毛利，使得行业内的竞争日益激烈。而在高科技行业中，由于参与者少，所以行业的竞争度则小很多，这也会反映在企业估值中。例如，芯片行业由于准入门槛高，所以行业中的企业在融资时往往能获得较高的溢价。

- 团队能力。虽然早期投资主要是投资创业团队，但是初创企业的历史很短，投资人很难判断创业团队的能力和管理水平。因此，团队成员之前有相关的创业成功经验或者在一些行业标杆公司中从事过相关业务，往往会得到加分。但是，从我的经历来看，这种简单的判断并不可靠。在一个平台上当螺丝钉和从0到1设立一家公司、做一个独当一面的创业者真的是两码事。有时这些过去的光环反而会成为判断的烟幕弹，掩盖了真正的问题。

第八节 公司价值的大部分在上市前就已被透支

一般来说，初创企业往往没有像样的收入、利润或可变卖的资产，那么投资人为什么愿意按照几千万元的估值来投资占股呢？归根结底是投资人认为会有人以更高的价格买走他们的股权，股票市场的投资人是他们手上股权的"终极买家"。股票市场发行的股权永远都是高溢价的，即公司如果每年能赚1元，那得按照20元，甚至40元、100元的价格卖，提前透支未来几十年的业绩。有怎样的"终点"就有怎样的"起点"。风险投资人对初创企业的投资是抢先透支那些未来可能会上市的公司的价值。

下面是我用截止到2021年9月的数据做的不同股票市场中公司上市后股价表现的数据分析。

在图6-10中，我提取了所有上市满半年的科创板公司的上市半年的股价与发行价做对比。上市半年，234家公司中只有19家破发。约47.4%的公司股价的涨幅低于发行价的1倍，约44.4%的公司股价的涨幅超过了发行价的1倍。然而，需要注意的是，在企业上市过程中存在一定程度的"行政干预"，因此发行价并非完全等同于市场价。当发行价回归市场价时，就给参与打新的投资者留下了一定的套利空间。

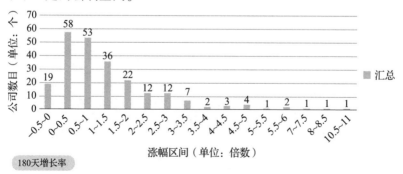

图6-10 234家科创板公司上市180天的股价与发行价做对比

如果我们不是以发行价为基准，而是以第一天的收盘价为基准，那么情况就完全不一样了。69%的科创板公司的股价在上市后半年低于第一天的收盘价（备注：科创板和创业板在注册制实施后上市前5个交易日不设涨跌幅），如图6-11所示。

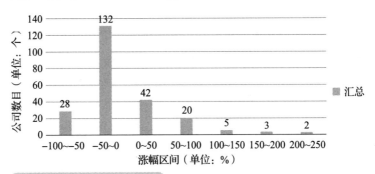

图6-11 232家科创板公司上市半年的股价与
第一个交易日收盘价做对比

接着，我们分析一下在科创板上市满一年的159家公司中，上市满一年时的股价相对于上市半年时的股价表现。如图6-12所示，63%的公司的股价进一步下跌。"蜜月期"过去了，能在一年内消化掉泡沫并且股价上涨的公司并不多。

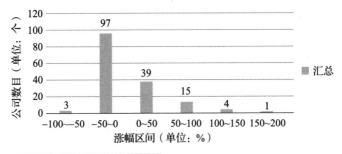

图6-12 159家科创板公司上市一年股价与上市半年股价做对比

如果公司不是在境内上市,而是选择在境外上市呢?我们再来分析一下。

图6-13展示了2015年以来所有在香港上市满半年的中概股的股价的变化,上市半年破发率高达56%。

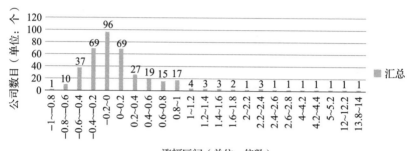

图6-13　2015年以来383家在香港上市的中概股上市半年股价与发行价做对比

我们再把目光转移到2015年以来在纳斯达克以及纽约证券交易所上市的中概股。

图6-14~图6-17分析的是2015年以来在纳斯达克以及纽约证券交易所上市的中概股满半年以及满1年时公司的股价相对于发行价的涨幅。这两组数据惊人的相似。从这些图中可以看出,在这些中概股中,美股比港股的表现更惨淡,可见华尔街那些精明的投行把股票的发行价格忽悠得有多高。难怪格雷厄姆提出价值投资的一个原则:永远不在公司上市发行时的高光时刻买股票。买的不如卖的精。去美股打新股,听起来像个笑话。

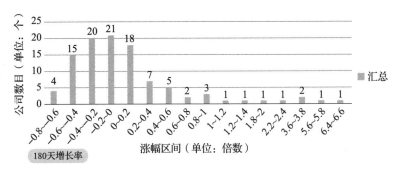

图6-14 2015年后在纳斯达克上市的103家企业上市半年后股价与发行价做对比

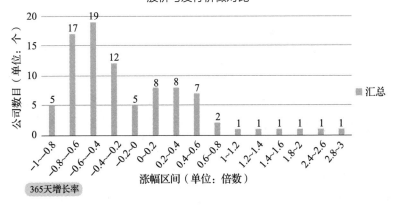

图6-15 2015年后在纳斯达克上市的103家企业上市一年后股价与发行价做对比

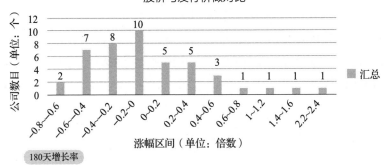

图6-16 2015年后在纽约证券交易所上市的44家企业上市半年后股价与发行价做对比

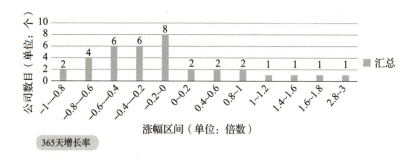

图 6-17　2015 年后在纽约证券交易所上市的 36 家企业上市一年后股价与发行价做对比

通过上面的数据分析我们可以得出这样的结论：大多数公司在上市前就已经充分释放了自身的价值，风险投资人会在企业上市前将企业的大部分价值挖掘出来，留给股票市场投资人的价值并不多。绝大部分的公司需要通过增长消化风险投资人在公司上市前制造出来的"泡沫"，即使像微软和腾讯这样的优秀公司也需要几年时间才能消化掉这些泡沫并重拾价值增长。而对于大部分普通上市公司来说，上市发行那一刻就是企业的"高光时刻"，上市即巅峰。

因此，我们可以得出结论：你创办的企业只要有上市的可能，有资本投资的价值，就值得用"资本逻辑"估值，值得拥有溢价。所以，在面对风险投资人时，你不要羞于开口。他们是你的好伙伴，你提供面粉，他们协助你将企业做成卖相诱人的"蛋糕"，最终埋单的是股票市场中前赴后继冒险追求财富的投资者们。归根结底，资本的价值源自股票市场。没有冒险追求财富的精神，就没有我们今日科技的发展和社会的进步。

第九节　了解企业资本价值的发源地

既然我们都清楚了，公开的资本市场是企业资本价值的来源，那么我们就需要对"发源地"非常清楚。如果把"风险投资人投资一家企业"和"创业者创办一家企业"比作在工厂生产一款产品，不了解资本市场就等于你不了解客户的需求、偏好和支付能力，那么你也就无法生产出畅销的产品。对于创业者来说，这是"盲目创业"，而对于风险投资人来说，这叫"瞎投"。

作为一家中国初创企业，选择上市地是一个重要的决策。目前主流的上市地包括科创板、创业板、北交所、港交所、纳斯达克和纽交所等。虽然对于初创企业来说，上市可能还很遥远，但是尽早树立远大理想，找到自己的方向，了解目的地，可以少走很多弯路。同时，了解价值的发源地也对融资非常重要。

你可能会问，为什么上面的主流上市地没有 A 股的深交所中小板？实际上，中小板已经在 2021 年 4 月并入了主板，因此不存在所谓的"中小板"。对于创业者和投资者来说，原来的 A 股中小板与 A 股主板并没有太大区别。接受风投的企业很少通过主板退出。在 A 股主板上市发行审核时，强调持续盈利能力，财务业绩条件非常苛刻：最近 3 个会计年度净利润均为正数且净利润累计超过 3000 万元。实际执行的标准远高于这个标准。主板股票的平均市盈率为 20 倍左右。如果企业只有 3000 万元的年净利润，那么其市值对应的是六七亿元。但一个上市公司的壳（指那些没有实际业务，只剩下一个上市资质，奄奄一息的上市公司）也值十几亿元。也就是说，如果一个企业年净利润只有 3000 万元，那么它连壳的价值都撑不起来。此外，企业在 A 股主板上市的时间周期往往长达 1 年。因此，主板比较适合所在行业较传统、发展成熟、规模较大的企业。这些行业的企业可能缺少让人兴奋的故事、新鲜感和增长潜力，但它们拥有规模、收入和利润，是大型成熟企业。这种企业不是创业的重点，也不是风险投资的重点。

作为一名创业者，并不需要像专业的投资人那样精通资本市场的规则。在这里，我会进行简明扼要的介绍。相信只要了解了这些内容，创业者就能够在创业初期制定资本路线规划，从而指导每一轮融资。如果想要深入了解，可以阅读那些烦琐的上市规则。

一、科创板

上交所于 2019 年 3 月设立了科创板，旨在重点支持新一代信息技术、高端装备、新材料、新能源、节能环保以及生物医药等高新技术产业和战略性新兴产业的发展。科创板致力于推动互联网、大数据、云计算、人工智能和制造业的深度融合，引领中高端消费，促进质量变革、效率变革和动力变革。

在科创板上市的企业必须具有较强的"硬科技"属性，符合国家战略，有国产替代能力，能够打破外商垄断并突破关键技术。这些企业的故事充满了创新和挑战，值得投资者关注。

科创板上市条件共有五套标准。虽然有些标准只看市值，对利润没有要求，但实际上，在有不错的净利润和收入的前提下谋划上市比较稳妥。如果连年巨亏，市值还被风投炒到天上，则很轻易就能达到市值标准，但对于这样的股票，监管当局也是不敢开绿灯的。如果公司上市后不久就让股票投资者血本无归，那么监管当局的监管责任就大了。以研发柔性屏的明星独角兽企业柔宇科技为例，在资本的支持下，柔宇科技用了 8 年时间完成了从 A 轮到 F 轮的融资，估值达到 500 亿元。2020 年 12 月 31 日，柔宇科技向上交所提交了科创板的上市申请，拟通过 IPO 募资 144.39 亿元。然而，柔宇科技在 2020 年上半年的营业收入仅为 1.1 亿元，亏损却高达 9.6 亿元。[一]按照科创板的第四套标准：市值不低于 40 亿元，具备明显的技术优势，柔宇科技也算勉强达到了上市标准。但柔宇科技最终还是上市失败。如果柔宇科技不是亏损 9.6 亿元，而是刚好盈

[一] 数据来源：柔宇科技招股说明书。

亏平衡，很可能就可以按照第一套标准成功登陆科创板。第一套标准为：市值不低于 10 亿元，且最近一年利润为正，收入不低于 1 亿元。一般来说，券商实操的标准是年净利润 3000 万元以上。

2022 年 7 月，普华永道发表了对科创板的研究报告《科创板开启中国资本市场的新时代》，统计了截止到 2022 年 6 月 430 家科创板上市公司的情况（见图 6-18 和图 6-19）。超过 80% 的公司都采用了第一套标准，也就是"不亏钱"标准。这 430 家科创板上市公司中有 50% 的发行市盈率在 20 到 50 倍之间，有 30% 超过 50 倍。

行业分布	数量
新一代信息技术产业	160
生物产业	92
高端装备制造产业	73
新材料产业	55
节能环保产业	22
新能源产业	23
相关服务业	5
合计	430

上市标准	数量
上市标准一	351
上市标准二	16
上市标准三	3
上市标准四	33
上市标准五	16
特殊表决权上市标准二	6
红筹股上市标准二	5
合计	430

图 6-18　截至 2022 年 6 月科创板上市企业行业分布和采用的上市标准统计

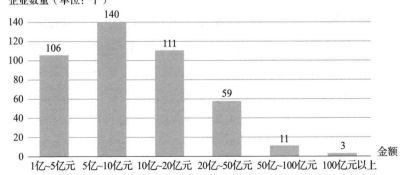

图 6-19　科创板上市公司募集资金以及发行市盈率

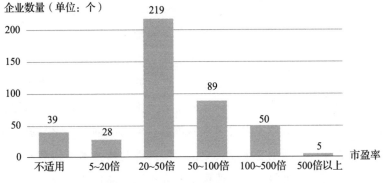

图6-19 科创板上市公司募集资金以及发行市盈率（续）

2022年以前科创板的整体平均市盈率高达60～100倍，2022年股市大幅下跌后仍有40～60倍，如图6-20所示。

图6-20 科创板市盈率走势图

科创板的整体估值水平在众多板块中是最高的，但随着上市企业的增加，我预计从长期来看，其估值水平可能会与创业板趋同。然而，在中短期内，科创板仍然是科技属性初创企业的首选上市目的地。

二、创业板

深交所于 2009 年 10 月份推出了创业板,比科创板的历史长了 10 年。截至 2022 年第三季度,创业板上市公司数量约为 1200 家。2020 年 8 月 24 日,创业板实施注册制上市模式,放宽了企业上市门槛。深交所的创业板定位于支持"三创四新",即深入贯彻创新驱动发展战略,适应发展更多依靠创新、创造、创意的大趋势,主要服务成长型创新创业企业,支持传统产业与新技术、新产业、新业态、新模式深度融合。创业板企业大多从事高科技业务,具有较高的成长性,虽然往往成立时间较短,规模较小,业绩也不突出,但有很大的成长空间。

科创板的范围比创业板窄,明确规定了六大行业并符合科创属性。创业板则是采用约定负面清单的方式,包括农林牧渔、农副食品加工、采矿、食品饮料、纺织服装、有色金属、电力热力燃气、建筑、交通运输、仓储邮政、住宿餐饮、金融、房地产、居民服务和修理等传统行业。但是,在这些传统企业中,与互联网、大数据、云计算、自动化、新能源、人工智能等新技术、新产业、新业态、新模式深度融合的创新创业企业仍然可以在创业板上市。例如,入选创业板指成分股的温氏股份以猪、鸡、鸭、鸽等的养殖、加工、销售为主营业务,汤成倍健主营保健品,立高食品则做烘焙食品原料,稳健医疗则专注于棉制医疗防护产品的生产,金龙鱼则从事粮油食品的生产,宋城演艺则投资运营主题公园和旅游文化演艺项目……这些企业看起来都是传统业态,科技技术含量并不高,但它们都属于创新企业。据我观察,一家企业如果能够做大并且业绩足够好,总有创新之处。要提炼出企业的创新点其实并不难。对于上市企业来说,体量和业绩就是最好的"创新"佐证。

所以,符合科创板上市条件的企业也一定符合创业板上市条件，但是符合创业板上市条件的企业不一定符合科创板上市条件。科创板注重的是高科技创新，而创业板注重的是创新，不仅包括科技创新，还包括应用科技手段所做的商业模式创新。从行业分布看，自注册制实施以来，机械设备、基础化工、医药生物、电子和电力设备等行业的企业在创业板 IPO 的数量占比超过一半。从图 6-21 可见，创业板涵盖的行业范围非常广泛。

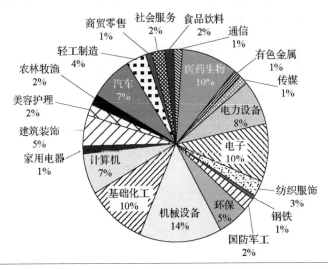

注：数据截至 2022 年 8 月 22 日

图 6-21　创业板注册制上市时公司行业分布

创业板的上市标准有三套，其中最常用的标准是最近两年净利润均为正，且累计净利润不低于 5000 万元。券商保荐上市实操的标准是年净利润 5000 万元以上。在实施注册制后，在创业板发行的股票的市盈率有一半以上集中在 20 到 30 倍之间，市盈率的中位数约为 30 倍（见图 6-22）。将近 67% 的企业的市值不足 50 亿元（见图 6-23）。

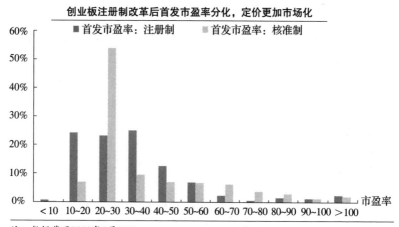

注：数据截至2022年8月19日

图6-22 注册制实施前后创业板股票首发市盈率变化

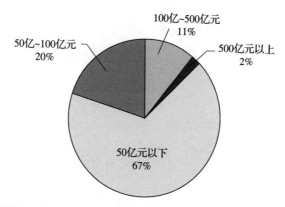

注：数据截至2022年8月22日

图6-23 注册制实施后创业板上市公司市值分布

在2022年以前，创业板股票的平均市盈率为50~70倍。自2022年美国进入加息周期，股市大跌之后，创业板股票的平均市盈率为40倍左右（见图6-24）。

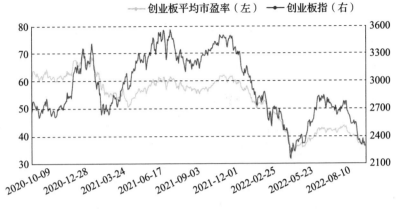

图 6-24 创业板市场估值走势图

三、北交所

北京证券交易所（以下简称"北交所"）于 2021 年 9 月正式成立，相较于创业板和科创板，它显得更加年轻。北交所的定位是专注于"专精特新"的企业，与沪深交易所以及区域性股权市场错位发展、互联互通，通过转板上市发挥在多层次资本市场中的纽带作用。尽管北交所没有科创属性的要求，但从上市公司的构成看，整体偏向于工业、制造业、信息技术等产业。

获得工业和信息化部的"专精特新"的认定确实对北交所的发展具有很大的帮助。所谓"专精特新中小企业"，是指那些具备专业化、精细化、特色化、新颖化优势的中小企业，它们是未来产业链的重要支撑，也是强链补链的主力军。"专精特新小巨人"则是这些企业中的佼佼者，它们不仅业绩良好，还具有很大的发展潜力和培育价值，正处于成长初期。为了推动这些"小巨人"企业的健康发展，北交所将通过一系列措施进行培育和支持。工业和信息化部的数据显示，专精特新中的"小巨人"企业平均研发投入占营业收入的 6.4%，平均拥有发明专利近 12 项。

北交所目前基本比较难受理的行业有：金融、房地产、不符合双减规定的教育业、国家限制和淘汰产能的行业、网络游戏、医美、建筑。

申请北交所 IPO 的企业必须先在新三板挂牌满 12 个月，并且必须在申请北交所 IPO 的时点处于创新层。这个过程相当于"上市辅导"，目的是帮助企业更好地准备 IPO 申请，提高企业成功上市的机会。

新三板的正式名称为全国中小企业股份转让系统，成立于 2012 年 9 月 20 日，在北京设立。在北交所设立之前，新三板根据企业的发展阶段和质量从低到高依次分为三个层次：基础层、创新层、精选层。但是，随着北交所的设立，精选层被替代，挂牌企业平移到北交所成为第一批上市企业。因此，现在新三板只剩下两个层次：基础层和创新层。企业在创新层挂牌满一年才能申请公开发行上市并登陆北交所。创新层的挂牌业绩标准为（二选一）：

- 最近两年净利润均不低于 1000 万元，最近两年加权平均净资产收益率不低于 8%，股本总额不少于 2000 万元。
- 最近两年营业收入平均不低于 6000 万元，且持续增长，年均复合增长率不低于 50%，股本总额不少于 2000 万元。

北交所的上市标准平移了原新三板精选层的"财务+市值"的条件，以市值为核心，围绕盈利能力、成长性、市场认可度、研发能力等设定了四套进入标准，企业符合其中之一即可，且各项要求均低于科创板和创业板的上市条件。截至 2022 年 10 月 25 日，北交所上市公司按照准入标准统计情况如表 6-3 所示。

表6-3 北交所上市公司按照准入标准统计情况

北交所准入标准	上市公司数量
标准一	113
标准二	1
标准三	2
标准四	2
总计	**118**

绝大多数的企业使用标准一申请上市,直到2022年9月才出现北交所首家采用第二套"收入+研发投入"财务标准过会的企业(辰光医疗)。北交所上市标准一的要求为:市值不低于2亿元;最近两年净利润不低于1500万元,且加权平均净资产收益率不低于8%,或者最近一年净利润不低于2500万元,且加权平均净资产收益率不低于8%。

北交所正在快速扩大规模,在审核方面做了包容性安排,相对于科创板和创业板更加灵活,在同业竞争、大客户依赖、关联交易以及财报的调整等方面都有包容性。然而,随着上市企业数量的增加,预计审核将变得更加严格。

如表6-4所示,2022年1-9月,56家过会企业在最近一个年度即2021年的扣非净利润的平均数为4152.56万元,中位数为3470.12万元。其中,扣非净利润最低的企业为荣亿精密,仅为2036.6万元,最高的企业为海泰新能,高达11098.49万元。在56家企业中,绝大多数企业(近60%)在2021年度的净利润为3000万~5000万元。

表6-4　2022年1-9月，56家过会企业在2021年的扣非净利润

扣非净利润	上市家数	约占比
3000万元以下	14	25%
3000万~5000万	31	55.35%
5000万~1亿元	10	17.86%
1亿元以上	1	1.79%

2022年1-9月，北交所共完成了35家企业的发行。其中，市盈率最高的企业为凯德石英（非金属矿物品业），发行市盈率为43.9倍，融资规模达到3亿元；市盈率最低的企业为派特尔（橡胶和塑料制品业），发行市盈率为13.63倍，融资规模9954万元。这35家企业平均募资1.74亿元，平均发行市盈率为22倍，发行市盈率中位数为23.48。上市公司主要采取直接定价（即发行价格由公司和主承销商确定）。

北交所的市场门槛较低，有助于初创企业更早地登陆资本市场。对于风险投资来说，这既是机会也是挑战：一方面，有助于加快投资退出的周期；另一方面意味着市场空间被压缩，这也解释了为什么现在越来越多的风险投资更偏向于投资早期项目。以前，风险投资可能会从A轮一直投资到F轮，而现在投资到C轮，就有可能谋求上市了。

四、科创板、创业板和北交所对比小结

综合上述的分析，我概括性地对比了国内三个资本市场。

- 科技属性要求：科创板＞创业板＞北交所。
- 业绩门槛：创业板＞科创板＞北交所，详见图6-25。

科创板（注册制）	创业板（注册制）	北交所（注册制）
标准1：预计市值不低于人民币10亿元，最近两年净利润均为正且累计净利润不低于人民币5000万元，或者预计市值不低于人民币10亿元，最近一年净利润为正且营业收入不低于人民币1亿元	**标准1**：最近两年净利润均为正，且累计净利润不低于人民币5000万元	发行人应当为在全国中小企业股份转让系统连续挂牌满十二个月的创新层挂牌公司
标准2：预计市值不低于人民币15亿元，最近一年营业收入不低于人民币2亿元，且最近三年累计研发投入占最近三年累计营业收入的比例不低于15%	**标准2**：预计市值不低于人民币10亿元，最近一年净利润为正且营业收入不低于人民币1亿元	**标准1**：市值不低于2亿元，最近两年净利润均不低于1500万元且加权平均净资产收益率平均不低于8%，或者最近一年净利润不低于2500万元且加权平均净资产收益率不低于8%
标准3：预计市值不低于人民币20亿元，最近一年营业收入不低于人民币3亿元，且最近三年经营活动产生的现金流量净额累计不低于人民币1亿元	**标准3**：预计市值不低于人民币50亿元，且最近一年营业收入不低于人民币3亿元	**标准2**：市值不低于4亿元，最近两年营业收入平均不低于1亿元，且最近一年营业收入增长率不低于30%，最近一年经营活动产生的现金流量净额为正
标准4：预计市值不低于人民币30亿元，且最近一年营业收入不低于人民币3亿元		**标准3**：市值不低于8亿元，最近一年营业收入不低于2亿元，最近两年研发投入合计占最近两年营业收入合计的比例不低于8%
标准5：预计市值不低于人民币40亿元，主要业务或产品需经国家有关部门批准，市场空间大，目前已取得阶段性成果。医药行业企业需至少有一项核心产品获批准开展二期临床试验，其他符合科创板定位的企业需具备明显的技术优势并满足相应条件		**标准4**：市值不低于15亿元，最近两年研发投入合计不低于5000万元

图6-25 科创板、创业板和北交所上市业绩要求

- 发行估值水平（按照上市前 12 个月的盈利标准计算，见图 6-26）：科创板（PE 约为 50 倍）>创业板（PE 约为 40 倍）>北交所（PE 约为 30 倍）。
- 首发平均市值（见图 6-26）：科创板（约 70 亿元）>创业板（约 50 亿元）>北交所（约 20 亿元）。

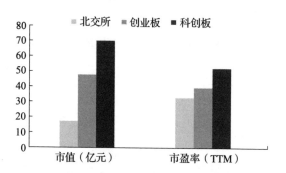

图 6-26 科创板、创业板和北交所上市企业发行估值水平和首发平均市值

- 在上市实操中，如果企业的科技属性足够强，业绩足够好，则首选科创板；如果企业的科技属性不够强，则看业绩，年净利润 5000 万元以上的企业选择创业板，年净利润达不到 3000 万元的企业选择北交所。
- 上市审核速度：北交所（受理后 20 个工作日）>创业板（受理后 2~3 个月）>科创板（受理后 3~6 个月）。
- 市场的整体估值水平（见图 6-27）：科创板和创业板趋同，市盈率约为 40 倍，北交所的市盈率约为 30 倍。虽然科创板和创业板目前有一定的估值优势，但三者估值水平趋于相近。
- 流动性（见图 6-28）：创业板（日均换手率 6.05%）>科创板（日均换手率 4.74%）>北交所（日均换手率 2.28%）。

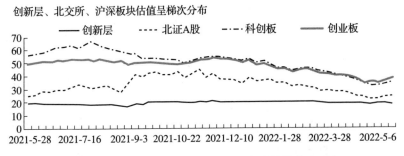

图6-27 科创板、创业板和北交所整体估值水平对比

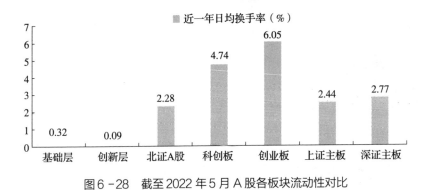

图6-28 截至2022年5月A股各板块流动性对比

值得强调的是,上述看法只是基于我做这个分析时(2022年10月)的工作心得。中国资本市场的政策和法规在持续变化,各个板块的定位也在不断调整,而且受到中美博弈、国家政策、行业政策和社会舆论等因素的影响。有些影响不见得以政策和法规的形式明文规定,而是体现在实操层面。例如,北交所刚推出的时候要扩容,审核就会宽松一点;随着上市的企业越来越多,审核就会越来越严格。对于某些行业,如果上市的企业的数量太多,则对后续同一个行业的企业的审核就会趋严。因此,有志于走资本路线的创业者应该持续关注各个板块的发展变化,特别是关注与自身业态相似的公司在这几个板块IPO的进展。

对于中国的创业企业来说,如果有机会在中国这三个板块上市，就应当尽量选择这三个板块。因为相对于境外的资本市场，中国资本市场的流动性更为充裕，同时，由于中国境内资金投资出路相对较少，散户较多，上市公司的数量对于全球第二大经济体来说仍不算太多。只要企业能够成功上市，基本上都有人愿意关注并交易。企业只有在流动性充沛的证券市场上市，才能为股东提供兑现资本增值的机会。上市费用和维护一家上市企业资质的费用都非常高昂，如果企业选择缺乏流动性的市场上市，就失去了上市的意义。作为中国企业，能在境内上市就首选在境内上市。

五、北交所无缝转板机制

2022年1月7日，中国证监会发布了《中国证监会关于北京证券交易所上市公司转板的指导意见》。该指导意见规定了北交所上市公司转板需要满足的要求，主要有以下四个方面的内容：

- 北交所的公司可以申请转板至科创板或创业板。
- 在北交所连续上市一年以上，转板条件应当与在上交所、深交所首次公开发行并上市的条件保持基本一致。
- 转板属于股票交易场所的变更，不涉及股票公开发行，无须经中国证监会的核准或注册。
- 在计算转板后的股份限售期时，原则上可以扣除在北交所已经限售的时间。

也就是说，企业在北交所上市并不意味着永远只能待在北交所，如果达到在科创板和创业板上市的条件则可以无缝转板。然而，在北交所成立之前，新三板公司转板到创业板或科创板需要摘牌并提交烦琐、复杂的重新上市申请程序。此过程的等待时间和流程与首次登陆科创板和创业板上市无异。

作为一家新晋交易所，北交所在上市企业的规模、估值水平、流动性和活跃度等方面与科创板和创业板存在一定的差距。但是，引入这个无缝转板机制可以让创业企业尽早登陆北交所并享受更多的资本市场资源。我强烈建议创业企业利用北交所尽早走进资本市场，成为一家公众公司。从长远来看，北交所企业的估值水平和流动性会与科创板和创业板企业趋同，甚至以后转板都没有什么必要了。

综上所述，初创企业的资本路线规划为：

- 能先上新三板创新层的先上新三板创新层，通过创新层，把公司的治理架构和规范性建立起来。
- 在创新层挂牌满一年后，如果符合北交所的上市要求，则在北交所首次公开发行（IPO），募集一笔资金，以促进公司的发展。
- 在北交所挂牌满一年后，如果达到科创板和创业板的上市要求，并且当时科创板和创业板的估值水平和流动性仍然优于其他市场，则可以立即进行无缝转板。
- 转板后，如果价格合适，则可以进行二次融资，以募集发展资金。

在当前的资本体系下，不要以为上市离你很遥远，上市的门槛已经大大降低，速度也大大加快了。创业企业开启资本化的时间将越来越早。创业企业资本化似乎也遵循着"精益创业"的原则，与其花十年八年在非公开股权市场憋出一个大市值的公司再上市然后跌破发行价，昙花一现，不如尽快成为一个小市值的上市公司，借力公开资本市场的资金通过内生性的业务扩张和外延性的并购逐渐成长为一家大市值的上市公司。特别是对于那些已然"过气"的公司来说，无论因为风口已过导致风投机构不再关注，还是因为非公开市场融资难度较大，一些融资问题使它们难以获得一个满意的估值，也许尽早登陆资本市场是一个更好的选择。我预测未来会出现越来越多小市值的上市公司，而不是越来越多 C 轮、D 轮阶段的大市值非上市公司。

六、港交所

港交所主要分为主板和创业板（GEM）两个市场。主板是一般的 IPO 市场，被批准上市的企业一般规模较大。创业板则是 1999 年才推出的新股票市场，上市的门槛较低，主要为有增长潜力的新兴企业提供融资管道。截至 2022 年 5 月 12 日，港交所官网数据显示港交所上市股票总数为 2566 只，其中在主板上市的股票为 2216 只，在创业板上市的股票为 350 只。香港的创业板和深圳的创业板虽然都叫创业板，但对于风投和创业者来说却迥然不同。在香港创业板中，公司的规模很小，盈利性差，大部分企业无人问津，行情低迷，甚少作为主流创业者的上市目的地。因此，我们这里主要讨论主板。

申请在香港主板 IPO 的企业，必须符合以下三个标准中的至少一项：盈利测试，市值和收入测试，市值、收入和现金流测试。

标准 1：盈利测试

公司上市前三年累积盈利超过 5000 万港元（或上市前一年盈利超过 2000 万港元），并且市值超过 5 亿港元。

标准 2：市值和收入测试

公司最近一年收入超过 5 亿港元，且市值超过 40 亿港元。

标准 3：市值、收入和现金流测试

公司最近一年收入超过 5 亿港元，市值超过 20 亿港元，上市前三年经营现金流超过 1 亿港元，且目前经营的业务有现金流入。

除了上述三个标准，考虑到生物医药行业通常需要长周期的研发和巨量的资金投入才能产生现金流入，港交所于 2018 年制定了《香港联合交易所有限公司证券上市规则》（上市规则）第 18A 章，以允许处于相对较高发展阶段但尚未产生收益的生物科技企业上市。除了要满足为生物医药行业特别制定的上市标准，申请上市的公司必须同时满足以下要求：

- 在产品管线中，核心产品具有良好的商业化前景，并已通过概念阶段。这些产品类型包括药剂（小分子药物）、生物制剂或医疗器材等，且需经主管当局根据临床试验数据进行审评审批后方可上市销售。如果无须审评审批即可上市，或者虽需审评审批，但审批时免于提交临床试验数据，则都不能成为核心产品。药物研发已获准开展Ⅱ期临床试验，会被视为通过概念阶段。对于第二类或者以上的医疗器械，必须通过一次人体试验，且主管当局不反对，或者同意开展进一步的临床试验或者上市销售。㊀
- 拥有核心产品的知识产权。
- 预期市值不低于15亿港元，已获至少一名资深投资者提供的相当数额的第三方投资，持股1%~5%即可。
- 在上市前，公司已由大致相同的管理层经营现有的业务至少两个会计年度。
- 发行后，企业拥有的资金须不低于未来12个月运营所需资金的125%的水平。

与第18A章对应，没有收益的生物医药企业也可以通过科创板"标准五"在科创板上市，但科创板的市值准入门槛更高，对研发管线储备、核心团队及核心技术平台价值的要求更多依赖窗口指导意见。2021年，共有17家生物医药企业闯关科创板IPO失败，究其折戟原因，主要包括科创属性要求较高、收紧以授权引进为主的管线模式等。与此不同，第18A章的监管审批流程更加清晰透明。

㊀ 资料来源：《生物科技公司，你是否符合港股上市新规？》，程芳、章舒熳。

在遇到特殊情况或非常见事项时，企业可以与港交所进行上市前咨询及预先沟通，并根据具体情况进行调整，预见性更高。㊀

然而，与上述上市门槛相比，以下这些统计数据更接近实际上市标准。截至2021年，在港交所上市但尚未产生收益的生物科技公司平均成立年限为9.1年（2020年为8.6年）；平均进行4.7轮上市前融资（2020年为4.5轮），平均募集资金2.16亿美元（2020年为2.29亿美元）；在往绩记录期间（即上市前的两个完整财务年度另加必要的存续期）平均研发支出约4440万美元（2020年为9100万美元）；平均有15种候选产品正在开发中（2020年为12种），其中大部分生物科技公司仅有一种核心产品。2021年，在香港上市的生物科技公司平均融资2.43亿美元，上市时的平均市值是16亿美元。然而，截至2022年上半年，50家以第18A章的标准上市生物科技公司中有45家跌破发行价。㊁

2022年10月19日，港交所发布了一份有关特专科技公司的新上市规则咨询文件，旨在放宽五大特专科技行业的公司的上市门槛。五大特专科技行业包括：新一代信息技术、先进硬件、先进材料、新能源及节能环保、新食品及农业技术。我相信在不久的将来，港交所会推出类似于上交所科创板的上市渠道。

香港股市是一个相对成熟的市场，主要吸引机构投资者。港交所于2022年4月发布的官网报告《现货市场交易研究调查2020》显示，在2020年，港交所主板和创业板总交易额达到32.1万亿港元。其中，香港本地和外地的个人投资者交易金额占比合计为15.5%，本地和外地的机构投资者的交易金额占比合计为56.5%，

㊀ 资料来源：《生物科技公司赴港18A章上市"十问十答"》，张露、蓖雯婧。

㊁ 数据来源：《香港上市生物科技公司调查报告2022年6月》，世达国际律师事务所。

交易所参与者本身交易（指股本证券、交易所买卖产品、衍生权证及可收回牛熊证等证券衍生品相关的交易）金额占比为28%。也就是说，在交易金额构成中，机构投资者占据主体地位。投资者的23.2%来自美国，24.4%来自欧洲，47.7%来自亚洲。

企业选择在香港的上市时间可控性很高，这要归功于香港上市流程规范、明确，监管机构独立、透明、高效，专业机构质素高的特点。一般来说，企业只需6~12个月即可完成上市流程。这种可控性使得企业更有机会把握上市时机。此外，香港市场也对内地金融、新能源、消费品行业企业的接受程度较高，估值基本接近，甚至出现了香港估值高于内地A股估值的案例。

以2021年在港交所上市的新股（87%为中概股）为例，有高达41%的企业是在业绩亏损的情况下上市的，这充分表明了港股市场对新经济、生物医药类行业公司上市的包容性。不过，仍有33%的企业的发行市盈率低于20倍（见图6-29），远低于国内上市企业的市盈率。

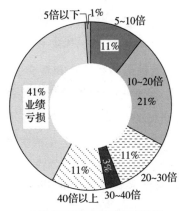

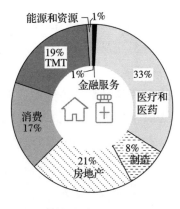

a) 港交所新股发行市盈率分析　　b) 港交所新股发行行业分布

图6-29　2021年港交所新股发行市盈率以及行业分布㊀

㊀ 资料来源：德勤。

一般来说，在香港主板上市的企业，如果市值低于 30 亿港元，就基本没有什么流动性了。因此，除非像生物医药这种需要历经漫长研发周期才有现金流的企业，要在香港主板上市，如果净利润低于 1 亿港元，则成功发行的概率相当小。即便发行成功，也缺乏增长性，股价和流动性的表现都不会太好。

从 2021 年港交所新股发行行业分布（见图 6-29）也可以看出来，港交所确实为中国资本市场提供了很好的补充，比较适合：

- 有业绩支撑，但内地监管层持保守态度的商业模式创新企业和互联网企业。
- 让国际投资人很容易就联想到 14 亿人口巨大市场的消费类企业。
- 中短期难有盈利的生物医药企业。
- 不受科创板、创业板、北交所欢迎的，但是盈利性不错的房地产、金融、游戏、娱乐行业的企业。

七、美国纳斯达克和纽约证券交易所

美国的全国性的证券市场主要包括纽约证券交易所（NYSE）、全美证券交易所（AMEX）、纳斯达克（NASDAQ）和招示板市场（OTCBB）。中国企业赴美上市的主要的目标是纳斯达克和纽交所，我们这里暂且都将其称为"美国市场"。它们是全世界最活跃、资金量最大的市场。截至 2020 年，其总市值是中国内地股票市值的近 4 倍，是港交所股票市值的近 8 倍（见图 6-30）；其全年成交额是中国内地交易所的近 3 倍，是港交所的近 30 倍（见图 6-31）。

在美国资本市场，企业可以自主选择是否上市，时间会证明一切。所以，企业在美国上市并没有过多隐性条件和限制。基本上只要企业达到标准，承销商认为企业值得服务，同时企业能够负担上市过程中的各类昂贵中介费用，就可以启动 IPO 流程。在整个过程中，最关键的是能找到认购新股的机构投资人，并且双方都认可发

行价格。在美国,企业上市的周期快,正常情况下,整个流程大约需要6~9个月的时间。

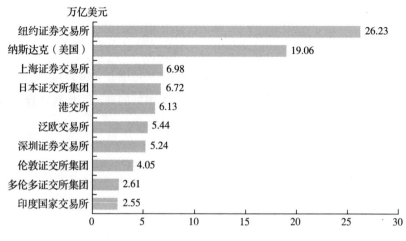

图6-30 全球主要证券交易所股票市值(2020年)

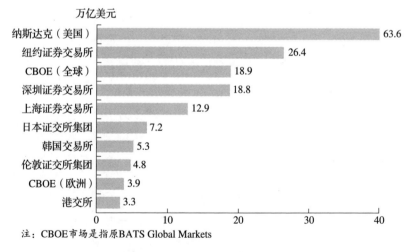

注:CBOE市场是指原BATS Global Markets

图6-31 全球主要证券交易所股票成交额(2020年)

企业在纳斯达克和纽交所上市的业绩标准如表6-5所示,可见纳斯达克的上市门槛非常低。

表 6–5　纳斯达克和纽交所的上市业绩标准

纽交所		纳斯达克（全球精选市场）
美国公司上市（2 选 1）： 1）最近三个会计年度税前利润为正，且累计税前利润≥1000 万美元，最近两个年度平均税前利润≥200 万美元 2）上市时市值≥2 亿美元	非美国公司上市（3 选 1）： 1）上市前三个财年累计税前利润≥1 亿美元，最近两年税前利润每年≥2500 万美元，且最近一年营收≥7500 万美元 2）上市前企业市值≥7.5 亿美元，且最近一年营收≥7500 万美元 3）上市前一个会计年度市值总额≥5 亿美元，营收≥1 亿美元，近三个财年累计现金流≥1 亿美元，最近两年每年现金流≥2500 万美元	下列标准 4 选 1： 1）最近一个财年（或最近三个财年中的两年）税前利润>1000 万美元，股东权益≥1500 万美元，公众持股市值≥800 万美元，做市商≥3 个 2）股东权益≥3000 万美元，公众持股市值≥1800 万美元，做市商≥3 个，营业记录≥2 年 3）上市前股票市值≥7500 万美元，公众持股市值≥2000 万美元，做市商≥4 个 4）最近一个财年（或最近三个财年中的两年）总资产和总收入≥7500 万美元，公众持股市值≥2000 万美元，做市商≥4 个

值得一提的是，纳斯达克的上市标准中有做市商的数目要求。所谓做市商，是运用自有资金和证券，通过双向报价不断买卖，为市场带来流动性并确保市场交易效率的市场参与者。纳斯达克采用"竞价制度＋竞争性做市商"混合交易模式（见图 6–32），此交易模式具有两大优点：①解决信息不对称问题，为小企业提供了大市场，同时为流动性不高的股票创造了最大可能的流动性；②当市场成交不活跃、流动性不足时，做市商发挥做市义务，为市场提供流动性。

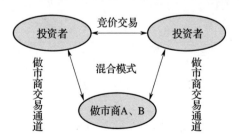

图 6–32　"竞价制度＋竞争性做市商"的混合交易模式

从 2021 年下半年开始，受到网络安全审查办法、教育培训改革等一系列国内政策，以及美国证券交易委员会（SEC）通过《外国公司问责法案》实施规则的影响，中国企业赴美上市面临困境。我们选取 2021 年赴美上市的中国企业为样本进行统计，从图 6-33 中可见，TMT、消费、医疗和医药、金融服务等行业的企业是赴美上市的主力。

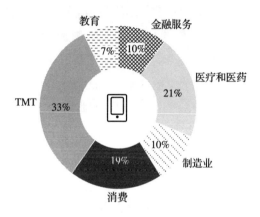

图 6-33　2021 年赴美上市中概股行业分布㊀

八、境内上市 VS 境外上市㊁

从整体看，境内的资本市场比较偏爱科技、制造业和实体经济，倾向于投资那些能够展现看得见、摸得着的竞争力的企业。这些企业拥有专利技术、高端的机器设备、大规模的生产线，可以生产出实实在在的产品。对于经济社会中出现的一些新业态、新物种、新模式和虚拟经济，境内的资本市场相对保守谨慎，接受速度

㊀ 资料来源：德勤。
㊁ 本部分内容数据来源：《中概股系列报告（一）：路口回眸——全球中概股特征分析》，中信建投。

很慢。此外，许多新型经济模式的出现可能缺乏相应的法律约束，从而导致在合规性方面难以通过审核。这类企业想要在境内上市比较困难，就只能选择境外的股票市场，如纳斯达克、纽交所以及港交所。创业板虽然定位为"创新"，但其对新生事物的包容度仍然不及境外的资本市场。

截至2022年上半年，我国共有6417家上市公司，总市值达141万亿元。其中，选择在境外上市的中国企业有1587家，总市值达49.9万亿元，企业数量与市值占全部上市公司的24.7%和35.4%。我们可以看出，在境外上市的中概股是我国上市公司群体中的重要组成部分。从上市地点看，中国香港是中概股在境外上市的首选，美国次之，两地中概股数量分别为1215家和277家，市值分别为38.4万亿元和9.4万亿元，在全部中概股中的市值占比分别为77.0%和18.4%。除了中国香港和美国，其余境外上市目的地包括新加坡交易所、英国伦敦交易所等。

电信服务、信息技术、材料以及可选消费等科技企业及新经济企业赴境外上市的情况较多，这可能与此类企业的成长性强、难以准确估值以及盈利难以达到A股上市要求等因素有关。从企业数量上看，赴中国香港上市的企业以可选消费（18.60%）、工业（15.31%）、房地产（13.50%）和信息技术（11.36%）为主，其中占行业总市值较高的行业有信息技术和工业。赴美上市的企业以可选消费（28.78%）、信息技术（28.42%）、金融（13.31%）和医疗保健（9.71%）为主，其中可选消费中概股的市值占美股全行业总市值的比例达到13.80%（在纽交所上市的阿里巴巴一家便贡献了2.08万亿美元，占美国可选消费行业总市值的4.46%）。总体而言，互联网模式创新和新消费企业是境外上市的主力。

截至2022年上半年，全部中概股、中国香港中概股和美国中概股的市盈率分别为9.55倍、8.43倍和33.99倍。相比之下，美国投资者对中概股的估值较高，对亏损企业也有较高的宽容性。而中国香港中概股的估值非常低迷，目前处于十年来的低位。

我们以算术平均和市值加权平均的方法计算月均成交额来衡量中概股的流动性，如表6-6（数据截至2022年6月）所示。

表6-6 以算术平均和市值加权平均的方法计算中概股的月均成交额

上市地点	中概股数量	月均成交额（算术平均，亿元）	月均成交额（市值加权平均，亿元）
港交所	1203	10.96	182.57
纳斯达克	194	3.34	41.26
纽交所	76	12.71	107.84

从月均成交额的角度看，港交所给中概股提供的流动性好于美国市场，但是比起中国内地市场则相差很远。中国内地市场的算术平均月成交额为40亿元。不仅如此，无论中国香港市场还是美国市场，都存在二八定律非常明显的情况，即大部分交易额集中在头部企业，市场中存在大量的"僵尸股""等待退市股"。在这一点上，境内外市场存在很大的不同。境外资本市场奉行"宽进严出，尊重市场选择"的理念，会严格审核并摘牌那些未被市场认可的企业。1980年至2017年，美股上市企业数量累计达到26505家，退市企业达到14183家，退市企业数量占全部上市企业的54%。其中，纽交所退市3752家，纳斯达克退市10431家。剔除6898家存续状态不明的企业后，退市企业数量占剩余19607家上市企业的72%。[一]境内和境外的市场参与者的结构有很大的不同。境外市场以机构为主，偏于理性；境内市场以中小散户为主，炒作氛围浓厚。获得了监管层的上市批准后，在境内上市的新股基本上都不愁卖，

[一] 资料来源：《全球主要资本市场退市情况研究及对科创板的启示》，上海证券交易所。

上市后再差的股票都有人炒，一个"上市的壳"通常都值二三十亿元。然而，企业在境外上市时，获得监管层的上市批准还不是关键，关键是要找到认可这个价格的机构投资人。因此在境外上市前，拟上市企业的管理层需要与投资机构进行一对一路演，并最终达成双方都认可的定价。境外证券市场上的重要机构投资者包括养老基金、人寿保险基金、财产保险基金、共同基金、信托基金、对冲基金、商业银行信托部、投资银行、大学基金会、慈善基金会等，一些大公司也设有专门负责证券投资的部门。这些机构投资者大都是以证券市场作为主要业务活动领域，运作相对规范，对证券市场熟悉。它们经常参与新股发行，对不同公司的投资价值进行严格的判断，不容易被欺骗。与之不同的是，在境内上市的企业主要通过网上路演与中小投资人沟通，存在信息不对称的问题。只要能够成功路演，境内企业发行新股几乎很少有失败的可能。

境外投资人以机构为主，相对理性。企业在境外上市时要获得投资人的青睐，就要有过硬的业绩和成长性，比较难浑水摸鱼。因为与你同台竞争投资人关注度和资金的是苹果、谷歌、微软、腾讯、阿里巴巴这样的超级明星股。

如果企业没有过硬的业绩，不仅上市后很难获得投资者的青睐，还可能无力承担昂贵的境外上市费用。上市以及维持上市状态需要满足一系列的审核、监管和合规性要求，这些都需要付出额外的成本。例如，企业要在纳斯达克上市，就需要满足以下要求：

- 提供严格的上市申报和信息披露。这意味上市时企业需要支付约500万元的会计师事务所的审计费用，支付100万~150万美元的境外律师费用，中国企业还得支付大约200万元的中国律师费用。此外，企业还需要支付相当于融资金额7%的投行融资费用。
- 提供年度报告、季度报告和半年度报告。这意味着每年需要支付数百万元的审计费用,以及约 20 万美元的律师费。
- 设立独立董事。公司董事会的多数席位必须是独立董事,这意味着需要给每位独立董事支付一定的报酬。
- 设立审计委员会。审计委员会必须由独立董事构成,这些独立董事要能够读懂基本的财务信息,还得符合证监会要求的标准。审计委员会至少有三名委员,其中一名委员需要精通财务。
- 设立薪资报酬委员会。薪资报酬委员会必须由独立董事构成,至少有两名委员。委员需要经过证监会的独立性测试。该委员会负责向公司董事会提议 CEO 以及核心管理层的薪资报酬标准。
- 关于董事的提名。独立董事必须参与董事的提名或选择。

可想而知,如果你的企业的主营业务无法持续创造足够的现金流,过早地登陆纳斯达克,即使取得成功,那么维持上市所需要的费用也会给企业带来沉重的压力。

综合上述,对于创业企业而言,选择上市目的地时,按照现行发行政策和市场状况,优先顺序大致如下:科创板 > 创业板 > 北交所(偏向科技、实体经济、体量较小的企业)或港交所(偏向模式创新、消费、医药研发企业) > 纽交所 > 纳斯达克。然而,自特朗普上台以来,中美长期的博弈关系早已是定局。因此,美股中概股回归香港上市或成为未来的主流趋势,港交所会成为优先于美国市场的境外上市首选。

第十节 "以终为始"的逆向估值法

通过上述分析,我们可以发现,一家企业的资本价值归根结底来源于股票市场。因此,我们可以尝试使用"以终为始"的方法来量化初创企业的估值。这里的"终"指的就是股票市场。在股票市场上,风险投资人结束其冒险之旅,套现离场。股票市场是风险投资人投资一个项目的"终点"。当然,对于很多企业来说,上市非但不是企业的终点,还是一个新阶段的起点。

创办群蜂社以来,我几乎每天都会收到有融资需求的创业项目。有创业者找上门来的项目,有朋友推荐的项目,有投资机构推荐的项目,也有市面上的融资中介推荐的项目。但我发现,当我问他们为什么觉得自己的公司值他们所说的估值时,绝大多数人凭借的都是"经验法则",而不知其所以然。"以终为始"的逆向估值法是我从事投融资工作以来快速评判企业投资价值的思维框架。下面我以我们接触过的几个项目为素材构建几个案例,详细讲解"以终为始"的逆向估值法。需要注意的是,这几个案例的数据已经过修订和脱敏处理,与真实情况略有差别。

一、A 公司:车载摄像头的生产设备制造商

A 公司成立于 2007 年,深耕于汽车传感市场 15 年,致力于开发和销售图像传感应用领域的摄像头、毫米波雷达、激光雷达等高性能部件的自动组装生产线。目前,公司主要专注于车载摄像头领域,并为诸如松下、法雷奥、欧菲光等大型车载摄像头模组厂商提供服务。

作为高级驾驶系统(ADAS)感知层的核心传感器,车载摄像头对驾驶安全至关重要。因此,与手机、安防领域相比,车载摄像头对摄像头的安全要求更严格。车载摄像头需要满足更高的光轴准确性、气密性、稳定性和兼容性等方面的要求。相比传统领域摄像头生产工艺,A 公司研发的 AA 工艺能够更好地满足车载摄像头的苛刻要求。

A 公司一条生产线的售价平均为 500 万~1000 万元。该产品在

全球每年的市场容量约为 10 亿元，5 年复合年均增长率为 16.14%。目前，A 公司在国内市场已经得到部分头部客户的认可，市场占有率约为 40%。2020 年、2021 年、2022 年前 8 月 A 公司的收入分别为 2300 万元、6100 万元、5800 万元，净利润分别为 149 万元、86 万元、-225 万元。A 公司拟按照 3.5 亿元的投后估值融资 2000 万元。

二、B 公司：连锁婚礼堂

当前，结婚的主力人群已经过渡到 90~95 后，他们更倾向于寻求浪漫时尚和个性化的婚礼体验。B 公司于 2021 年年初设立，专注经营"一站式"婚礼堂，以"仪式空间"作为产品定位，旨在成为中端婚嫁行业备受瞩目的品牌，为新人提供一站式时尚浪漫且高性价比的婚礼体验，以迎合新世代消费升级的发展趋势。在国内，尽管每年的婚礼、婚宴市场总额高达 1.5 万亿元，但绝大多数仍在酒店、酒楼、餐厅等传统场所举办。

婚礼堂的前期投资主要由合作伙伴承担，B 公司负责运营管理，双方协商分成。婚宴部分由外包和兼职人员完成。B 公司已经建立了标准化服务体系，从婚礼流程、策划交付、门店巡检到供应链管理，全业务流程已形成信息化管理，从而极大地提升了自身的管理智能化水平和风险控制能力。B 公司的创始人程序员出身，是连续创业者，之前创办的公司专注于钻戒定制领域，被并购后退出。

B 公司目前在三个城市运营着四个婚礼堂，每个婚礼堂设有两三个厅，一共运营了十个厅。2022 年，B 公司完成婚礼 425 场，收入 2700 万元，毛利率高达 50%。如果不继续扩张，公司收支平衡；如果继续开店，公司仍需要经历亏损期，需要借助外部资金，靠自己内生性的扩张速度会比较慢。B 公司近期准备再开设四个婚礼堂，按照投前估值 1 亿元融资 1000 万元。

三、C公司：化学发光诊断仪和试剂

体外诊断（In Vitro Diagnostics，IVD）是指将样本（血液、体液、组织等）从人体中取出后进行检测，进而判断疾病或机体功能的诊断方法。据统计，80%左右的临床诊断信息来自体外诊断。因此，体外诊断已经成为人类进行疾病预防、诊断和治疗不可或缺的医疗手段。

化学发光免疫诊断行业是体外诊断行业中最大的细分市场，市场规模约为300亿元，并且近年来保持高速增长，年复合增长率超过30%。然而，国内市场约80%的份额被罗氏、雅培等进口品牌占据。国内上市公司如新产业、迈瑞、安图等占据的份额均不超过8%。因此，该行业在国内仍处于国产产品逐渐替代进口产品的初级阶段。C公司从事体外诊断领域的化学发光仪器、试剂和耗材的研发、生产和销售。经过十年的研发，C公司的主打产品——免疫诊断仪（见图6-34），以及上百种配套的检测试剂已于2021年上市。目前，C公司的产品已经进入约100家三级医院。C公司的产品模式是典型的"刀把+刀片"的"吉列"模式，即仪器只能使用配

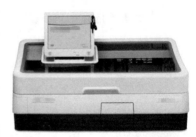

图6-34　C公司的免疫诊断仪的示意图

套的试剂，仪器一般没有盈利，靠试剂获取盈利。C公司在产品上市后的第一年取得约3000万元的试剂销售收入，产品毛利率高达80%，实现盈亏平衡。经过多轮融资，C公司一共融资1亿元。现在C公司拟以投后估值8亿元的价格融资4000万元，进一步做市场推广，以实现盈利。

接下来，我们一起使用"以终为始"的逆向估值法来评估一下

这三个项目的投资价值。

步骤1：评估上市的可能性

当拿到一家初创企业的融资计划书时，我首先就是判断这家企业如果做出业绩了，能不能在其中一个资本市场上市？最有可能在哪个资本市场上市？我们可以先排除以下种类的企业：

- 游走在法律边缘的、打法律擦边球的创业项目，这种项目就算能赚大钱也很难上市，如涉赌的棋牌游戏、涉黄的同城约会和娱乐直播等。
- 业务严重依赖于大股东、某个客户、地区政府关系、某个供应商，成长性有严重不确定性且在未来都不太可能会改变的项目。比如，依赖于某个网红的直播带货项目或者依赖于小米平台卖货的项目。
- 明显缺乏可持续性的项目，比如在新冠疫情期间快速发展起来的依赖于核酸检测的项目。
- 大部分价值是由专业性很强的人创造，严重依赖专业人士的"人合"项目，如会计师事务所、律师事务所、医生集团。
- 公司、控股股东、实际控制人存在重大违法违规行为的项目。

存在以上情况的企业很难成功上市，所以也就不符合资本逻辑。这些企业如果要融资，我只会用生意逻辑与他们谈。在我们上面的三个案例中，都不存在阻碍其上市的严重问题。

步骤2：若有上市的可能，选择资本市场

A公司是一家生产车载摄像头的设备制造商，具有很高的科技创新属性。这个领域是一个小而美的市场，A公司是这个领域的领导者，非常符合"专精特新"的定位。目前A公司的年收入约为1亿元，已经实现了盈亏平衡。预计在未来3年内，A公司有很大的可能性登陆北交所。考虑到北交所的上市标准,公司适用于通过标准1或标准2上市。标准1是最近两年平均净利润不低于1500万元,或最近一年净利润不低于2500万元;标准2是市值不低于4亿元,最近两年平均营业收入不低于1亿元,最近一年营业收入增长率不低于30%,企业经营现金流必须为正。标准2相对标准1更容易达到。长远来看,A公司可以考虑先登陆北交所,在业绩达到科创板的要求后就转板。但是,对于投资人来说,应该将北交所作为价值兑现的"终点"。

B公司是一家以婚礼堂运营为主营业务的公司。B公司的科创属性不高,不符合科创板的要求,也不符合北交所偏向"专精特新"制造业的偏好。婚礼服务行业的市场规模很大,但属于传统行业。相比而言,B公司比较符合创业板的"三创四新"定位,利用新技术和新模式,对传统行业进行升级和改造。因此,创业板应是B公司上市的目的地。但要想在创业板上市,在实操中起码要有5000万元的年净利润才比较稳妥。我们可以通过一个简单的计算,来估算B公司需要达到的收入水平。假设婚礼堂的净利率为20%,那么至少需要2.5亿元的收入才能达到这一要求。每个厅一年可以举办100场婚礼,每场收入约为5万元,一个厅一年可以带来500万元的收入。平均一个婚礼堂有2.5个厅,那么公司需要开设20个店才有可能达到上市条件。目前B公司已经开设了4个店,正在筹划2个店,按照每年再拓展4个店的速度,仍需要4~5年的时间才能达到目标。这是一个比较合理的预期。

C公司主营化学发光免疫诊断仪及其试剂配套。生物医药是科创板明确支持的六大战略性新兴产业之一,具有科创属性,非常符合科创板的定位要求。科创板上市标准1规定:预计市值不低于10亿元,最近两年净利润为正且累计净利润不低于5000万元,或者预计市值不低于10亿元且最近一年净利润为正以及营业收入不低于1亿元。目前C公司的市值已经达到8亿元，预计可通过风险投资融资轻松达到10亿元，只需满足两年盈利且累计净利润超过5000万元，或者最近一年净利润为正且营业收入不低于1亿元即可上市。C公司属于生物科技企业，在前期有很长的研发拿证周期，属于高门槛行业。对于生物科技企业来说，只要能够满足上市的基本要求，就可以谋划上市。C公司产品的毛利率高达80%，净利率达到30%。如果年收入达到1亿元，年净利润很可能会达到3000万元，从而符合两年累计净利润超过5000万元的标准。我们可以查看行业报告和统计，一般来说，国产的免疫诊断仪投放到一级、二级、三级医院，每年每台机器可带来10万元、40万元、20万元的收入（见表6-7）。C公司的产品目前已经进入100家的三级和二级医院。历史数据显示，C公司的产品平均单机产出约40万元。

表6-7 各级医院免疫诊断仪单机配置以及单机产出

医院等级	台数（台）		单机产出（万元）		医院数量
	国产	进口	国产	进口	
一级	1	0	10	0	11264
二级	3	1	40	60	9687
三级	3	7	20	150	2749

C公司要达到年销售收入1亿元的目标，需要铺设250台仪器，目前已经用一年半的时间铺设了100台，还需要2~3年的时间再铺设150台。等这250台仪器都达到稳定产出状态，C公司估计要4年的时间才能登陆科创板。

C公司符合登陆科创板的要求，也符合登陆北交所的要求。除了一步到位登陆科创板，也可以采用循序渐进逐步升级的方式，先登陆新三板创新层，再到北交所IPO。两年内，如果公司的年净利润达到1500万元，即可符合北交所的上市要求。公司在北交所上市满一年，当业绩达到科创板的要求时，再视情况转至科创板。但如果公司满足北交所1500万元净利润的要求，能够按照生物企业60倍的高市盈率发行，也才只有10亿元的发行市值。这对市值的提升没有太大的意义，现有投资机构股东可能也不太满意（此外，一旦登陆资本市场，投资机构也需要放弃一些特殊的权益）。因此，C公司直接谋划登陆科创板可能是更合适的选择。

步骤3：估算上市发行前的市值

接着，我们要分析一下在上市目的地中同一行业的可比公司的估值水平。对于正常运营并实现盈利的公司，通常使用市盈率（P/E，市值/净利润）进行估值的计算。市盈率可以是静态市盈率（以过去一年的净利润为分母）或动态市盈率（以未来一年的净利润为分母）。同时也可以综合参考市销率（P/S，市值/收入）、PEG（市盈率/净利润增长率×100）、P/GMV（市值/平台流水）等指标，以得出一个合理的综合市值水平。这些方法是券商在公司上市时通常采用的估值方法，需要专业的统计。

对于创业者来说，在确定公司估值时，可以使用两个主要指标：静态市盈率和PEG。简单来说，市盈率可以从两个角度获得：一个是根据上市目的地的可比行业的可比公司统计出静态市盈率；另一个是参照公司净利润的预期年增长率，使得PEG等于1的市盈率。前者很好理解，就是统计问题。后者，即PEG等于1，这意味着如果公司业绩的预期年均增长率为30%，那么市盈率就是30；如果公司业绩的预期年均增长率为50%，那么市盈率就是50。PEG考虑了增长率，因此更适合正在快速增长且刚刚跨过上市最低门槛的企业。

我们假设经过上述的分析，A公司的市盈率是35，B公司的市盈率是40，C公司的市盈率是80。再根据上述我们估算的上市时的利润，我们就可以计算出上市后公司的市值。一般来说，上市发行的股本占总股本的25%，因此我们就可以推算出上市发行前的市值（见表6-8）。

表6-8 三个公司在上市前的市值预测

	计算	A公司	B公司	C公司
上市目的地		北交所	创业板	科创板
周期/年	a	3	5	4
预计利润/万元	b	3000	5000	3000
发行后市盈率/倍	c	35	40	80
市值/万元	$d = b \times c$	105000	200000	240000
上市发行股权比例	e	25%	25%	25%
上市发行前市值/万元	$f = d \times (1-e)$	78750	150000	180000

上市前的市值就相当于企业的"信用额度"。如何合理地使用这个额度进行融资，就是融资规划。在透支信用额度达到上限之前，银行允许企业提现，但如果企业透支过度，银行就不允许企业提现了。同样的道理，避免严重透支上市前的价值，给投资人留有利润空间，企业才更有机会获得融资。

步骤4：规划后续的融资金额和轮次

规划融资轮次和融资节奏对于走资本路线的创业企业来说非常重要。对于一些行业的企业来说，融资是上市前永续的核心工作，这些行业的企业一般需要很长的研发周期和积累才能获得收入，如生物科技企业、医药研发企业、前沿技术研发企业、互联网模式创新企业。融资受很多因素的影响，对融资影响最大的因素是企业本身的基本面，表现为企业的里程碑事件、收入增长和盈利情况。除了基本面，融资还受到市场因素的影响。这些市场因素包括：资本市场的气氛、上市政策的变化以及资本投资热点的切换（投融资市场确实存在风口一说）。企业的融资规划需要根据企业基本面的变化和市场因素的变化，动态调整，提前规划，踏准节奏。总的来说，企业只有遵守以下原则，才能提高融资的成功率：

- 按照"以终为始"的原则规划融资节点,每个融资节点都应体现公司业务的进展以及经营风险水平的下降。我们在第二章阐述了创业企业的发展规律,每一个关键假设的验证都可以被视为一个里程碑,作为融资的节点,风险水平也就因此下降。例如,一家以新型医疗器械为主营产品的初创企业,可以把下面的节点作为融资节点(见表6-9)。在这些节点上,初创企业可以向潜在投资人清晰地阐述估值增长的依据和逻辑。每个投资人都需要初创企业有充分的理由来解释为什么这一轮的估值会比上一轮更高。他们不希望得到回复是:"仅仅是因为你们投资得晚。"

表6-9 以新型医疗器械为主营产品的初创企业的融资节点

融资节点	风险水平下降说明
里程碑 M1:产品样机测试成功	产品研发失败的风险已经解除
里程碑 M2:获得注册证	注册失败产品上不了市的风险已经解除
里程碑 M3:累计销售收入达1000万元	"产品-市场匹配"得到验证
里程碑 M4:实现盈利	公司的盈利性得到验证

- 估值与里程碑之间的关系不是线性增长关系,而是"减速增长"的关系。通俗点讲,企业在早期的发展中增长得很快,越是临近上市增长就越慢。这符合"风险-收益"匹配原则。早期的投资人冒的风险要远大于后期的投资人。早期的投资人是雪中送炭,成熟期的投资人是锦上添花,而上市前的投资人是"搭便车套利"。如图6-35所示,横轴表示企业发展过程中不断达成的里程碑,随着里程碑的达成,风险水平逐步下降。M_1、M_2、M_3、M_4表示融资的四个节点。纵轴表示融资时的估值水平。融资的起点是种

子轮的 O，终点是上市前的 E。如果我们把这个起点和终点用一条直线 OE 连接起来，那么各个融资轮次的估值和里程碑交点应该形成一条向上凸起的曲线 OE（图中的实线）。曲线 OE 上有一个转折点 U，U 代表经营性现金流转正的时点。在 U 之前，曲线的斜率高于直线 OE 的斜率；在 U 之后，曲线的斜率则低于直线 OE 的斜率。经营性现金流转正是企业经营风险水平降低的一个重要标志，意味着企业已经渡过了高死亡期，倒闭的风险大大降低了。

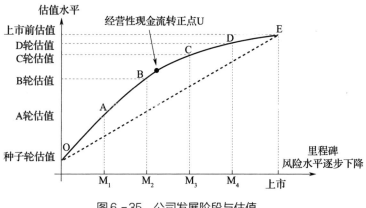

图 6-35　公司发展阶段与估值

- 估值不是越高越好，而是越符合企业的发展状况越好。企业应该留出空间让每轮投资人获取估值增长的回报，而不是将最后一点利润都榨干。"估值的增长"是"融资"促进剂。通过小步快跑的方式达到估值稳定增长的状态，比追求估值暴增或者大额融资更为可行。投资人都是买涨不买跌的，因此企业应尽量避免降价融资情况的出现。如果新一轮融资的估值低于上一轮融资的估值，则会释放出不良信号：公司以前的估值可能虚高了，公司的发展可能不符合预期，公司的现金流可能出现了问题，或者公司未得到市场的认可。这些信号都将对公司的融资产生不利影响。

假设根据上面的原则,A、B、C 公司根据业务的需求做完本轮融资后,上市前的规划如下。

A 公司:公司已经实现盈亏平衡,做完本轮融资后,在谋划于北交所上市之前无须再融资。

B 公司:需要至少再融资 1 亿元,才能满足开出 20 家店的资金需求。在本轮融资后,B 公司的投后估值为 1.1 亿元。预计上市发行前,B 公司的市值为 15 亿元。因此,B 公司还有较大的价值增长空间,仍然可以做多次融资,如表 6–10 所示。

表 6–10 B 公司的融资规划

B 公司融资里程碑	融资目的	融资金额/万元	投后估值/万元	稀释比例	累积稀释比例
本轮融资,单店商业模式跑通,有 4 家店	再开 4 家店	1000	11000		
8 家店上轨道	再开 4 家店	1000	25000	4%	4.00%
12 家店上轨道	再开 4 家店	2000	40000	5%	8.80%
16 家店上轨道	再开 4 家店	2000	60000	3%	11.84%
20 家店上轨道	精细化运营,推广	2000	80000	3%	14.04%
公司经营现金流为正	为 IPO 准备融资	2000	120000	2%	15.48%

C 公司:仍需要在上市前融资 3000 万元,补充公司的运营现金流。预计 3 年后,按照投后估值 15 亿元的价格进行融资(见表 6–11)。

表 6–11 C 公司的融资规划

C 公司	融资金额/万元	投后估值/万元	稀释比例	累积稀释比例
后续 1 轮	3000	150000	2%	2.00%

步骤 5：推算公司本轮投资人的 IRR

三个公司的 IRR 推算如表 6-12 所示。

表 6-12 三个公司的 IRR 推算

	计算	A 公司	B 公司	C 公司
上市目的地		北交所	创业板	科创板
周期/年	a	3	5	4
预计利润/万元	b	3000	5000	3000
发行后市盈率/倍	c	35	40	80
市值/万元	$d = b \times c$	105000	200000	240000
上市发行股权比例	e	25%	25%	25%
上市发行前市值/万元	$f = d \times (1-e)$	78750	150000	180000
后续融资对股权稀释度	g（依据上文分析）	0.00%	15.48%	2.00%
属于本轮投资的上市前市值/万元	$h = f \times (1-g)$	78750	126785	176400
本轮的投后估值/万元	i	35000	11000	80000
本轮投资人的绝对回报率/倍	$j = (h-i)/i$	1.25	10.53	1.21
本轮投资人的年化回报率（IRR）	$k = POWER(h/i, 1/a) - 1$	31%	63%	22%

至此，我们推算出本轮投资人的 IRR，这意味着如果投资人按照公司开出的融资价格进行投资，那么他们可能获得的年化回报率为：A 公司 3 年，IRR 31%，绝对回报 1.25 倍；B 公司 5 年，IRR 63%，绝对回报 10.53 倍；C 公司 4 年，IRR 22%，绝对回报 1.21 倍。然而，在前文中，我们讲过投资决策应该考虑收益和风险的权衡，即 RRR，并不是只看收益。虽然 B 公司的潜在收益高，但其风险也是最高的。

步骤 6：站在投资人的角度计算 RRR

1. 无风险收益率

我们在前面的章节中讲过：RRR = 无风险收益率 + 风险补偿回报率。鉴于创业投资一般以 5 年为最短的预期，因此我们可以采用

5年期国债收益率来计算无风险收益率。目前，我国5年期国债的收益率约为2.5%。

2. 风险补偿回报率

我们还需要考虑风险补偿回报率这一重要参数，因为公司估值对于这个参数非常敏感。投资人会投入大量的时间进行调查，以评估公司创业的风险水平。风险补偿回报率就是给风险定一个价格。创业公司所处的发展阶段不同，创业失败的风险水平是不一样的。显然，发展阶段越早的创业项目，创业失败的风险就越高。公司的风险水平还与多种因素相关，包括经营性现金流、资产负债率、流动率、可变现净资产和每月现金流出多少等，其中最重要的是经营性现金流，这是衡量创业风险的关键指标。投资打水漂的主要原因就是被投企业资不抵债，破产清算了。破产清算主要源于现金流的断裂，衡量现金流断裂风险的主要因素是公司获取经营性现金流的能力。简单来讲，就是公司是否具备造血能力，目前公司账上的现金储备能否熬到公司拥有自我造血能力的那一天。

另外，不同风险偏好的人对风险的定价可能存在很大差异，这是一个非常主观的定价。如果每个人对风险的定价都一样，那么资本市场就不会产生交易。我们可以问自己这样一个问题："对于这样的一个项目，这样的情况，这样的团队，如果我借钱给他们，投资回报率达到多少我就愿意冒这个风险？"显然，如果只是在无风险收益率上的基础上再加5%的年化回报率，绝大多数人都不愿意冒这个风险。除非创始人把他位于深圳中心区的房子抵押给你，并同意如果创业失败就把房子转让给你，让你拿回你的投资本金。但是，绝大多数创业者都不能给出这样的承诺。

按照我的定价体系，对创业风险所要求的回报率大致范围如图6-36所示。

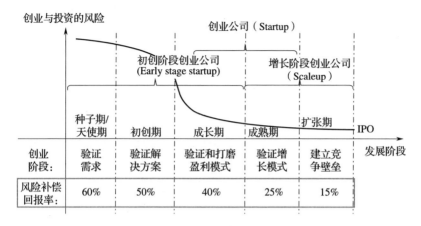

图 6-36　各创业阶段的风险补偿回报率

也就是说，如果我们以 5 年为投资周期，那么这个风险补偿回报率对应的回报效果如表 6-13 所示。如果我们投资一个种子期和天使期的项目，并且该项目能够成功发展，那么在 5 年内，市值有可能增长 10 倍。如果该项目没有成功发展，那么投资就不太划算了。

表 6-13　风险补偿回报率与风险回报倍数

年数	风险补偿回报率	5 年风险回报倍数
5	60.00%	9.49
5	50.00%	6.59
5	40.00%	4.38
5	25.00%	2.05
5	15.00%	1.01

继续分析本节的例子，假设经过详尽的尽职调查，我们基本摸清了这三家公司的发展状况和风险水平。A 公司和 C 公司都处于成长期，尚未进入稳定的盈利期，需要验证盈利模式。我们可以将 A 公司的风险补偿回报率设为 40%。而 C 公司虽然也处于差不多的

阶段，但是风险比 A 公司要低很多。经过差不多十年的研发，C 公司目前持有大量的专利以及产品注册证。生物医药是一个准入门槛很高的行业，很多企业虽然短期内不赚钱，但是其注册证和资产具有很高的市场价值，并且行业本身拥有几百亿元的市场，对很多实力雄厚的上市公司具有很大的吸引力。所以，C 公司的下行风险要比 A 公司小很多。因此，我们将 C 公司的风险补偿回报率设为 30%。B 公司处于初创期，目前已经通过 4 家店完成了解决方案的验证，我们可以将其风险补偿回报率设为 45%。三家公司风险补偿回报率如图 6-37 所示。

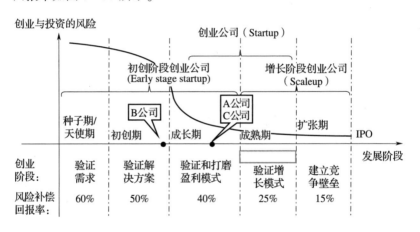

图 6-37　三家公司的风险补偿回报率

这样我们就可以得到调整前的 RRR（见表 6-14）。

表 6-14　调整前 RRR 的计算

	计算公式	A 公司	B 公司	C 公司
无风险收益率：中国 5 年期国债利率	a	2.5%	2.5%	2.5%
创业风险补偿收益率	b	40%	45%	30%
调整前的 RRR	c = a + b	43%	48%	33%

3. 流动性补偿系数

和债权投资不同,股权投资没有固定的期限来收回本金和收益。上市公司股权的流动性一般比非上市公司股权的流动性好很多。在某些情况下,即使项目有浮盈,也未必能兑现。此时,许多风险投资机构就会面临退出难的问题。既然我们参照的是上市公司的估值标准"以终为始"地推断非上市公司的市值,所以就要加入流动性补偿系数来调节二者的差异了。例如,我们可以将RRR上浮10%来实现这个目标。

4. 税收成本补偿系数

个人在股票市场购买股票获利目前是免税的。但是,如果我们投资于非上市公司,在退出时获得了盈利,就需要按照所得税的规定交纳一定比例的税款。实际税负率与投资主体的法律形式和性质相关,一般来说,20%的税负适用于绝大多数投资人。

经过上述两个系数的调整,我们得到了调整后的RRR(见表6-15)。如果我们再对比一下之前计算的IRR就可以看出,A公司和C公司的IRR低于RRR,这意味着它们融资的价格定得过高了;B公司的IRR与RRR相当,说明其融资的价格比较合理。

表6-15 调整后 RRR 的计算

	计算公式	A公司	B公司	C公司
无风险收益率:中国5年期国债利率	a	2.5%	2.5%	2.5%
创业风险补偿收益率	b	40%	45%	30%
调整前的RRR	$c = a + b$	43%	48%	33%
流动性调节系数	d	10%	10%	10%
调整流动性后的RRR	$e = c \times (1 + d)$	47%	52%	36%
税收成本调节系统	f	20%	20%	20%
调整流动性和税收成本后的RRR	$g = e / (1 - f)$	58%	65%	45%
IRR	源自上文计算	31%	63%	22%

如果我们用倒推出来的 RRR 代替 IRR,就可以倒推出公司本轮融资应该报价多少,如表 6-16 所示。A 公司的合理估值应该为投后 2 亿元,B 公司目前的报价 1 亿元是合理的,C 公司投后估值应该为 4 亿元。

表 6-16 倒推融资估值

	计算	A 公司	B 公司	C 公司
上市目的地		北交所	创业板	科创板
周期/年	a	3	5	4
预计利润/万元	b	3000	5000	3000
发行后市盈率/倍	c	35	40	80
市值/万元	$d = b \times c$	105000	200000	240000
上市发行股权比例	e	25%	25%	25%
上市发行前市值/万元	$f = d \times (1-e)$	78750	150000	180000
后续融资对股权稀释度	g(依据上文分析)	0.00%	15.48%	2.00%
属于本轮投资的上市前市值/万元	$h = f \times (1-g)$	78750	126785	176400
IRR	$i =$(RRR 来替代)	58%	65%	45%
本轮估值/万元	$j = h/(1+i)^a$	19801	10269	40251

这就是我说的"以终为始"估值法。相信通过以上三个案例的一步一步的讲解,你应该可以体会到,有一些数据仍然是比较主观的,尤其是风险补偿回报率,因人而异。我们最终算下来的结果很可能是一个区间,并在这个区间内会找接受这个价格的投资人。这个过程可以让我们排除一些明显不合理的定价,同时也让我们更清晰地理解公司估值的逻辑和价值来源。

拍脑袋拍出来的不合理定价,我作为投资人见得太多了。对这些项目进行复盘,我发现几乎没有一个能让我们赚到钱。例如,一个生物科技项目在天使轮仅凭一个 PPT 就估值 10 亿元。理由是:这个项目的创始人是一家腾讯领投的基因检测上市公司的联合创始人。这样的估值逻辑显然是站不住脚的。最后证明，这个项目是名副其实的还在验证产品的市场需求阶段的创业项目，产品的市场需求都不存在。又如，我曾经接触到一个做医疗影像 PET-CT 机研发的项目，估值十几亿元。但是，这个项目的解决方案还未得到验证，产品还在研发中。如果用"以终为始"的方法进行分析，显然这个估值也是不合理的。项目经理的解释是："这个产品一台就能卖几千万元。"但是，一家公司的估值与它产品的单价有关联吗？如果有关联，那么波音公司的市值应该远超可口可乐了。但事实是可口可乐的市值超过 2000 多亿美元，而波音公司的市值只有 1000 多亿美元。显然这种估值逻辑也是错误的，没有透过表面现象看创业风险的本质，以及价值的来源。

第十一节　打动投资人的融资材料

前面章节使我们能在融资前知己知彼。一方面，我们掌握了风险投资人的决策逻辑和发展历程；另一方面，我们了解了创业项目的发展阶段、价值来源以及公司融资规划和估值方法。在本章中，我们将探讨如何准备融资材料。

一、投资人如何快速筛选项目

一个投资经理通常一年时间能够做三四个项目。然而，许多项目涉及的行业对于投资经理来说都是全新的，因此需要他们投入大量的时间进行研究和学习。由于时间和精力都是有限的，所以投资经理会对项目进行非常严格的筛选，只选择符合他们投资审美观的项目。作为一名职业投资人，我几乎每天都会收到来自各种渠道的融资商业计划书，如通过群蜂社平台提交的、群蜂社会员介绍的、财务顾问介绍的、同行推荐的等，还有一些是不知道从哪些渠道找到我们的。对大多数资深的投资人来说,项目实在太多,根本无法一一评估。知道我是投资人后,很多创业者都想约我面谈。但是,我的时间和精力是有限的,如果对每一个项目我都要去与创始人交流,那么我基本上一年从头到尾什么都不用做了。

我收到的融资材料五花八门。但是不管面对多么花哨、复杂的融资材料,我首先要做的就是"投资"十分钟的时间,对这些材料进行抽丝剥茧,以此决定这个项目是否值得"投资"更多的时间深入了解和约见创始人。决定跟进一个项目需要找到项目的多个亮点;而要排除一个项目,可能只需要一点。用"排除法"可以节省不少的时间。这也是"精益投资"的理念:高效利用时间,广泛筛选项目,只有这样才能找到好的项目。如果在整个过程中我感到很费劲,或者提取不出我关心的信息,我也会毫不犹豫地淘汰这个项目。毕竟投资本来就是一种冒险,哪怕筛掉的项目后来成功了,我也不会觉得可惜。毕竟,人不可能把每一元钱都赚了,有时候也讲缘分。

在这十分钟的时间里,我会关注以下信息,我觉得这也代表了大部分投资经理的做法。

(1) 这是什么行业的项目?很多投资经理都是为已经设立好的基金去挑选项目的。基金通常都有特定的投资领域,如果该项目不符合基金的投资范畴,那么投资经理就可以直接跳过了,看都不用看。另外,对于那些领域远超个人认知范围且难以在合理的时间内理解透彻的项目,投资经理也可以选择不看。

(2) 这个项目处于哪个发展阶段?我们前面讲到了初创企业的五个核心假设的验证,代表了其五个发展阶段:需求、解决方案、盈利模式、成长和壁垒。投资经理需要确定哪些假设已经得到验证,哪些假设还需要时间去验证,以此来决定这个项目的风险水平。

（3）公司的关键绩效指标（Key Performance Indicator，KPI）数据和财务数据如何？公司的 KPI 数据和财务数据是衡量公司业绩的关键指标，它们反映了公司在哪些方面已经取得了成果。

（4）之前的融资金额和融资估值是多少？投资人是谁？我们需要了解此前团队的资金使用效率，并考虑其是否获得过有实力的投资方的支持。这将有助于我们更全面地评估该项目的投资价值。

（5）创始团队成员介绍。团队的重要性不可忽视。即便是相同的事情，由不同的人来做也会带来完全不同的效果。团队成员的精力和能力是否与所做的事情匹配？

（6）项目的竞争优势如何？该项目有什么独特的竞争优势？为什么创业者认为该项目比其他竞争项目强？

（7）项目的估值水平如何？如何给投资人回报？融多少钱能占多少股？对于一些狮子大开口的创业者，迅速略过。

（8）在获得这笔融资后，该项目要达到什么里程碑？

二、一页纸商业计划书

在中国，大部分创业者都会准备一份详尽的商业计划书（Business Plan），而且通常会以演示文稿（PPT）的形式来撰写。这份商业计划书往往是他们提交给投资人的第一份融资材料。演示文稿主要用于辅助演讲，而不是供人阅读。图 6-38 和图 6-39 是我从我的项目库中选取的一些商业计划书的片段。这是一家专注于教育信息化领域的创业企业的商业计划书。或许这是一个很好的项目，但是这些复杂的图表和箭头会让读者产生困惑，因此可能会让投资人将其放在一边而选择关注其他项目。创业者应该清楚地向投资人展示自己的创业初心：你针对哪个痛点/需求，做出了怎样的解决方案。把最核心的解决方案展示出来就可以了，这样更容易让投资人抓住重点。

图6-38 某创业企业商业计划书中的片段（1）

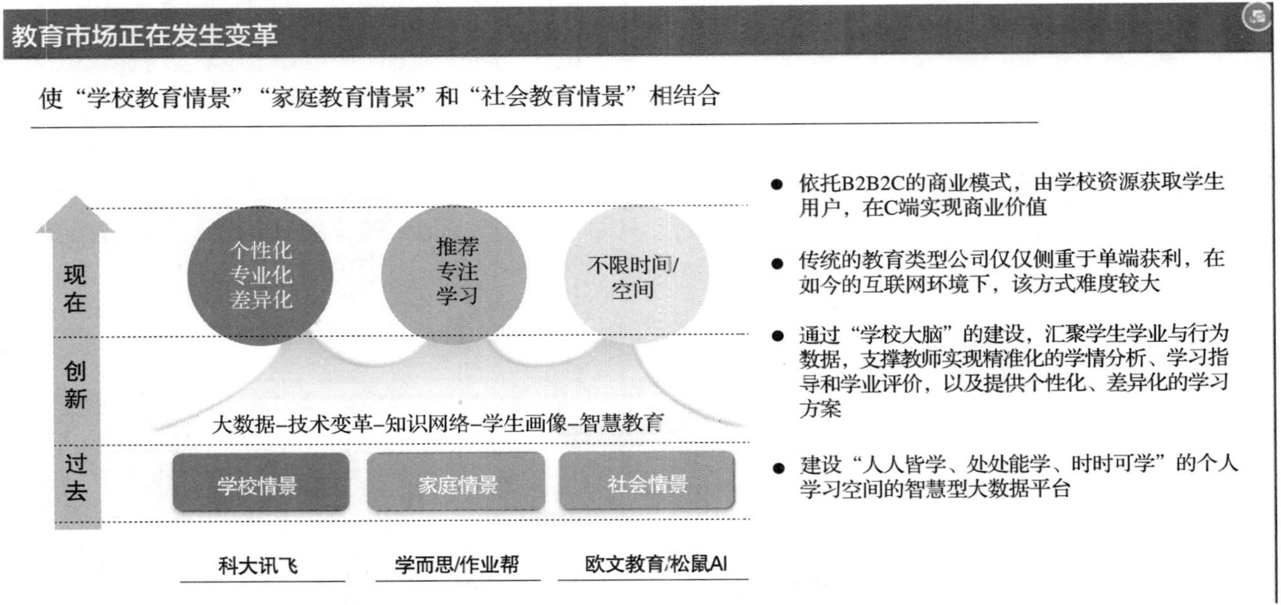

教育市场正在发生变革

使"学校教育情景""家庭教育情景"和"社会教育情景"相结合

- 依托B2B2C的商业模式，由学校资源获取学生用户，在C端实现商业价值
- 传统的教育类型公司仅侧重于单端获利，在如今的互联网环境下，该方式难度较大
- 通过"学校大脑"的建设，汇聚学生学业与行为数据，支撑教师实现精准化的学情分析、学习指导和学业评价，以及提供个性化、差异化的学习方案
- 建设"人人皆学，处处能学，时时可学"的个人学习空间的智慧型大数据平台

现在：个性化 / 专业化 / 差异化；推荐专注学习；不限时间/空间

创新：大数据-技术变革-知识网络-学生画像-智慧教育

过去：学校情景 | 家庭情景 | 社会情景

科大讯飞 | 学而思/作业帮 | 欧文教育/松鼠AI

图6-39 某创业企业商业计划书的片段（2）

创业者可以尝试制作"一页纸商业计划书"（One-Pager）或"引子"（Teaser），来清楚列示投资人最关心的信息。二者大同小异，作用都是引起投资人的兴趣。以淘宝产品的详情页为例，我们都知道一个专业的产品详情页最前面都有几行字，其主要作用就是引起消费者的兴趣，让他们愿意往下看而不是关掉页面。这几行字需要充分体现产品的亮点，消费者读这几行字的时间被称为"黄金10秒"。同样地，投资人读一页纸商业计划书的时间是整个融资过程中的"黄金10分钟"，这短短的10分钟决定了你的融资计划能否引起投资人的关注，从而成功得到融资。

我们在以色列做投资的时候，发现以色列的创业者都有这样的习惯，就是给潜在的投资人提交"一页纸商业计划书"，这是一种通过一页纸来展示自己项目全貌的方式。图6-40是一个做新型心脏介入治疗器械的项目给我们提交的"一页纸商业计划书"。以色列的创业者很聪明，他们清楚地认识到有大量的创业者在与他们竞争这些来自美国、欧洲和中国的投资人的关注，也深知最快传递项目信息的重要性。

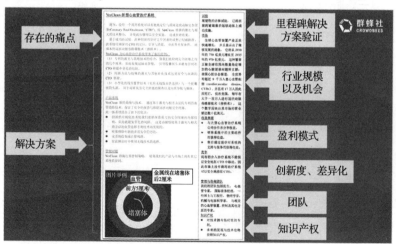

图6-40　某新型心脏介入治疗器械的"一页纸商业计划书"

一份的好的"一页纸商业计划书"应该涵盖投资人最关心的内容。创业者把投资人筛选项目最关心的内容列在前面,可以大大降低投资人的决策成本,自然也就能获得更多的关注。投资人也是人,更喜欢简洁明了的内容。投资人对你的项目了解清楚了,如果感兴趣,自然会主动与你联系。不少资深的投资人(尤其是在相关领域拥有经验的投资人)在看到你的商业计划书后,基本上就已经做出了决策。

我相信很多创业者都有频繁地接待投资人的经历。投资人到场后,往往会耗费一两个小时发问,但最终都没有下文。这些投资人往往都是投资经理级别(投资行业刚入行的级别)或者一些较小的投资机构。或许他们刚好在调研这个赛道,试图获取你的商业信息,又或许他们是刚入行没多久的投资人,想多看项目历练一下。对于资深投资人或者在投资机构能够做决策推动项目的投资人,如果他们愿意在你身上花时间,那一定是对你的项目感兴趣。投资人花费的时间越多,投资你的概率就越大。越是资深的投资人越是这样。

三、路演稿

投资人看完你的"一页纸商业计划书"或者你的"引子"后,如果与你联系,那你就要好好抓住这个机会,认真给他做一个"路演"。这时,你需要一份制作精美的路演稿(Pitch Deck),以此充分展示你的创业"故事"。既然是故事,就应该有主线、情节、发展、对立和高潮。记得前面关于商业模式的章节吗?商业模式画布的框架就给这个故事提供了很好的主线,你的"故事"可以沿着需求、解决方案、盈利模式、成长和壁垒展开。我们以家庭寄宿对接网站爱彼迎为例,看看这家目前市值高达800多亿美元,被誉为共享经济始祖的公司,在2009年第一轮融资的路演稿(见图6-41)。内容与原稿一模一样,只是进行了美化。美观的路演稿总会给你加分。

图6-41 爱彼迎的路演稿

首先,描述创业要解决什么痛点,市场上有哪些需求是没有得到满足的。爱彼迎要解决的痛点就是酒店的价格高昂并且让人脱离了旅行所在城市的文化(见图6-42)。你的创业项目要解决的痛点应该是用最多三句话就可以描述清楚的,而且应该是让所有人感同身受且没有争议的。如果你发现你的创业项目要解决的痛点不能通过几句话提炼出来,那么可能是你的目标用户的需求很模糊或者你的创业项目过于小众。未来你也许需要花费很多时间去教育你的目标用户。

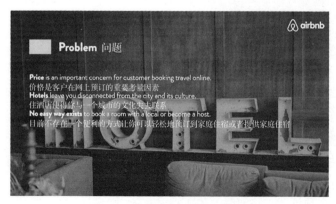

图6-42 爱彼迎要解决的痛点

接着提出解决方案（见图6-43）：让当地的房东把自己多余的房间出租给旅客，从而创造收入；同时，让旅客可以在当地人的家中做客，不仅可以节省旅费，还能感受当地的文化。你提出的解决方案需要与前面提到的痛点有密切的联系。在解决方案中，你要用行业外的投资人也听得懂的话来描述你给用户带来的好处。同时，你要避免使用专业术语，也不要讲你用了什么技术，投资人不关心你用什么技术，他们更关心你的解决方案能给用户带来什么好处。例如，"一个跨平台开发的线上教育方案"可以改成"一个可以在电脑和手机上使用，随时随地上课和讲课的线上教育方案"。也就是说，你要尽量说普通人都可以听得懂的话。

图6-43 爱彼迎提出的解决方案

然后，解答为什么这个痛点和解决方案是成立的。爱彼迎的几位创始人还做了几个最小可行性产品来证明这个解决方案是可行的。在一个设计师大会举办期间，他们第一次尝试便获得3个预订。在另外一个大型会议举办期间，他们进行了第二次测试，获得了80个预订。在路演时，他们把这些让人兴奋的故事告诉投资人。他们已经验证了他们的需求假设！

为了证明这个需求不仅存在而且足够大,可以成为一个商业机会(见图6-44),他们引用了当时一个公益性网站Couchsurfing的数据,匡算了行业体量。Couchsurfing是一个会员制的共享住宿的网站,会员需要缴纳会费,成为会员便可以相互免费接待。这个网站有67万会员,这说明愿意住在别人家的人群是足够大的,并不是一个小众群体,大到足以成为一个商业机会。同时,他们还引用了一个分类广告网站Craigslist提供的数据,数据表明,临时住宿的用户的数量每周多达1.7万人。这足以说明有不少人愿意租出自己的房子供临时住宿使用。

图6-44 爱彼迎做的市场验证

如图6-45所示,他们还展示了他们估算的市场容量。他们认为在经济型住宿线上预订市场中,他们有能力获得15%的市场份额,每年拥有8400万次预订。

接着,爱彼迎展示了他们目前的产品(见图6-46)。如果条件允许,你可以做一个不超过1分钟的短视频来形象地展示你的产品,这是一个非常好的选择。我在做投融资对接的过程中也充分体会过视频的感染力。与图片、文字描述相比,视频可以实现无法替代的信息传递效果。要知道,很多人喜欢看改编自小说的电视剧,却不喜欢读小说。

图6-45 爱彼迎估算的市场容量及自身的市场份额

图6-46 爱彼迎展示的产品

然后讲述他们的盈利模式假设（见图6-47）：从每一笔交易中抽取10%的佣金。每年全球预计有840万个订单（注：图6-47中"$84"表述有误，应为8400万次预订，而不是每年8400万美元的市场规模），每次客单价240美元（80美元×3），10%的提成则约25美元/次，全年可以取得收入约2亿美元。他们预计在2011年可以实现这个里程碑。

图 6-47　爱彼迎的盈利模式假设

接着介绍他们开拓市场的策略（见图 6-48）：每个月针对大型集会举办时酒店房间紧张的情况在当地进行推广、与面向相似人群的合作伙伴合作、在 Craigslist 中刊登针对房东和旅客的广告。你要让投资人清楚你们团队有开拓市场的计划和策略，让他们知道你将怎么花他们的钱，钱主要用在哪里。只有获得了投资人的认可，他们才能够放心地把钱给你。

图 6-48　爱彼迎开拓市场的策略

再讲述他们的竞争优势（见图6-49），也就是公司的增长假设，以便阐明公司的成长方式。我们可以按照产品属性画一个二维轴，将竞争者在二维轴的各个象限标注出来，来展示我们的差异化（见图6-50）。我们还可以按照用户看中的特征列表，通过打钩来显示我们的差异化。

图6-49　爱彼迎的竞争优势

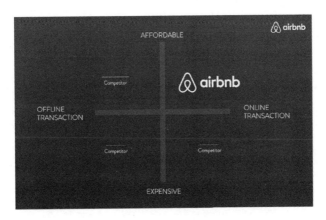

图6-50　通过二维轴展示差异化

接着介绍团队成员及各自的主要背景（见图6-51）。

图6-51　爱彼迎的团队成员介绍

最后说明自己的融资金额和融资后要实现的目标（见图6-52）。你可以给出一个理想化但是合理的发展预期。注意不要过度吹嘘、夸大，很多资深的投资人并不喜欢你把他们当作傻瓜来忽悠的感觉。这是一种被羞辱的感觉。

图6-52　爱彼迎的融资信息

通过以上的分析，你觉得爱彼迎的思路是不是很清晰？简洁、美观的演示稿，再加上创始人在一旁充满激情和信心地讲述创业故事,投资人很可能就会被打动。坚定的信心和充满感染力的演讲非常重要。创始人有信心、有决心,公司的未来不一定好,但是如果创始人都没有信心,那么公司的未来一定不好。然而,信心一定不是装出来的,而是你发自内心地认为你的公司能够给投资人带来回报,你仅仅是需要启动资金或者爬坡时期的周转资金,才愿意把自己公司的股权拿出来卖,你必须表现出对公司股权的珍惜。

路演稿以 15 页左右为宜,整个路演时间最好控制在 20 分钟内。一家典型的初创企业的首轮融资路演稿一般涵盖以下内容,如图 6-53 所示。图 6-53 是我画的一张思维导图,沿着这个思维导图,展开你的创业故事吧。在你的公司的业绩能够体现在财务报表上之前,融资和估值其实就是"讲出动人的故事,展现坚定的信念"。

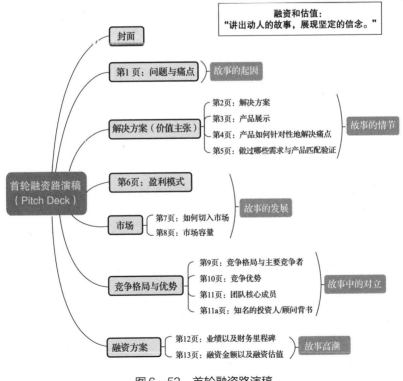

图 6-53 首轮融资路演稿

四、风险投资人的"审美套路"

通过本章第九节,我们了解了企业资本价值的来源。你可以感觉到,在某些前沿科技领域,许多板块的上市条件中都涉及市值标准。前沿技术需要较长的时间商业化,财务业绩的体现需要较长的时间来孕育。很多企业短期内不赚钱,但并不代表其不值钱。在IPO时,如何给这些企业定价一直是个难点。公司上市前从风险投资人那里获得的融资价格是一个非常好的市场参考价格。因此,风险投资人在企业定价中越来越重要,越来越有话语权。他们用真金白银和专业能力为企业的价值背书。上市前风险投资人的价值共识可以作为企业上市价值的基准点。企业发展好于预期,股价就会上涨;反之,则会下跌。

你可能认为风险投资人会有独门绝招对企业价值进行精准的计算和预测,实际上他们的估值比你想的要主观和感性得多。许多资本采取的是"星探"投资策略,即在市场上寻找和培养那些有潜力、未来能够形成价值共识的"明日之星",然后投资这些企业,用资金把其堆成"顶流创业明星""白马股""头部企业",形成资金的"扎堆效应",相互背书,抬高企业的价值。被选中的企业想不行都难。虽然每个人的独立判断可能都是理性的,但如果很多人聚在一起判断,在相互背书的效应下,就容易变得盲目乐观,甚至激进。

○ 案例 ○

G 肿瘤基因检测公司

G 肿瘤基因检测公司(以下简称"G 公司")成立于 2015 年,是一家致力于癌症基因组学的研究与应用的精准医疗公司,专注于提供癌症早期筛查、诊断与监测、药物研发等覆盖癌症全周期的产品与服务,致力于将创新基因组学技术应用于与癌症相关的诊断和治疗。生物科技公司要实现盈利并不容易，前期大多需要一轮又一轮的风险投资人的支持。然而，G 公司是我见过的融资最成功的一家初创企业，在上市前就已经融资超过 10 亿元（见表 6-17）。

表 6-17 G 公司的融资历程

	2015 年设立时	2015 年下半年	2016 年	2017 年	2018 年	2019 年	2020 年上半年
收入/万元		337	4364	10368	22518	32339	17858
利润/万元		-1665	-8835	-13285	-18900	-67603	-29478
融资轮次	A 轮	A+	B 轮	C 轮	港股上市失败	现金流接近断裂	上市前融资，美股纳斯达克上市
投后估值/万元	33500	55000	107400	260000		300000	1000000
融资/万元	8500	5000	7400	41000		50000	180000
参与投资机构数量	5	2	4	1		5	3

尽管 G 公司的收入一直在快速增长，但其亏损也在同步扩大，从未实现盈利。G 公司的估值从第一次融资的 3.35 亿元，快速上涨到上市发行时的 100 亿元。这种现象看似毫无逻辑可言，为什么 G 公司这么受资本的追捧呢？

- 公司所在领域具有巨大的想象空间——尽管目前肿瘤的分子层面的诊断和分型的市场规模并不大，但是增速快。中国每年新增 400 万肿瘤患者，潜在市场非常巨大。
- 公司解决的痛点很容易让人感同身受——谁不"谈癌色变"？谁不想早点发现肿瘤？谁不想更精准地治疗肿瘤？
- 公司在某一细分相对领先——公司在脑癌诊断领域相对其他竞争对手处于领先地位，但在产品和技术方面并非拥有压倒性优势。许多竞争对手也具备同样的能力。为了在激烈的竞争环境中占据市场份额，公司高度进取，投入大量的渠道费用，并致力于扩大规模。这样，公司的收入规模就领先于竞争对手，同时也保持着良好的收入增长率。因此，公司始终保持其"头部"地位。大多数资本也都倾向于投资和关注"头部"企业，而排在后面的企业则可能无人问津。

- 公司的团队搭配很符合资本的审美——由该领域的美国华裔顶级科学家担任 CTO，由拥有成功创业经验的管理者担任 CEO。此外，公司还毫不吝啬地引入了有名企履历的高管。
- 公司的创始人非常擅长社交和公关宣传——创始人经常出席相关领域的活动，不遗余力地把公司宣传为肿瘤精准医学领域的领跑者。
- 踏准了资本圈的风口——2015 年前后，ctDNA 液体活检和二代基因测序这两项技术正处于资本圈的投资风口，各个投资机构都在争相寻找该领域的头部企业或者他们认为有潜力成为头部企业的创业企业。在这个时期，虽然有众多初创企业涉足此领域，但 G 公司历经竞争脱颖而出，成功获得了大量投资，首轮融资达 8500 万元，同时获得了五家医疗领域著名投资机构的青睐，为后续的融资打下了坚实的基础。当资本扎堆时，往往感性多于理性，似乎没有机构在乎公司的亏损随着收入的扩大也在扩大。不少投资人喜欢"跟投"，宁愿大家一起犯错，也不愿意承担自己单独决策的风险。

虽然上市前一年 G 公司仍然亏损了 6 亿多元，但上市前众多资本为其价值背书，其凭借市值和收入标准成功登陆纳斯达克，以 100 亿元的市值进行 IPO。这也部分得益于 G 公司在上市前一轮接受了一家大型国际金融集团的投资，该金融集团同时负责了后续的保荐和上市承销业务，用其国际资源成功帮助 G 公司获得上市的基石投资人，成功发行股票，募集 18 亿元。

上市后，G 公司的市值一度被拉升到 200 亿元，翻了一番。这展现了该公司在市值管理方面的出色能力。然而，尽管 G 公司的营业收入一直在增长，但其盈利情况和经营性现金流不仅没有增长，反而越来越差。这种情况标明，企业在追求增长的过程中失去了对成本和现金流的控制，甚至陷入了"为增长而增长"的泥潭。这种低质量的增长方式会最终导致泡沫破裂。G 公司的市值被拉抬的"蜜月期"持续了一年，但最终仍未证明自身的盈利能力。市场不再相信他们讲的"故事"，G 公司的市值开始一路下跌。上市两年半后，G 公司的市值只剩下了 5 亿元，这远远低于其融资额。大部分投资人都付出了惨重的代价。但由于持续的融资，G 公司的账上始终有充裕的现金，因此没有倒闭的风险。G 公司的融资是非常成功的，但其投资人都为自己制造出来的泡沫埋了单。这一情况归因于他们自身的投资误判以及在"审美套路"中的跟风盲从。

G 公司的资本路线堪称完美。但像 G 公司这样被"星探"选上的企业很少。G 公司的融资手段很值得广大创业者学习，但其增长方式并不值得借鉴。从长远来看，盈利性和增长性才是形成资本价值共识最重要、最有说服力的因素。当然，如果一家企业既有实力又擅长营销，岂不是更好？

风投们随行逐队的"审美套路",虽然很多我并不认同,或者我不觉得创业有这么"简单粗暴",但这代表着相当一部分投资人的"审美观",与其与他们"杠",不如迎合他们,毕竟这些是给你掏钱的人。

- 他们喜欢完整的团队,尤其喜欢那些来自大公司或国际巨头、拥有相关经验的创始人和团队成员。然而,大公司和创业企业成功的机制和路径往往不同,因此在大公司的成功经验并不一定适用于创业企业。
- 他们普遍认为一家公司应该设立一个"股权激励池",占总股本的 15%~25% 被视为合理比例。同时,他们认为核心团队成员应该持股。然而,他们可能过分简单地理解了人性,人性要比他们想象的复杂得多。他们也把股权想得过于万能了,在他们眼中似乎股权能够解决一切问题,但实际情况远比他们想象的更为复杂。
- 他们认为公司要有一个人绝对控股。但事实上我见过许多成功的企业,它们并非如此,相反,民主决策机制使公司更加稳定,决策效率也不低。因此,我主张采用动态股权机制。
- 他们喜欢有明星机构投资人(如红杉、高瓴、软银)投资的企业。然而,这类企业的失败案例比比皆是。我反而看到很多低调的投资机构闷声发大财。
- 他们喜欢让公司专注于让人兴奋的、未来有巨大前景的业务上,而看不起那些来钱快的业务。如果听他们的,公司孤注一掷地靠融资支持那些高大上的业务,也许早死了。多重渠道搞钱活下来才是硬道理,梦想不能当饭吃。但是在展示项目时,你要将重点放在那些能够让他们兴奋起来的业务上,并让他们知道这是你的唯一重点,其他的都是次要的、辅助的。

- 他们喜欢"抢"项目,他们认为没有人抢的项目多半不是好项目。如果你要向他们推销你的项目,那就告诉他们你收到了很多的投资意向,而且下一轮融资已经找好了潜在投资者,公司的估值会涨。你还可以告诉他们一些有关券商进场辅导和上市流程的情况。这些信息将会刺激他们的贪婪心理。

如果最终你的创业项目被资本选中,并获得资本的支持,那么恭喜你,你的创业项目将会比竞争对手的创业项目更有竞争优势。

五、让公司信息符合审计要求

知己知彼,百战百胜。当你想向风险投资人寻求融资的时候,你不仅需要了解他们的"审美套路",还需要了解他们是如何衡量和评估你的项目的。风险投资人在对项目进行尽职调查和风险评估之前,一般都会对项目所处的行业进行研究,阅读大量的行业报告,并找到一些用于衡量这个行业中公司经营状况的特定指标(KPI),比如网游领域的每用户平均收入(Average Revenue Per User,ARPU)、留存率,以及电商平台的商品交易总额(Gross Merchandise Volume,GMV)、获客成本(Customer Acquisition Cost,CAC)、顾客终生价值(Customer Lifetime Value,CLV)和退货率等。我们曾经对一家做体外诊断的医疗器械公司进行尽职调查,拟为该公司引入新一轮的投资机构。该公司采用的是"诊断仪+试剂"的产品模式。诊断仪投放到医院的实验室中,一般都会产生试剂销售收入,试剂销售才是公司的主要收入和利润来源。在我们做尽职调查的时候,公司已经把几百台仪器铺设到了医院。在这个领域,每台仪器平均每年产生的试剂销售收入是衡量公司产品认可度的一个非常重要的指标,对于预测公司未来的销售收入和增长起到关键作用。然而,公司的产品是通过经销商卖到医院的,所以他们只知道经销商的采购金额,而无法追溯到具体哪一台仪器产生了多少试剂销售收入。这一关键数据的缺失让不少潜在的投资机构迟迟未能做出决策。

一家公司要想成为上市公司并对外发行股票，上市前公司以及公司聘请的中介机构的重点工作就是信息的披露，以及确保公司上市后也能持续进行规范的核算和披露信息。要让投资人相信你，你就要确保公司有足够的透明度，确保公司的经营状况可审计。因为对于投资人来说，不能获得的信息和不能被验证的信息就具有"不确定性"，就是风险。对潜在投资人敞开心扉，就是在降低他们决策的风险，增加你获得投资的机会。在创业刚开始的时候，你就要重视信息化系统的建立，重视关键数据的收集和统计，这个会让企业在全生命周期中受益。

> **低风险高胜率的第 7 条创业家规：**
> 能够插上资本的翅膀固然好，但不要为了融资而融资，不要被资本牵着鼻子走。最好的融资方法是无须融资。通常，你越不需要融资的时候，资本就越想投资你。

第十二节　投资条款的谈判

曾经有位创业者问我："蔡老师，我应该挑选什么样的投资人？在考查投资人的时候，需要侧重哪些方面呢？"我反问她："现在有多少投资人要投资你的项目？"她说："还没有呢，我只是先咨询一下。"我说："你大可放心，因为你很可能不会有这样的烦恼。如果你真有这样的烦恼，那我恭喜你，因为你的项目应该是明摆着可以为投资人赚钱的项目。但是，绝大多数创业者都不会面临这个问题。他们只需要尽快找到愿意冒险投资他们的人，并且钱是首要的考虑因素。如果有人愿意冒险投资你，你需要重点考虑的是投资条款,而不是投资人能否在其他方面帮助你。"

巧合的是,就在我写本节内容的时候,我们所投资的外泌体领域的一家生物科技公司 Z 公司正在与其潜在投资人就投资协议进行谈判,而我们一个合伙人创办的精密陶瓷领域的 P 公司也正在与他们的投资方谈投资协议。他们都向我咨询并请求我协助审核他们的投资协议。在本节中,我将摘取一些在以往的投资工作中被讨论得最多的风险投资的特色条款进行深入讲解。

一、霸王条款

投资人的投资风格各不相同,甚至可以用千差万别来形容。大部分机构投资人都采用同股不同权的方式进行投资。虽然持有的股权不多,但是他们一般都会在投资条款中附加一些特殊条款来保护自己的利益。我看了前面提到的 Z 公司的潜在投资人提供的投资协议,发现这是一个典型的控制欲很强的投资人。虽然在投后只持有 10% 的股权,但是他却在公司经营的各个方面都有"一票否决"的安排,这让他的权力显得太大了。更让我意外的是,他甚至还要求公司必须招聘一些职位,而且候选人需要经过他的认可。后来我了解到,这个投资人是一个没有多少年工作经验的 MBA 毕业生,没有创业经历,应该也没有领导经验。他把经营一家企业想得过于简单了,认为只要建立一个完整的团队,聘用一个有经验的经理,公司就能顺利发展了。他忽视了初创企业的发展阶段,也忽视了公司的现金流状况。更让我惊讶的是,他居然对自己给出的投资条款不知情,那些严苛的投资条款是他们公司的法务团队起草的。这样事无巨细的"霸王"条款,远超有限责任公司的游戏规则,执行成本非常高,还会降低公司的运行效率。创业者可能一不小心就会"违约",成为投资方的被告。最终,在我的建议下,Z 公司没有接受这家投资机构的投资。

投资机构提出的过于苛刻的投资条款也许会起到逆向选择的作

用,即那些对未来充满信心的创始人可能不愿意接受这种条款,他们认为公司还没有到需要接受这种不平等的"霸王条款"的地步。相反,那些濒临破产的公司的创始人、对未来没有信心的公司的创始人或者认为自己公司的估值严重虚高的创始人,无论条款有多么苛刻都愿意接受,因为他们等着这笔钱救公司的命。这就好比你借钱给别人,你要求的年利率为50%。老实的人可能会掂量自己的还款能力,如果他觉得自己最多只能承受12%的年利率,那么他就不会向你借钱,因为他怕丢了自己的信用。但是对于那些想骗你钱的人来说,只要你肯借,他们就不会在乎利率有多高。因为你想赚他一笔高利息,而他打的是你的本金的主意。这就是逆向选择。

我的投资经验告诉我,投资协议不是越苛刻就越好,每一份投资协议都必须根据公司的情况定制,而且需要取得投融双方诉求的平衡。下面我列举了一下,我很不认同的,但我在从事投融资工作的过程中看到过的个别投资机构提出的一些"霸王条款"。

- 要求公司必须在两年内完成估值不低于一定价格和一定金额的融资,否则便要求企业回购自己的股份或者对本轮估值进行调减。公司是否需要融资必须进行合理规划,而且需要根据实际情况做出调整,怎么能在投资协议里严格限定融资条件?公司如果不需要钱,而只是为了履行投资协议而去融资,岂不是稀释了全体股东的股权?如果公司确实需要融资,就算不写在投资协议里,公司也会去融资。至于能按照多少的价格进行融资,以及融资的金额是多少,则要根据公司的发展状况以及是否受投资人的认可来确定。投资人真的没必要给被投企业套上这个枷锁。

- 在董事会和股东会的诸多日常经营事项中,投资人有一票否决权。投资方究竟是想做投资人还是想加入公司一起创业?投资方是否确定自己能比创始人以及他的团队更好地做出决策?如果他们认为自己可以更好地做出决策,那么他们就不应该投资这个创始人。在我看来，投资方对一家初创企业的投资必须基于对创始人及其团队的信任，这是股权投资的本质。《公司法》规定了详细的议事规则，足以保护和平衡各方股东的利益。投资方可以要求提高某些重大决策事项的表决门槛，比如将 2/3 的表决通过的门槛调整为 3/4。此外，在一些严重影响投资方利益的条款（如公司分裂、合并、资产重组等）方面，投资方有一票否决权。然而，投资方无须在日常经营事项上发表意见。我也曾目睹过这样的案例：我们曾支持的一家初创企业因为一个过于强势的投资人而丧失了活力，失去了成功的机会。

- 要求创始人必须赋予某些高管股权。股权激励是一个整体、系统的方案，股权的赋予怎么能如此轻率？建议他们好好研读一下我的第一本书《创业公司的动态股权分配机制》。股权分配不当可能导致公司寸步难行。投资人会比创始人更了解高管吗？还是说他们只是想让公司团队表面上看起来更符合他们的审美？这种想法把人性看得太过简单了。在团队建设和股权激励方面，投资人应该给予创始人理念，而不是替他们做决策。

二、业绩对赌

业绩对赌是投资人要求创业者在股权投资后一定时间内达成预设的业绩指标。如果创业者未能达成这些指标，则投资方有权要求股权回购或调整估值。这种模式专治那种喜欢"吹牛"或"狮子大开口"式报价的创业者，通常被用在成熟期的公司中，以保证投资方获得其应得的回报，具有一定的合理性。创业者在融资的时候要给投资人一个合理、保守的业绩预期，不要夸夸其谈。"吹牛"是有成本的。想想看，在路演的时候你信誓旦旦地宣称公司明年就能实现"先赚 1 亿元"的"小目标"。经过投融双方一个月的深入沟通，投资方好不容易被你说服了，真相信你能够实现这个"小目标"。然而，在签署投资协议的时候，投资人说："为了更顺利地通过公司的投资决策会，我们设定一个你们公司一定可以达到的业绩对赌吧，明年你们公司不用赚1亿元，赚8000万元就可以了。如果做不到，投资人有权要求公司回购股权，同时你做个连带责任担保吧。"这时，你可能很为难，从口若悬河变为支支吾吾，就"露馅"了。

在以下情况下，你可以接受业绩对赌：

- 公司的商业模式已经得到验证并处于稳定期，你需要投资人的钱进行扩张，公司的成长性相对可预测。
- 对赌的业绩是比较符合你的预期的，而且你有一定的把握。
- 对赌的内容是和本次融资后的里程碑相匹配的，而且不太可能发生变化。
- 加入对赌的条款对于你说服投资人、增强投资人的信心、提升公司的估值很有帮助。

我不建议还处在初创期、商业模式还在探索阶段的公司接受对赌。你可以向投资人表明这样的看法："公司目前还在探索商业模式的阶段，我们还在验证我们的一些想法，如果设置了这样的对赌，可能很不利于公司根据实际情况调整战略。如果后期我们调整了商业模式，那么这个对赌的指标可能就不再是公司的KPI（核心业绩指标）。而为了达到你们设置的对赌条件，我们可能会不得不在错误的道路上进行努力，导致公司走向偏差，这样反而不利于你的投资。"这样的事情我可是接受过教训的。有些公司就是为了融资而融资，而不是为了发展而融资。他们被投资人设定的对赌KPI带偏了。

七年前，我们投资了一家开发医疗信息化系统的Y公司，设置了对赌目标，即以该公司的信息化系统进入医院的数量为对赌指标。如果未能完成目标，那么我们要根据一个计算公式调低公司估值，并让 Y 公司补偿我们的股权或者退回多出的投资款。然而，现在复盘下来我发现，我们的对赌目标给这家公司的创始人释放了一个错误的信号——"原来投资人看中的是系统进入医院的数量"。结果，创始人把融资得来的钱大部分用来铺设渠道（即让公司系统进入医院），而且是不计成本的铺设，甚至将产品免费提供给医院。虽然该公司最终勉强完成了对赌，但公司的现金流也耗干了，公司陷入了困境，且该呈现的盈利模式并没有呈现出来，后续的融资也很不顺利。我的教训是：不要与还在探索商业模式的公司对赌一些可能会误导他们的目标。让"听得见炮火的人"决定什么是该做的、什么是不该做的，随机应变。有些创业者真的认为投资人是一帮很懂创业的人，把他们奉若神明。投资人认为这个方向很重要，他们就朝着这个方向狂奔，但这可能是个错误的方向。

三、股权回购

在以下特定的条件下，投资方有权要求公司以一定的价格回购其持有的公司股权。回购的特定条件包括：

- 一定期间的业绩不符合要求。
- 在规定的期限内未能完成合格的 IPO 或者被并购。
- 创始人做出了违反职业道德的行为。

一般而言，回购价格是以投资本金加上一定的收益率来计算的。例如，按照每年 8% 的收益率，以单利或复利计算。

听起来似乎投资人做的都是稳赚不赔的生意，不管什么时候都能够全身而退，投资人明明做的是股权投资，但是在公司发展不顺利时还能像债权人一样要求公司还本付息。如果你这么认为，那就大错特错了，因为你完全忽视了"违约风险"的存在。

在我的投资生涯中，我很少见到能够顺利执行回购条款从而退出的案例。我个人投资的案例几乎没有经历过回购。这或许是因为我主要投资于早期阶段的公司。但是,据我所知,即使是成熟的企业,也总会有各种各样的原因导致回购条款难以执行。因此,我认为股权回购条款通常只是投资人自我安慰的一种条款,在大多数情况下毫无实际意义。

下面我就以上文提到的从事精密陶瓷研发和生产的 P 公司收到的投资协议中的回购条款为例,进行深入讲解。其条款如下:

各方同意,以下任一回购事件(回购触发事件)发生后,投资方有权要求公司以"投资本金 + 每年 10% 的收益率"的价格回购投资方所持有的公司股权中的部分或全部:

(1)截至 2026 年 12 月 31 日,公司仍未能完成合格的 IPO。"合格的 IPO"是指公司登陆上海证券交易所、深圳证券交易所、北京证券交易所、港交所主板、纳斯达克交易所、纽约证券交易所,但不包括新三板。

(2)创始人严重违反职业道德,并且出现可能影响公司 IPO 的重大不利事件。这些事件包括但不限于创始人抽逃公司资金、恶意掏空公司资产、离职、丧失管理公司日常经营的能力、违反竞业禁止或同业竞争等严重事件。

(3)未经投资方批准,公司出现合并、分立、转让主要财产的情况。

总体来说,以上三个触发回购的条件是合理的。第一个触发回购的事件是截至 2026 年 12 月 31 日未能实现 IPO,投资人要求公司回购其所持有的股份从而退出。这个时限也许和投资人组建的私募基金的预计年限有关,很多私募基金都有此类要求。而第二个和第三个触发回购的事件则是为了应对"代理风险"从而保护小股东和外部股东的防守性条款,如果创始人没有打算用大股东和内部管理人的地位侵犯小股东和外部股东的利益,则没有必要纠结这两条。

主要问题在于第(1)条,即投资四年后实现 IPO。这一点很可能会引发回购事件。至少在我观察到的案例中，大部分投资人和创业者都低估了上市的难度和周期。特别是在原来以核准制为主导的时期，仅仅是排队上市可能就需要一年半载的时间。更何况 A 股市场有时候会在很长一段时间内停止发行新股，这对投资人和创业者都是不可控因素。虽然我见过很多案例都无法实现 IPO 的预期，但很少见到这种对赌条款被执行的情况。我们用动态的思维推演一下，设想一下 P 公司在投资人投资四年后的情况，如果无法实现 IPO，不外乎以下几种情况：

- 公司经营不佳，现金流紧张，难以回购股份。如果投资人要求强制执行，则可能会直接导致公司破产。一旦公司破产，投资款就很难收回来了。此时，这一条款是名存实亡的"安慰剂条款"。
- 尽管公司经营情况良好，有能力回购股权，但投资人觉得公司相对于投资时的价值增长不大，要求公司按照年化 10% 的收益率回购更有利于自身的利益。在这种情况下，这一条款是有意义的。如果各方配合，投资人是可以拿回投资款和收益的。这种情况常常出现在一些成熟期项目的投资上。
- 虽然公司还未达到上市标准，但其发展良好，相对于投资人的投资价格来说，其内在价值获得了远高于年化 10% 的收益率的增长。这时投资人要求公司按照 10% 的收益率进行回购是一个非常不明智的决定。投资人也不会这么做，他们宁愿向他们的出资人解释，延长基金的年限。在这种情况下，这一条款没有多大意义，也是"安慰剂条款"。
- 公司虽然有一定的能力回购股权，但是创始人或者其他创始股东不想支付这笔巨额的资金，担心会对公司经营造成影响。因此，即使投资人要求公司回购股权，可能也难以得到执行，并在法律上难以主张该回购权。很多判例都表明，要求公司回购股权的投融资条款无效。这个条款违背了合股的精神，也侵犯了债权人的利益，违反了《公司法》。股东的减资需要登报并且没有债权人反对才可以执行。这不难理解，因为股东对公司价值的分配权是次于债权人的。如果股东可以任意减资，那么债权人的利益就无法得到保障。

可见，在大部分情况下，回购条款要么执行起来无意义，要么无法执行，要么执行起来困难重重。所以，对于一些中早期的投资项目而言，成熟的投资人都不会因为回购条款而认为投资风险降低了，大多数成熟投资人都不会将其视为重要因素。

不仅如此，回购条款很可能在到期之前就被新的回购条款取代，当公司与新投资方签订新的投资协议时，新的投资方的回购权可能被排在前面了。这是我们接下来要讨论的话题。

四、在多轮融资中如何安排回购权

如果每一轮的投资人都要求股权回购，而回购的时间都不一样，那么怎么安排呢？以我们投资的一家机器人公司 D 公司为例，在 A1 轮融资时我们要求如果公司未能在 2022 年 12 月 31 日之前上市，则需要回购我们的股权。一年后，在 A2 轮融资时，新的投资人要求如果公司未能在 2024 年 12 月 31 日之前上市，则需要回购其股权。两年后，在 A3 轮融资时，新的投资人要求如果公司未能在 2026 年 12 月 31 日之前上市，则需要回购其股权。那么问题来了，如果到 2022 年 12 月 31 日，D 公司还没有上市，我们是否可以要求 D 公司回购我们的股权？如果后面 A2、A3 轮的投资协议没有约定 A1 轮的回购如何处理，的确是可以的。但这可能会引起后面的混乱。我在一个生物科技的项目中就亲历过这样的混乱：后续投资人刚投入不久，前一轮投资人要求的回购期限就到了，造成了不少困难。

要避免出现这种混乱，可以借鉴我们投资 D 公司的做法，即在新的投资协议中对各轮投资人的回购权进行重新梳理。首先，将前几轮投资协议中的回购条款的时间都统一推迟到 A3 轮投资协议约定的时间。其次，约定如果 A1、A2、A3 轮的投资人同时要求股权回购，则回购义务人应按"后投资先回购"的原则履行回购义务：回购义务人应优先向 A3 轮投资人履行回购义务并支付全部回购价款；在 A3 轮投资人得到足额支付后，回购义务人应向 A2 轮投资人履行回购义务并支付全部回购价款；在 A2 轮投资人得到足额支付后，回购义务人应向 A1 轮投资人履行回购义务并支付全部回购价款。如果公司真的到了这种地步，则回购义务人应该没有能力再回购 A2、A1 轮投资人的股权，使得 A2、A1 轮投资的回购条款可能得不到兑现。看到这里，你可能会问："A2、A1 轮的投资人会同意吗？"如果公司发展不理想，且无法通过外部融资来维持现金流，则公司可能面临破产的风险。在这种情况下，理性的投资人都不会为了守住自己的回购权而阻挠新一轮融资，看着公司停止发展或者走下坡路。对他们来说，似乎别无选择。不管你的投资条款谈得有多好，获得的投资保障有多么充分，如果公司发展不好，这些都没有用。只有被投企业发展壮大，才能从根本上解决所有的问题。

五、创始人对股权回购的连带责任担保

前面我们提到投资人要求公司回购股权的回购条款，实际上，这是一种以商业信用为基础的君子协定。如果公司就是想要赖，与投资人对簿公堂，回购条款在法律上是很难得到主张的，很可能被判无效。然而，如果回购义务人是创始人个人，创始人对股权回购承担连带责任担保，那么这个约定就有明确的法律执行力且可执行性很强。作为投资人，我非常欣赏能够承担回购连带责任的创始人。这体现了他们的担当和责任心，证明他们有破釜沉舟的决心和必胜的信心。如果创始人还是一个有"身家"的人，则这种回购条

件确实会使投资风险大大降低。在投资决策过程中，这也会得到我的认可和鼓励。确实也有不少创始人给我们这样的承诺，但是如果创业真的失败，创始人尽心尽责，我不会轻易追究连带责任，除非创始人恶意损害股东利益或者存心欺骗股东。

然而，作为一本写给家人的"创业家书"，我会给家人这样的建议：别听那些"丑陋"的资本家的花言巧语，永远不要对股权回购承担个人连带责任担保。不是每个投资人都像我这么想——不把是否回购作为决策依据，而且只把创始人回购的条款用于对付那些骗子。有些投资人可能在评估项目的时候真的把创始人股权回购的承诺看得无比重要，这是他们决定投资你的主要依据。有些投资人为了向其公司内部交代，要找失败的替罪羊，也会拿你开刀。还有一些投资机构的内部风控部门看到有机会挽回投资损失时，就按照标准流程做事，认为不起诉你就是他们失职，所以不得不向你追偿……总之，各种各样的投资人都有。创业路上荆棘丛生，布满陷阱，总有你想不到的风险，哪怕你信心满满，也必须做好应对风险的准备。宁愿公司发展慢一点，甚至结束创业，你也不要承担个人连带责任担保。你创业的初衷是改善自己和家人目前的生活，而如果创业需要押上你和家人目前的生活，那么这就违背了初衷，是非常不负责任的做法。

如果投资人要求你个人做股权回购的连带责任担保，你可以这样和他们谈："我愿意以公司名义承诺回购，但我个人无法担保。我已将大部分资产投入该创业项目，只为家人留下了必要的生活保障。如果此次创业失败，我也将遭受巨大损失。"

如果投资人坚持要求你个人承担连带责任，而他的投资对你又非常重要，你很想要这笔投资，那么我建议你必须对个人连带责任设定一个限度：以你从公司获得的薪酬、分红以及股权转让收益之和为上限。这样至少可以确保"你赔，我赔"，避免了投资人未赚到钱，而你反而从公司赚到钱的利益不一致现象的出现。我相信投资人会因此感到更加舒适和安心。

六、随同转让权与优先转让权

随同转让权又称"随售权"，意思是投资人投资后，创始股东拟直接或间接出售其持有的被投公司部分或全部股权给第三方（一般会把员工股权激励性质的转让排除在外），如果投资人同意其出售，则投资人应享有以同样的条款和条件按比例出售股权给第三方的权利。如果创始股东拟大比例套现（例如，双方约定以10%或者10%以上作为大比例套现的标准）时，则投资人有权优先以同样的条款和条件向第三方出售其全部或部分股权。

举例来说，假设创始人持有公司股权的比例为60%，而投资方持有公司股权的比例为20%，则创始人和公司的股权比例是3:1。如果创始人准备把公司3%的股权转给第三方，那么投资人有权按照同样的条款转让1%的股权给这个第三方，如果第三方购买者不同意受让投资人这1%的股权，则创始人就不能转让。如果创始人转让的不是3%，而是15%，超过了双方约定的大比例套现的标准，那么投资人有权将其持有的20%的股权的全部或者部分按同样的条款和条件出售给第三方。

随售权是合情合理的，旨在确保创始股东和投资人的利益一致，共同进退。毕竟创始人获得股权的现金成本是远低于投资人的，而且占有公司大部分的股权。假设在投资人实现退出获得投资收益之前，创始股东通过转让一部分老股套现了一大笔收益。如果后面公司发展不顺利，则投资人就无法顺利退出，就可能出现创始股东赚大钱但投资人亏大钱的结果。此外，创始股东提前套现，在获得一大笔创业收益后，就可能产生小富即安的心理。这不利于其保持艰苦奋斗的拼搏精神，甚至会让其丧失创业斗志。如果投资方提出随售权条款，我觉得创始股东不应该抗拒。

七、优先清算权

优先清算权是指投资方增资完成后，若被投公司进入清算程序或卖掉，则投资方优先于公司原股东获得清算权。

例如，如果甲公司先后获得了 A、B、C 轮投资人的投资，融资历程如表 6-18 所示。

表 6-18　甲公司的融资历程

融资轮次	融资金额/万元	投后估值/万元	本轮投资方获得股权	C 轮后的股比（稀释后）
创始股东	500	500	100%	64.80%
A 轮	1000	10000	10%	7.20%
B 轮	3000	30000	10%	8.00%
C 轮	10000	50000	20%	20.00%

A、B、C 轮每一轮投资人都要求拥有优先清算权，从而优先于其前面的所有股东获得清算权，同一轮如果有多个投资方，则他们按照投资比例分配清算权。优先清算权的描述如下：

"被投公司的剩余资产，应当按照下列方式在股东中进行分配：①投资方有权优先于被投公司的原股东从公司的所有剩余资产中优先获得投资款；②在投资方优先清算额得以足额支付后，被投公司剩余的、能合法分配的资产，应向被投公司届时所有股东（包括投资方）分配，该等可分配的任何资金或资产应按照所有股东届时在注册资本中的股权比例不分先后地在所有股东中进行分配。"

假设 C 轮融资完成后，公司的发展不符合预期，最终公司以 2 亿元的价格整体出售给了一家上市公司，或者清算后公司的剩余价值为 2 亿元。这两个场景本质上都是公司的剩余价值为 2 亿元。那么这 2 亿元在各方股东中怎么分配呢？如果投资协议没有约定优先清算权，那么这 2 亿元就按照各方股东的占比计算（见表 6-19 的 e 栏）。从中我们可以看出，B、C 轮投资方都亏钱了，分配得到的金额都低于他们的投资金额,而创始股东和 A 轮投资方都赚钱了,创始股东却还赚了大钱!公司发展不符合预期,投资方亏钱,创始股东却赚了钱,这显然不合理。这可能会导致早期的股东愿意接受一个较低的价格就把公司卖掉套现,而无视后面进来的新股东的利益。优先清算权的安排可以很好地解决这种前后股东利益不一致的问题。

在上述优先清算权条款的安排下:A、B、C 轮一共投资了 1.4 亿元,而公司回收了 2 亿元的剩余价值,那么恭喜这三轮的投资方,公司回收的金额大于三轮投资方的投资金额,他们的投资本金都可以百分之百地收回。先把投资方的投资金额按照"后投先分"的原则返还给他们(见表 6-19 的 a 栏)。分完这 1.4 亿元后,还剩 6000 万元,再把这 6000 万元按照全体股东的股比进行分配(见表 6-19 的 b 栏)。我们把两次分配的金额相加就可以看出,B、C 轮投资方实际分配的剩余价值的比例比 A 轮投资方要高得多。

表 6-19 优先清算权计算过程

融资轮次	融资金额/万元	投后估值/万元	C 轮后的股比(稀释后)	无优先清算权的分配/万元	按后进先分的原则优先分配/万元	执行完优先清算权后,按股比分配/万元	一共分配金额/万元	实际剩余价值的分配比例
				e	a	b	c=a+b	d=c/20000
创始股东	500	500	64.80%	12960		3888	3888	19%
A 轮	1000	10000	7.20%	1440	1000	432	1432	7%
B 轮	3000	30000	8.00%	1600	3000	480	3480	17%
C 轮	10000	50000	20.00%	4000	10000	1200	11200	56%
合计	14500		100.00%	20000	14000	6000	20000	100%

你觉得这种分法公平吗?其实我认为是非常公平的,这种分法很好地体现了"风险-收益相匹配"的原则。如果甲公司最终上

市，可能创始股东和先投股东获得的收益率要比后投股东大；如果甲没能上市要卖掉或者清算了，创始股东和先投股东承受的损失也比后投股东要少。在大多数的轻资产创业中，公司如果失败，最可能的结果是资金"打水漂"或者公司"贱卖"。

假设甲公司创业失败了，在承担了昂贵的程序员的解雇成本后，剩余价值可能就是一堆代码，几乎没有任何实用价值。我们假设公司最终卖给了一家行业内的竞争对手，竞争对手主要看中的是甲公司的客户资源，只能以 3000 万元收购，并承担了公司的负债。这时甲公司可以分配的剩余价值就是 3000 万元。这 3000 万元比拥有最高级优先清算权的 C 投资方的投资金额都要少，只能全部分配给 C 轮投资方。创始股东和 A、B 轮投资方的投资都打水漂了。

除了前文的分法，我自创了一种新的优先清算权分配方法。这种分法对创始股东比较有利，但仍然符合"后投先出""风险－收益相匹配"的原则。所以，作为创始股东，如果你投入公司的资金比较多，则可以要求采用蔡聪版的优先清算权分配方法，使得你有更高的概率来收回你的投资。一般来说，对于一些破釜沉舟的创始人，我会用这个对他更有利的分配方案，体现对他的照顾和支持。这种分配方法的描述如下：

"被投公司的剩余价值应按照'后投先分'的原则分配：①如果投资方按照其届时占注册资本的股比计算所得分配的金额大于或等于其投资金额，则投资方优先于创始股东分回根据该计算得到的分配金额；②如果投资方按照其届时占注册资本的股比计算所得分配的金额小于其投资金额，则投资方有权优先于原股东优先分回其投资金额；③投资方获得分配后不再参与后续剩余价值的分配。"

沿用上述的例子，甲方的剩余价值还是 2 亿元，我们来计算一下，如表 6-20 所示。C 轮投资方执行优先清算权，按照正常的股比分配的金额是 20000 万元 ×20% ＝4000 万元。但 C 轮投资方投资了 1 亿元，所以 C 轮投资方先分走 1 亿元，不再参与后续分配。剩余价值为 1 亿元，接着轮到 B 轮投资方分配，按照正常的股比分（但 C 不参与）B 轮投资方应该分得 10000×[8%/(1-20%)]=1000 万元，而 B 轮投资方投资了 3000 万元，那么 B 轮投资方应该分得 3000 万元。剩余价值还有 7000 万元。依次类推，A 轮投资方也分回其投资金额，剩下的剩余价值 6000 万元都归创始股东所有。

表 6-20　蔡聪版优先清算权计算过程

融资轮次	融资金额/万元	投后估值/万元	C 轮后的股比（稀释后）	无优先清算权的分配/万元	按后投先分的原则优先分配/万元	执行完优先清算后的分配/万元	一共分配金额/万元	实际剩余价值的分配比例
				e	a	b	c=a+b	d=c/20000
创始股东	500	500	64.80%	12960		6000	6000	30.00%
A 轮	1000	10000	7.20%	1440	1000		1000	5.00%
B 轮	3000	30000	8.00%	1600	3000		3000	15.00%
C 轮	10000	50000	20.00%	4000	10000		10000	50.00%
合计	14500		100.00%	20000	14000	6000	20000	100.00%

我们再来对比一下普通版和蔡聪版的优先清算权分配金额，如表 6-21 所示。

表 6-21　两个版本的优先清算权分配金额的对比

融资轮次	融资金额/万元	C 轮后的股比（稀释后）	普通版分配金额/万元	蔡聪版分配金额/万元
创始股东	500	64.80%	3888	6000
A 轮	1000	7.20%	1432	1000
B 轮	3000	8.00%	3480	3000
C 轮	10000	20.00%	11200	10000
合计	14500	100.00%	20000	20000

值得注意的是，有一些较为强势的投资人的"优先的金额"不仅仅限于投资本金，还会加一个收益率。例如，每年10%的收益率。

八、拖售权

拖售权又称"拖拽权"或"强卖权"。拖售权的主要作用是给投资方提供更顺畅的退出途径。在投资方完成投资正式成为公司股东后，当投资方找到出售股权退出的机会时，有意向的买方很可能期望获得公司的全部股权，尤其是那些竞争对手公司，希望通过并购实现对公司百分之百控股。当投资方与买方就出售公司全部股权达成共识时，如果包括创始人在内的其余股东不予合作或不愿出售，则潜在买方无法如愿收购全部股权。这样就可能导致潜在买方索性连投资方的股权也放弃了，从而让投资方的退出计划无法实施。因此，投资方设置了"拖售权"条款，旨在在这种情况下，有权要求创始股东配合投资方按照一样的条件将股权整体出售给潜在买方。如果创始股东不同意随同投资方一起出售，那么就需要按照同样的价格收购投资方的股权。当然，投资方要拖着其他股东把公司卖了，肯定需要满足双方谈好的条件，而不是想卖就卖，否则其他股东的权益就无法保障。这些条件通常是：价格满足一定标准，公司无法实现一定的业绩或者无法在一定期限内完成合格的IPO，不能附带约束创始人的条件，等等。

拖售权是投资方的合理要求。在创投领域，目前普遍存在"退出难"的问题。投资人往往会受到基金周期的约束，如果有退出机会，创始人理应配合支持过自己的投资人。而且，投资方因为是公司的后进股东，持股的成本远高于创始人，所以一般不会主动把公司贱卖出去。综合上述，创始人大可不必太担心。对于创始人来说，如果有被并购套现退出的机会，其实也非常难得。要知道，就算你熬到成功上市，虽然退出的价格可能会高得多，但创始人出售股票会受到很大的限制。既有资本市场硬性法规限制，也有维护公司股价、维护团队士气、维护控制权等软性限制，所以即使公司上市了，创始人也不可能卖掉全部股票，甚至不可能卖掉大部分股票。有相当大部分的股票注定永远都是不能套现的纸上富贵。如果投资方找到买家把公司并购了，实现所有股东全部退出套现，则结果很可能不差于熬到上市。因此，我建议对于投资方提出的拖售权条款，创始人应该尽量满足。但是需要注意的是，创始人要与投资方约定好被并购退出的条件，尤其是价格。

九、估值保障

估值保障条款指被投公司在投资方投资后再次进行融资，或创始股东向第三方转让其持有的所有或部分被投公司的股权，如果交易对价所体现的被投公司的估值低于投资方投资的估值，则被投公司应把投资方的投资估值按照该交易对价进行追溯调整，确保投资方投资的估值不高于最新的交易价格。也就是说，投资方不能接受后续融资或者股权交易的价格比自己的价格低，如果发生这样的事情，则被投公司要么补偿一些股权给投资方，要么退一部分投资款给投资方。

例如，A投资机构向甲公司投资了1000万元，投后估值为1亿元，A投资机构占股10%。半年后甲公司再次融资，约定B投资机构投500万元，投后估值8000万元，投后获得6.25%的股权。显然B投资机构投资的价格要低于A投资机构的价格。这时A投资机构就有权要求甲公司进行估值调整。A投资机构适用的投后估值就不再是1亿元，而是调整为B投资机构对应的投前估值：8000万元－500万元＝7500万元。如果A投资机构要求公司补偿股权，则补偿的股权要使得A投资机构在B投资机构投资后持有甲公司

1000万元/8000万元＝12.5%的股权。如果A要求公司退回现金，那么A投资机构在其投资后占股10%，按照新的估值应该只需要投资：7500万元×10%＝750万元，而原来A投资了1000万元，多花了250万元。这250万元应该从公司退回给A投资机构作为现金补偿。经过这样调整后，A投资机构的投资价格与B投资机构的投资价格是一样的，保障了A没有买贵。这里一下子"投前估值"，一下子"投后估值"，如果你不是像我一样对公司估值的运算这么熟悉，可能会看得云里雾里。我再换一种方法给你解释。

例如，甲公司的注册资本为90万元，每元注册资本相当于1股，就是90万股。A投资机构向甲公司投资1000万元，投后估值为1亿元，投后A投资机构占股10%，则甲公司需要向A投资机构发行：90万股/90%－90万股＝10万股。公司的股数则增加到100万股，相当于每股100元（1亿元/100万股＝100元/股）。

半年后甲公司再次融资，约定B投资机构投资500万元，投后估值8000万元，投后获得6.25%的股权。按照该约定，如果没有估值保障条款，则甲公司需要向B投资机构增发的股数为：100万股÷(1－6.25%)－100万股＝6.6666万股。B获得股权的价格为：500万元÷6.6666万股＝75元/股，显然低于A投资机构获得股权的价格（100元/股）。所以A会执行估值保障权条款。

A投资机构如果要现金补偿，则A投资机构持有的股数不变，甲公司要退回估值差价［10万股×(100－75)元/股＝250万元］即可。

如果A投资机构选择股权补偿，则甲公司需要向A投资机构再增发股权，计算就比较复杂。这里我们可以换一个方法来计算。既然我们要求A投资机构和B投资机构的价格一致，那么我们可以把A投资机构投资的1000万元与B投资机构投资的500万元看作同一轮，一共投资1500万元，投后估值8000万元，双方一共获得的股比为 1500 万元÷8000 万元=18.75%，即甲公司一共需要发行 90 万股÷(1-18.75%)-90 万股=20.7692 万股，每股的价格为：1500 万元÷20.7692 万股=72.22 元/股。甲公司最终总股数为 110.7692 万股。A 投资机构获得 1000 万元÷72.22 元/股=13.8466 万股，甲公司需要向 A 投资机构补偿 13.8466-10=3.8466 万股。补偿后 A 投资机构占甲公司的股比为 13.8466 万股÷110.7692 万股=12.5%；B 投资机构获得 500 万元÷72.22 元/股=6.9232 万股，股比为 6.9232 万股÷110.7692 万股=6.25%。

> **低风险高胜率的第 8 条创业家规：**
> 高溢价的投资值得拥有更好的优先保障，但要避免投资人喧宾夺主和创始人个人承担无限连带责任等情况的出现。

后　记

　　这本书汇总了我认为从 0 到 1 创办一家企业，创业者需要具备的认知、理念和方法论。创业者前期侧重于创设和探索，随着企业的发展，创业者的侧重点会转变到管理方面。对于创业企业的管理，我也有不少心得，我写的第一本书《创业公司的动态股权分配机制》就是一本侧重于管理的书。我本想把本书写成一本从创立到管理，覆盖企业从初创阶段到成熟阶段的书，但限于篇幅，只能驻笔于此。

　　本书侧重于创业者在创新和探索阶段要做的工作，诸如创业企业的组织创新、文化建设、行政管理、人事管理、财务管理、税务管理、成本控制等方面的内容或许留待日后在本书的姐妹篇中进行讲解。如果若干年后，有人因为受到这本书的影响，创立了一家成功的企业，改变了自己的人生，请务必告知我，这是对我最大的激励！我届时会再提笔撰写《创业家书（管理篇）》，而本书再版时会更名为《创业家书（创设篇）》。